从地中海~亚细亚到伊朗高原

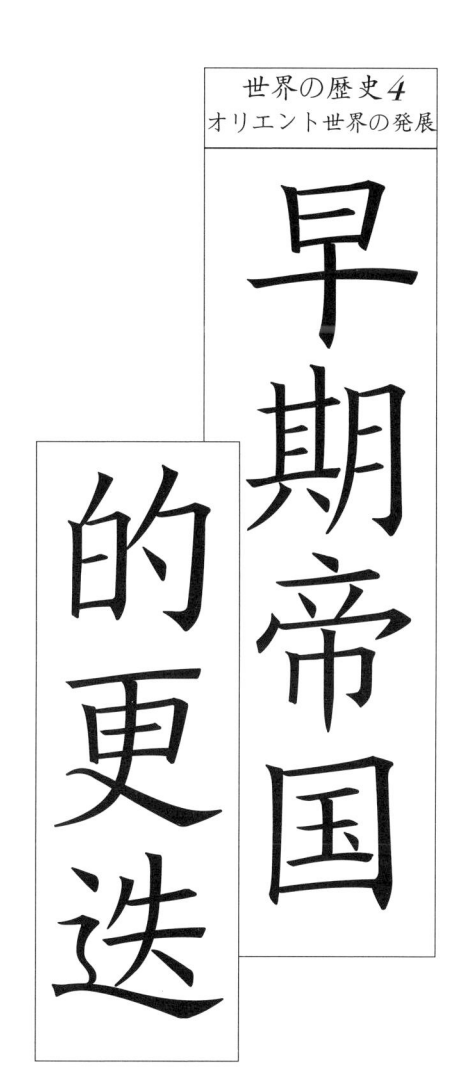

世界の歴史 4
オリエント世界の発展

早期帝国的更迭

[日] 小川英雄 [日] 山本由美子 著
刘路 译

九州出版社
JIUZHOUPRESS

目　录

第一章　地中海－亚细亚的黎明 / 1
　　最初的文化 / 1
　　青铜时代 / 7
　　迦南城市与赫梯古王国 / 14
　　赫梯新王国 / 21
　　安纳托利亚的发掘 / 27

第二章　诸民族的觉醒 / 36
　　海上民族 / 36
　　叙利亚和腓尼基 / 42
　　希伯来人的世界 / 49
　　弗里吉亚和吕底亚 / 55
　　日本人在叙利亚－巴勒斯坦的考古工作 / 63

第三章　伊朗高原与其居民 / 70
　　伊朗高原 / 70
　　埃兰人 / 74
　　印度－伊朗人的迁移与定居 / 81
　　琐罗亚斯德教的成立 / 87
　　米底王国 / 93

第四章　波斯阿契美尼德王朝的成立与发展　/　101

安善与波斯　/　101

居鲁士大帝与东方世界的统一　/　103

大流士大帝　/　115

波斯帝国体制的确立　/　119

希波战争　/　133

阿契美尼德王朝的荣耀与崩溃　/　138

第五章　地中海－亚细亚的从属　/　144

来自美索不达米亚的攻击　/　144

巴比伦之囚　/　151

从巴比伦之囚时代至波斯时代　/　155

亚历山大大帝的登场　/　162

从腓尼基到埃及　/　168

第六章　希腊化时代的人们　/　175

托勒密王朝　/　175

塞琉古王朝　/　182

安纳托利亚的众多小王国　/　189

马加比战争　/　195

纳巴泰王国的形成　/　201

第七章　帕提亚王朝——第二伊朗王朝　/　209

希腊化与伊朗　/　209

阿尔萨克斯王朝的建立　/　213

伊朗文化的复兴和继承　/　217

帕提亚与罗马　/　223

第八章　罗马向东方的发展 / 229

犹太的罗马化及其前夜 / 229

大希律王与耶稣基督 / 236

神圣之所 / 242

反抗的犹太人 / 248

帕尔米拉女王芝诺比娅 / 255

第九章　萨珊波斯的兴衰 / 262

阿尔达希尔的统一 / 262

萨珊王朝的体制 / 268

琐罗亚斯德教的发展与其他宗教 / 275

萨珊王朝的荣耀与其终结 / 284

第十章　地中海－亚细亚的终结 / 291

罗马的统治 / 291

2—3 世纪的东方 / 297

君士坦丁大帝的东方 / 305

朱利安以后的东方 / 311

基督教各派和密特拉教 / 316

参考文献 / 323

大事纪年表 / 334

文库版后记其一 / 345

文库版后记其二 / 350

第一章　地中海-亚细亚的黎明

最初的文化

古代东方文明[1]的源流

地球上最古老的文明诞生于美索不达米亚和埃及。随着时间的推移，最终在东方的其他地方，即伊朗高原、安纳托利亚高原、叙利亚-巴勒斯坦等地也各自萌发了独立文明。这些地方没有河，因而不具备像底格里斯河-幼发拉底河下游流域和尼罗河流域那样能够开展大规模灌溉农耕的条件。尽管如此，这些地方在充分利用天然降水、地下水、露水开展局地农业以外，还依靠畜牧、贸易、手工艺、军事征服等手段，成

---

[1] 此处"东方文明"及后文中"东方世界"中的"东方"一词特指早期西方概念中的"东方"，即现今的近东或阿拉伯世界。——编者注

功地从新石器时代迈入了文明阶段。再者，上述这些地方都受到苏美尔人和埃及人所创造的文明的影响。

在这些地方之中，面向地中海的安纳托利亚和叙利亚－巴勒斯坦被统称为"地中海－亚细亚"，当地从新石器时代开始就同地中海世界保持着密切交流。安纳托利亚高原的北侧为黑海，南面紧邻地中海，向西延伸的平原地带最终抵达爱琴海。很久以前，希腊人就已经进入这一地区，吕底亚人（Lydians）、吕基亚人（Lycians）等原住居民都曾在此建立过地方王朝。另外，生活在安纳托利亚高原中央地区的居民属于印欧语系，其代表为赫梯人（Hittites）和弗里吉亚人（Phrygians）。

安纳托利亚高原的土耳其半岛部分，东西距离达1000千米，南北跨度达400—600千米。而有"黎凡特（Levant）"之称的叙利亚－巴勒斯坦则是一个狭长地带：北起土耳其半岛东南的奇里乞亚（Cilicia），南至西奈半岛，距离约560千米；西起地中海海岸，东至叙利亚、阿拉伯沙漠的西部边缘，跨度约96千米。倘若将这一地带自南向北纵剖，其地形依次为海岸平原，中央山地，约旦地沟（呼烈湖、加利利海、死海三部分构成），外约旦（Transjordan）高地四部分。其中，位于约旦地沟的死海，湖面在海平面以下400米，是地球上最低的地方。目前已知的叙利亚－巴勒斯坦地区的最古老原住民是迦南人（Canaanites），稍后出现的阿拉米人（Arameans）、腓尼基人（Phoenicians）、希伯来人（Hebrews，以色列人）都曾在各处建立起地方势力。

杰里科的新石器时代文化

不论是用全球的视野,还是从整个东方的角度来审视,新石器时代的地中海-亚细亚都属于文化先进地带。在这一地域中,最值得注意的是巴勒斯坦杰里科市(Jericho,即《旧约》中的"耶利哥",出于惯例,文中的"杰里科"仅指现代的巴勒斯坦城市)邻近的耶利哥遗址和外约旦高地中心城市安曼郊外的艾因盖扎莱(Ain Ghazal)遗址。

早在第二次世界大战之前,以约旦地沟中心城市杰里科为发掘对象的考古调查作业就已经展开。与该地区新石器时代相关的最重要发现来自英国女考古学家 K. M. 凯尼恩(Kathleen Mary Kenyon,1906—1978 年)1952—1958 年间的发掘工作。她的发掘显示,杰里科残存着纳吐夫(中石器)时代即公元前 10000—前 8000 年期间,来到此地寻找泉水的猎人们所建造的神龛和临时居所的遗迹。当地最终发展成为无陶器新石器时代(公元前 8000—前 6000 年)的大型聚落。该聚落面积约 40 万平方米,广泛分布着带半圆形拱顶的圆形房屋。

耶利哥聚落形成的同时,环绕其周边还建立起了大规模的防御设施。现如今遗存的石垒城墙厚约两米,高约 3.3 米。城墙的内侧发现了用石块堆砌而成的瞭望塔,其高度约为 9 米。从塔身下方的入口进入,经过一段通道和 22 级台阶可到达塔顶出口。城墙后方的基岩上掘有护城河,在靠近城墙的一侧堆砌了斜堤加固。与城墙相连的居住区最终遭焚毁,根据对当时遗留下来的碳化物进行的物理学年代测定,推算出其时间约在公元前 6850 年(±210 年)。

根据以上情况，可推测大致在公元前6850年后的数百年间，是当地向定居型农耕社会进步的决定性时期。尽管目前尚未发现当时耶利哥存在农耕社会的痕迹，但要维持一个拥有约2000人的大型聚落，除了利用泉水开展局部灌溉农耕，很难想象还有什么其他的方法。为此，领导者和社会规则的存在是必要的，后来在美索不达米亚和埃及形成的国家干预下有组织的灌溉农耕社会，其实早已在耶利哥进行了实验。

是否能仅仅凭借其人口的众多和对石器、骨器、木器的利用，解释耶利哥人建起坚固的防御设施并维持了数百年的这一事实呢？在这些因素之外，譬如强制劳动和有偿劳动也被认为是必要的。因此，为了维持劳动人口，就不得不从外部世界获取剩余农产品，或许还靠掠夺战争获得了奴隶和战利品。而前文中提到的防御设施是出于何种目的建造的呢？大概是耶利哥聚落中积蓄的财富引起了巴勒斯坦其他聚落的觊觎。当时耶利哥人从死海岸边采集盐、硫磺和沥青，从安纳托利亚输入作为石器原料的燧石，从西奈半岛输入绿松石的原石，从地中海沿岸输入贝壳（子安贝）。这些物资、农产品、俘获的奴隶都成为耶利哥的财富。

公元前6500年前后，耶利哥进入了另一系统的无陶器新石器文化。随之而来的是，人们开始兴建并居住在四边形大型房屋当中。这些房屋的四角大致为圆形，墙壁是用扁平状自然干燥砖砌成。地面和墙壁上都涂抹着灰浆。这一时期人们所使用的燧石制双刃刀、镰、臼等农耕生活用具，有不少存留下来。

耶利哥最为著名的发掘成果，是几颗在居住房屋内地下出土的头盖骨。制作者为保存死者面貌颇费了一番功夫，这些头盖骨的面部涂抹了厚厚的灰泥，眼睛部分还镶饰了贝壳。由于颚骨被摘除，因此口腔上部的牙齿也利用灰泥来呈现。这种头盖骨的埋葬方式暗示了当时已经存在着祖先崇拜。

耶利哥人最终遭受强敌的袭击，逃往艾因盖扎莱，并将其文化移植到当地。

恰塔尔休于和哈吉拉尔

安纳托利亚高原上足以与耶利哥匹敌的遗迹，有位于高原东南部托罗斯山脉（Taurus Mountains）南侧的恰约尼（Cayonu），而高原中部的恰塔尔休于（Catalhoyuk）及其西边的哈吉拉尔（Hacilar）则在宗教方面尤为明显地反映出无陶器新石器时代的情况。后两处遗址均由 J. 梅拉特（James Mellaart）于 20 世纪 50 至 60 年代发掘。哈吉拉尔遗址靠近布尔杜尔湖，在公元前 7000 年前后，当地已经出现了用自然干燥砖搭建的四边形住宅群。碳化谷粒和土坯所砌的储藏箱反映出农耕生活的迹象。此外，当地同样流行与耶利哥类似的头盖骨埋葬方式。

当时，在科尼亚平原到克孜勒河（Kizil River，位于土耳其境内，注入黑海）转弯处的广大区域之间，以各种麦类和豆类的栽培、阿月浑子和橡子的采摘为基础的农耕社会逐渐形成。在中心之一的恰塔尔休于，人们建立了相当于耶利哥 3 倍面积的聚落，又从周边的沼泽地中引水发展灌溉农业。已知的当地栽培植物达 14 种。锄和锹大概是木制的，除了使用石臼、磨石、石皿，也已经开始饲育羊或山羊以及养蜂。

恰塔尔休于没有兴建城墙，沼泽的存在使外敌难以靠近。此外，用泥土或自然干燥砖搭建的四边形房屋不开设门户，室外也没有道路，出入房屋须通过炉灶正上方开凿的竖穴天井。室内墙壁每年都会涂抹灰浆，睡台上铺有羊毛织物。根据室内的壁画和生活用品推测，发掘的房屋大多数都具备宗教用途。

壁画描绘了狩猎、火山和聚落的场景——这是人类历史上最早的风景画，此外也不乏人字形的苇葺屋顶、秃鹫和无首尸体组成的画面，以及手掌印等图案。还有将墙壁堆厚，呈现孕妇生产的立体场景。镶嵌野牛角或动物头部骨骼的墙壁大概是用于某种祭祀仪式。另外，有趣的是，不仅在恰塔尔休于，在哈吉拉尔也同样发现了或身覆豹皮、或拥抱豹子、或端坐在豹身上的女性石像。她们表现的正是大地母神。

恰塔尔休于的出土物中，还包括熔解的铜块和铅块，精良的木制工艺品（餐具、托盘、箱子），黑曜石制成的镜子，图章式印章等。镜子标志着人类历史上最初的人类自我认知的开始，印章则反映出人类内心存在的所有权观念。

哈吉拉尔是安纳托利亚高原具有代表性的公元前6000年以后有陶器新石器时代遗迹之一。当时的哈吉拉尔已经出现了防御设施，并且依靠天然降水发展农耕。在栽培麦类作物的同时，也饲养牛羊。哈吉拉尔的陶器制作工艺发达，不仅出现了经打磨的彩纹陶器和大地母神陶偶，还建造了可被认为是神殿的建筑。哈吉拉尔文化持续发展，进入了使用铜制品的铜石并用时代。而相对地，在叙利亚－巴勒斯坦地区的有陶器新石器时代的文化多数都如同耶利哥那样，形式较为单一，与其后独特的铜石并用时代文化之间存在着断层。

1995年以后，日本对新石器（绳纹）时代三内丸山遗址的发掘工作一度成为热门话题。据发掘报告指出，当地曾经存在着一个约500人规模的阶层社会。不过，三内丸山遗址的时代大致为公元前2500—前2000年，较地中海-亚细亚地区的新石器时代文化落后数千年，其聚落的人口数量也远远不敌后者，无论是生产生活，还是文化程度，三内丸山遗址都明显处于较低的水平。

青铜时代

特雷伊拉特·迦苏勒和隐基底

大约在公元前3500年，美索不达米亚的南部和埃及依靠流经当地的大河孕育出了灌溉农耕文明的萌芽，两地的生活和社会迈入了全面进步的时代。然而与二者情况不同，地中海-亚细亚地区呈现出文化颇具独特魅力的小规模聚落在各地兴起的态势。

在死海的东北岸，约旦河以东5千米，海拔-255米处，是高度约1.8米的低矮遗迹群——特雷伊拉特·迦苏勒（Teleilat Ghassul）。这里保留着铜石并用时代（公元前4000—前3500年）的三层居住区遗址。该遗址没有兴建过城墙的痕迹，是由长方形房屋组成的定居聚落。住宅房屋整体粗糙，墙壁用灰浆涂抹，彩色壁画颇为引人瞩目。壁画使用了黑、白、红、褐等颜色，内容包括被认为是雉鸡的鸟类、仪式中佩戴面具的人物，以及其他一些无法辨别的图案。在所有壁画当中，一幅以

特雷伊拉特·迦苏勒的壁画

向八方延伸放射状光芒的天体（太阳或星星）为中心的图案，最令人神往。尽管无法从整体上把握这些壁画的脉络，但是它们确实表现了当时人们的精神世界。

在各住宅的贮藏竖穴中，仍残留着些许麦子、椰枣、橄榄，烹调用的炉灶完备。特雷伊拉特·迦苏勒的陶器类型独特，质地坚硬、器壁较薄、烧制良好，造型较前代更复杂了。

特别值得一提的是，在特雷伊拉特·迦苏勒用来制作黄油的是一种"军舰形"的陶器，其在同时代巴勒斯坦的其他遗址中也有出土。这种陶器最大长度70厘米，直径8—30厘米，为内部中空的圆筒，两端收拢，各有带洞的把手，中部是一个小型的颈。将牛奶倒入其中，再将两端系上绳子吊起。如此经过一段时间后，待牛奶的脂肪成分开始凝固，将其取出加以提炼，便可制成黄油。在制作过程中，对牛奶进行细致搅拌是必不可少的工序，这类工作一般由女性负责。不过，通常制作黄油所使用的工具是皮袋，而这一时期的巴勒斯坦地区却使用"军舰形"的陶器，其详细理由尚不可知。

同样，作为临近死海的铜石并用时代遗址，坐落在死海西岸上方约 200 米台地处的圣所隐基底（Ein Gedi）也是一个重要的地点。在距离泉水稍远处，有一个东西约 30 米、南北约 20 米的不规则四边形露天广场，被石头堆砌的低矮墙壁环绕着。在石墙北面有一处长约 20 米的长方形建筑，内部有祭坛、壁龛、多个竖穴，沿墙壁还放置了长椅等设施。在这里出土了兽骨、灰、祭祀用的陶器。此外，沿着广场东侧墙壁有小型建筑。整个广场的正式入口位于南面，那里曾建有一所放置有长椅的房屋。广场中央是一处供祭祀仪式使用的直径约 3 米的蓄水池。这处场所是铜石并用时代死海周边地区居民汇聚礼拜的圣地。

贝尔谢巴与纳哈尔·米什马尔洞窟

当时的巴勒斯坦海岸地区尚存在滨海湿地，哈代拉（Hadera）及其周边出土了与特雷伊拉特·迦苏勒样式相同的陶器，当地的石灰岩洞窟中还发现了大量的陶制骨灰罐。其中几个骨灰罐的造型和恰塔尔休于壁画中出现的人字形屋顶结构相同，还被饰以彩色。这种类型的构造对生活中平顶房屋占主导的古代东方人而言意义非凡，它表现的是死后世界的生活状态。

与上述地区呈现出迥然相异特征的是在内盖夫沙漠（Negev Desert）发现的铜石并用时代遗迹——位于贝尔谢巴（Be'er Sheva）近郊的泰勒·阿布·玛塔尔（Tell Abu Matar）。基岩上自然形成的高达 4.2 米的堆积土中出土了地下聚落遗址，平均面积 4.3 米 ×3 米的地下室通过回廊连接在一起。像这样由 5 至 7 间房屋组成的地下居住区共发现了 20 例。聚落的人口在200人左右，也设有谷物仓库和贮水槽。炊事活动在地面进行。当地人不从事农耕和狩猎，而是主要致力于铜的精炼和铜制品的制作。他们从南方约96千米以外的铜矿山获取矿石原料，使用火炉炼制铜块，其制品有仪式上使用的棍棒头部、针、戒指、圣器把手等，但不制作劳动用具。当地人专门从事矿石原料运输、铜的精炼和制作，其食物则依赖外地供应。该地远离美索不达米亚和埃及这些文明的发源地，这值得我们注意。

泰勒·阿布·玛塔尔人制作的青铜圣器，被铜石并用时代的巴勒斯坦人供奉于隐基底一类的圣所。当隐基底圣所最终关闭时，有迹象表明安置在那里的供奉物和备用品曾被有组织地撤走。至于这些宝物究竟流向了何处，1962年，在隐基底附近的纳哈尔·米什马尔（Nahal Mishmar）洞窟（"宝物洞窟"）发现的一系列铜器，为我们揭晓了最终的答案。

铜石并用时代末期的人们不知因何缘由放弃了纳哈尔·米什马尔洞窟的居所。在洞窟中出土了当时的陶器、兽骨、贝壳、象牙断片、皮制品、木器、麦秆编成的垫子、亚麻和毛织的布料、各种食品（大小麦、豆类、大蒜、橄榄、洋葱、椰枣、橡子），此外还包括21具遗骸。而最令人惊诧的发现是一系列由席子包裹着的埋藏品——总计429件，其中有342件是铜制品，包括：20件凿、斧、剑，240件杖头，80件扁状铜件，2件头冠[①]，全部是仪式使用的物品。这些宝物大概是逃亡到此处洞窟居住的群体的共同所有物。

---

① 关于出土铜制品数量有不同说法。——编者注

特洛伊和埃勃拉

与巴勒斯坦地区相类似的铜石并用时代文化并没有出现在安纳托利亚高原。在接下来的青铜器时代早期，安纳托利亚高原的原住民和从北方迁移来的最初一批印欧语系民族——卢维人（Luwians）相互渗透、混居，在这期间曾建立起几个地方王朝。特洛伊Ⅰ城址（Troy Ⅰ，公元前 3600—前 3100 年）和特洛伊Ⅱ城址（Troy Ⅱ，公元前 2900—前 2600 年）便属于其中的早期产物。特洛伊的王城被城墙环绕，主要公共建筑物（宫殿等）所采用的是希腊语称之为"梅加隆"式（Megaron，有大殿、中央大厅之意）的风格。这种在中央架设炉灶、在长方形布局的短边开设入口的建筑，最先出现在新石器时代希腊的迪米尼（Dimini），之后转移到安纳托利亚，经特洛伊，在贝伊杰萨尔坦（Beycesultan）和塔尔苏斯（Tarsus）等地广为流行，最终再度回归希腊并普及开来。此外，海因里希·谢里曼（Heinrich Schliemann）在特洛伊Ⅱ城址最后阶段遗址构造埋藏的木箱内发现了"普里阿摩斯王的宝藏"。这批宝藏包括王冠头饰、耳饰、手环、壶、杯子等黄金制品。

这批宝藏足以与博阿兹柯伊（Bogazkoy）附近阿拉贾休于（Alacahoyuk）的出土物媲美。当时（公元前 2800—前 2600 年）的阿拉贾休于存在过一个小王朝，城市郊外曾发掘了 13 所王陵。这些陵墓全部在竖穴上方用木材搭建顶部，再用封土覆盖。墓室中出土的黄金制品所展现的精细工艺技术完全能够与同时代的美索不达米亚工艺相匹敌。

相对地，叙利亚－巴勒斯坦地区处于青铜器时代早期（公元前3100—前2200年）时，闪米特族一系的迦南人来到此地，并且模仿美索不达米亚的城邦建立起了小国家。例如，耶利哥出现了在晾晒砖砌成的基础石列上修建的宽5.1米的城墙，其上建有半圆形的瞭望塔。最初耶利哥的城市街道布局杂乱无章，房屋的形状各式各样，后来随着城墙的修建，城市改建也有计划地展开了。

美吉多（Megiddo）同是在青铜时代之初开始形成街市，后来随着大规模的城墙建设，城市被加以规划整合。泰勒艾尔－法拉哈（Tell el-Far'a，即圣经中的得撒）城墙前面的街市，长方形的大型房屋密集盘列，城墙更是宽达8.1米，在城门处还矗立着两座瞭望塔。此外，诸如贝特谢安（Beit She'an）、谢尔贝特·凯拉克（Khirbet Kerak；别名贝特耶拉，Bet Yerah）、基色（Gezer）、亚弗（Aphek；别名安提帕底，Antipatris）、拉吉（Lachish）、泰勒·贝特·米西姆（Tell Beit Mirsim）、泰勒艾尔－海希（Tell el-Hesi）等地，在这一时期都已经开始出现由王统治的小型城邦国家。

从历史的观点来看，这一时期地中海－亚细亚最值得注目的现象便是谢尔贝特·凯拉克陶器在叙利亚－巴勒斯坦地区的流通。这种陶器在制作过程中使用了转盘，器具表面则用红、黑、褐色的黏土做成，并施以极为细致的研磨，有时也会刻上细长的纹理。根据考证，这种壶形和钵形的陶器起源于安纳托利亚东部，它们的出现诉说着地中海－亚细亚最初文化交流的故事。

另外，在今天叙利亚共和国所位于的叙利亚－巴勒斯坦部分，因为地理上靠近美索不达米亚，受到苏美尔人（Sumerians）和阿卡德人（Akkadians）文明的强烈影响，因而在青铜器时代，当地的城邦国家持续繁荣。例如，叙利亚北部的阿拉拉赫（Alalakh，今属土耳其）作为阿米克平原（Amik Plain）的交通与农业中心地域得以兴盛，当地也像美索不达米亚地区一样，在神庙的周边修建宫殿和住宅。阿拉拉赫同样使用从美索不达米亚传入的楔形文字，并且在公元前18世纪前后制作了大量的黏土板文书。

从制作楔形文字黏土板这一点来讲，与阿拉拉赫同样重要的遗址还有1964年发掘的埃勃拉（Ebla；现如今的泰勒·马尔迪赫，Tell Mardikh）。这座面积达60万平方米的遗址位于阿勒颇（Aleppo）以南55千米处，是一座可与苏美尔城市并驾齐驱且处于王统治下的城市。尤其是在阿卡德时代（第二层B1期，公元前2400—前2500年），以王宫为中心的区域呈现出一派繁荣景象。然而，埃勃拉却因遭到阿卡德王纳拉姆辛（Naram-Sin）的攻击而灭亡。从当时王宫附属的文书库中出土了17000块楔形文字黏土板，经解读判明，埃勃拉人属于迦南人等来自西北地区的闪米特语族的一员。此后，埃勃拉这座城市得到了复兴，西宫殿在阿摩利王朝时期（第三层A期，公元前1900—前1800年）修筑起了与此前同样大规模的防御设施（土垒上增筑城墙）。

迦南城市与赫梯古王国

喜克索斯人的故乡

无论青铜器时代的巴勒斯坦地区各城市如何发展演变，始终都与古埃及文明保持着最为紧密的联系，因此，在探讨这一时期的历史时必须充分重视埃及方面的史料。最早言及叙利亚－巴勒斯坦社会状况的史料是咒文。在红陶壶或陶偶上刻记叙利亚－巴勒斯坦各城市统治者的名字，以咒文的形式，誓约对埃及的忠诚。这些咒文出现的年代大致相当于古埃及中王国第十二王朝时期（公元前1991—前1786年）。

当时的记录中囊括了大马士革（Damascus）、比布鲁斯（Byblos）、夏琐（Hazor）、耶路撒冷（Jerusalem）、阿什凯隆（Ascalon）等数十个城市，可以将此视为埃及国王初步打算对诸城市进行控制的证据。这些城市全部伴随着阿摩利人（Amorites）的入侵而陷入混乱，其中大多数在这一时期确立了王政统治。此外，倘若想领略当时生活在叙利亚－巴勒斯坦高地与沙漠世界的游牧民族状况，可以从辛努塞尔特一世（SenusretⅠ）的廷臣西努赫（Sinuhe）编写的见闻录《西努赫的故事》（Story of Sinuhe）中找到答案。

埃及第二中间期出现的喜克索斯人（Hyksos，有"异国的统治者"之意）究竟起源于何方？埃及的史料文献并没有记录。实际上，喜克索斯人正是来自叙利亚－巴勒斯坦青铜时代中期城市群的移民群体。根据考古学发掘调查显示，当时的叙利亚－巴勒斯坦地区产生了规模数倍于前代的城市。在此基础上，加之北方的移民［印欧语系民族与胡里安人（Hurrians）］的到来，双重因素的影响致使当地人口增多，进而出现了向埃及迁徙的移民，于是便兴起了喜克索斯人群体。考古发掘结果还显示，叙利亚－巴勒斯坦地区的城市已经出现了坚固的防御工事（宽阔的土垒上增设用晾晒砖构筑的厚实城墙），此类工事被用来对应当时的最新战术——使用马匹牵引的二轮战车。

喜克索斯人的入侵引起了埃及方面的反弹，在接下来的新王国时期（公元前1567—前1085年），埃及致力于巴勒斯坦地区的殖民地化。依据贝特谢安出土的碑文显示，埃及曾在巴勒斯坦设置守备队，负责确保各城邦王履行向埃及缴纳贡赋的义务。不过，在推行了宗教改革的埃及法老埃赫那吞（Akhenaten，即阿蒙霍特普四世，公元前1364—前1347在位）时期，这一体制一度产生了松动。在埃赫那吞的新王都——埃赫塔吞（Akhetaton，即阿玛尔纳，Tell el-Amarna）发现的阿玛尔纳书简，展示了埃及与巴勒斯坦臣属国家（城市）之间的关系。例如，耶路撒冷王阿布迪－赫巴（Abdi-Heba）为解释无法缴纳贡赋的原因，而向法老送上了下面这封书信：

> 噢！王上、我的主人！这里缺少护卫啊！王上，愿您眷顾您的领地！王上的领地全部处于叛乱当中。……请给我派遣护卫，使我能够得偿所愿。

这些令阿布迪－赫巴苦恼不已的敌人之中，最主要的就是将来被称作希伯来人并在此地建立王国的哈比鲁人（Habiru）。

哈比鲁人掠夺了王上所有的领地。如果有（王上的）射手在此……我的主人，王上的领地不就可以保留下来了吗？但是，如果没有射手在此，王上的领地将会失陷。

……我现在如同大海中的扁舟般岌岌可危……哈比鲁人控制了王上的诸多城市。我的主人啊，王上的领地已经一位总督都没有了。他们全部被消灭了。

卡鲁姆·卡内什和乌加里特

相较于巴勒斯坦和埃及间的亲密状况，安纳托利亚高原和叙利亚沿海地区在对外关系上却呈现出截然不同的态势。在美索不达米亚地区，南部的巴比伦和以底格里斯河中游为基地的亚述逐渐兴盛，取代了苏美尔和阿卡德。据我们所知，亚述除依赖灌溉农耕之外，更通过贸易和征服获得财富，并在安纳托利亚高原各地设置了许多商业殖民城市。

在克孜勒河上游区域，安纳托利亚东部的库尔特佩（Kultepe，即"灰山"之意；古名卡内什，Kanesh）遗址山丘的山麓位置，曾经存在过在阿卡德语中被称为"卡鲁姆"（Karum，在阿卡德语中原为"港口"之意，后指市场）的亚述人殖民城市。在其居住区残留着15000块阿卡德语黏土板文书。这些遗存可以被视作安纳托利亚历史时代的开端。

卡鲁姆·卡内什（即卡内什的市场）于公元前2000—前1900年左右曾繁荣一时。商人们使用驴子组织商队，横跨幼发拉底河上游的山地，经奇里乞亚平原与亚述进行往来。形成这种联络方式的原因在于以卢维人和赫梯人为代表的印欧语系民族的到来使人口增长，促进了贸易扩大化。

卡鲁姆内部的道路可供车辆通行。住宅呈四边形，由2—6间居室组成，并带有中庭。大型房屋附带文书库，黏土板文书被收纳在瓮或者土制的箱子中。卡鲁姆于公元前1900年前后遭到破坏，破坏者正是刚刚侵入安纳托利亚的赫梯人。经历这场灾难的卡鲁姆在大约50年后得以复兴，在公元前1850—前1750年间存续。

卡鲁姆·卡内什的黏土板文书

另一方面，在叙利亚地中海沿岸曾经存在过一座名为乌加里特（Ugarit，现在的拉斯沙姆拉，Ras Shamra）的古代城市。自1929年的考古发掘以来，在此地发现了大量西北闪米特语写的楔形文字黏土板文书。这座城市曾经饱受赫梯人与埃及人围绕叙利亚展开的争夺战的影响，其繁荣归根结底要归功于和当时控制了希腊世界的迈锡尼人（Mycenaeans）、米诺斯人（Minoans）所开展的贸易活动。在乌加里特的外港米内特·艾尔－贝达（Minet el-Beida）发现了入口有通道连接到石室的墓葬，这些墓葬属于来自克里特岛（Crete）的商人们。乌加里特的象牙制品和黄金工艺品都具有希腊风格。

乌加里特的街市被坚固的城墙环绕，城市中心是不断增建的宫殿。输水用的陶制管道、丝柏制成的壁板、亭中花坛等设施彰显了这座城市的独立性。宫殿石材使用的是巨大华美的切割石块。在扩张最鼎盛时期，宫殿占地约1万平方米，并且拥有8处入口带列柱廊的房间和9处中庭。曾经统治过乌加里特的诸王可以追溯到公元前2000年前后。公元前1380—前1200年的数位王治世期间，是乌加里特的黄金时代。①

乌加里特最富裕群体的住宅集中在宫殿东侧和南侧的街市。有的家庭宅邸仅一层就拥有35个房间，而且这些还只是仓库和办公室，居住的房间则在上层。每个家庭都拥有地下式家族墓室，此外，各家各户还设有下水道、浴室、厕所等。

在经济活动方面，乌加里特的贸易品涵盖了谷物，橄榄油，葡萄酒，盐，木材（黄杨、杜松、松树），香油，金属制品，象牙制品，等等，可被视为后来腓尼基人贸易活动的先驱。乌加里特文化中最重要的构成部分，无疑是由27个子音和3个母音组成的乌加里特字母，现在还有以该字母记录的宗教仪式和神话的文书遗存。相较于乌加里特字母更早出现的字母文字是原始西奈字母（公元前17—前16世纪），不过该字母并没有广泛地流通使用。事实上，我们可以认为字母文字是公元前13世纪由乌加里特发明的。

赫梯古王国和米坦尼

在库尔特佩的一处公共建筑中，曾经发现了一枚刻着"阿尼塔王的宫殿"的枪尖，阿尼塔（Anitta）这个名字与后来赫

---

① 根据最新史料推定，与此时间会有一定的出入。——译者注（本书注释如无特殊说明，皆为译者注）

梯列王名表中出现的皮坦纳王（Pithana）之子相同，卡内什于是被认为与赫梯王国首都尼萨（Nesa）为同一地点。当时，这个印欧语系王朝是安纳托利亚高原上最强大的势力。不久，这个王朝就占据了后来的赫梯人首都哈图沙（Hattusas，现在的博阿兹柯伊）。在这之后，该王朝陷入了今人尚不知晓的种种变故中。不过，也正是在这个过程中，同样是印欧语系的赫梯人建立了新的王朝，王朝首都也从库萨尔（Kussara）迁移到了哈图沙。哈图西里一世（Hattusilis I，公元前1650—前1620年在位）的即位，标志着赫梯古王国的建立。

在古王国成立之前，赫梯人已经征服了原住民和其他印欧语系民族建立的地方势力，并且向东、西方拓展疆域，派遣王族担任各地代理长官，以此统治了安纳托利亚高原的大半区域。他们还不断地向叙利亚发动攻击。最终，美索不达米亚的记录留下了这样的字句："在萨姆苏-地塔那王（Samsu-Ditana）时代，赫梯人侵入了阿卡德地区。"赫梯古王国的第二代国王穆尔西里一世（Mursili I）于公元前1595年征服了巴比伦。

与频繁的对外远征呈现鲜明对比的，是赫梯古王国国内政治的不成熟。特别是王族间权力关系复杂多变，谋逆事件频发，加之边境被征服地区民众的叛乱，赫梯古王国在穆尔西里一世之后陷入了公然的内乱状态。

第七代国王铁列平（Telepinu，公元前1530—前1510年在位）弭平内乱，从王位继承法开始推行整合法典、编纂王统历史等一系列内政改革。此外，又与地方势力缔结和平协议，实现了安纳托利亚的再统一。铁列平改革充当了后来赫梯新王国国家体制的先驱。与此同时，赫梯开始与向北方拓展势力的古埃及第十八王朝接触，并发展外交。然而，在铁列平之后，赫梯古王国自身再度陷入了内部纷争之中。从第三代国王汉提里一世（HantiliⅠ）时就从安纳托利亚东部和南部的凡湖（Lake Van）附近入侵的胡里安人势力大增，成为赫梯古王国面对的最大危机。通常，铁列平统治的结束被视作赫梯古王国的终结。

入侵赫梯古王国的胡里安人其实早已出现在乌尔第三王朝时代的文书中。胡里安人是有着独立语言的民族，占据着扎格罗斯山脉（Zagros Mountains）到凡湖附近的广大区域。他们没有建立独立的国家，而是不断向美索不达米亚和叙利亚一带渗透，主要从事贸易活动。大约在公元前15世纪，以叙利亚北部为中心的地区被印欧语系民族米坦尼人（Mitannians）占据。米坦尼人依靠以战车队为中心的军事组织（马里亚努），统治了当地的原住民和胡里安人。

米坦尼人以卡赫美士（Carchemish）等城市为据点。其联合体的首领所在王都瓦舒卡尼（Washukanni）目前位置不明。米坦尼所占据的新月沃地核心部分具有极大的经济价值，也没有自然疆界线的束缚。米坦尼建立于赫梯、埃及、亚述三方势力的均衡之上，公元前15—前14世纪持续着繁荣发展的局面，王室与赫梯和埃及的王室保持着联姻关系。

赫梯新王国

新王国的建立

在古王国之后的混乱状态中,安纳托利亚高原于150年之间出现了11位王。最终,苏庇鲁里乌马一世(Suppiluliuma I,公元前1345—前1320年在位)平定了混乱,再度统一了赫梯国家。不过,苏庇鲁里乌马一世建立的新王朝与古王国王朝属于不同的系统,具有浓厚的东方胡里安人血统。虽然有数名统治者冠上了古王国时代君王的名号,但安纳托利亚的实际统治者却是胡里安人。新王国同样继承了古王国铁列平时期开创的国家体制。

赫梯国家是具有浓厚军事、宗教色彩的君主国。赫梯人不断对外征伐,国王会不时离开首都前往各处圣地朝拜巡礼。此外,赫梯还拥有众多同盟国和王族割据的领地。这种情况与埃及的中央集权专制政治、苏美尔的城市国家不同,是印欧语系民族独有的国家体制。我们能够在以后的波斯人和米底人国家中见到与之相近的体制。这种体制是生活在高原地带,未经大河孕育的东方世界后进民族的部族社会残存。

一言蔽之,这种体制下,国家是世袭领地的集合,王权强劲时汇聚在王权之下,王权削弱时则产生分裂倾向。究其原因,是由于铁列平制定的以长子世袭制为基础的王位继承规则没有得到贯彻实施。

社会成员由自由民和奴隶组成。前者包含贵族、商人、工匠,后者则由原住民和强制移民构成。经济活动中,出于贸易习惯使用切断的金属片充当货币,这一点大概是受到了巴比伦的影响。

赫梯新王国的军事、外交活动主要是与埃及展开的。苏庇鲁里乌马一世入侵叙利亚,为对抗埃及而与米坦尼王国缔结了婚姻关系,使米坦尼保持中立。然而,围绕叙利亚控制权,在奥龙特斯河(Orontes River)河畔的城市卡叠什(Kadesh)爆发的会战(大约在公元前1315年)以埃及法老塞提一世(Seti I)的胜利而告终。赫梯从安纳托利亚各民族和叙利亚统治者中组织雇佣兵进行反击。公元前1286年[1],赫梯国王穆瓦塔里二世(Muwatalli II)和埃及法老拉美西斯二世(Ramesses II)再度于卡叠什爆发会战,双方最终以平局收场。这次战役从战斗准备阶段到会战规模和编制都留下了翔实的记录,是战争史上的首次。根据埃及方面的记录,我们可以弄清楚参加会战的军队规模和编制、利用游牧民斥候进行的战前间谍活动、渡河作战、两军冲突以及停战等详细情况。

从整体上看,叙利亚的形势对赫梯方面更为有利。哈图西里三世(Hattusilis III,公元前1275—前1250在位[2])感受到来自亚述人的威胁,遂于公元前1269年[3]和拉美西斯二世缔结了和平条约。这份伴随着联姻确立的世界最早的国际条约,埃及和赫梯双方的原文底本都存留至今。条约缔结后,双方严守和平,以奥龙特斯河为界,尊重彼此的领土。

---

[1] 目前学界推定时间为公元前1274年。
[2] 现在推定为公元前1267—前1237年。
[3] 现推定时间为公元前1259年。

和约带来的和平约持续了 50 年，此后赫梯人的国家逐渐衰弱。公元前 1200 年左右，海上民族和弗里吉亚人攻陷了哈图沙，赫梯新王国宣告灭亡。

赫梯人的宗教

米坦尼人是出身印欧语系民族的统治阶层，据碑文所示，他们崇拜伐楼拿（Varuna）和密特拉（Mitra）等印欧语系民族独有的神明。然而，同样属于印欧语系民族的赫梯人，其宗教却呈现出不同的特征。赫梯国王们在长达 38 天的春日大祭（安塔芙休姆节）和约 40 天的秋日大祭（努恩塔利亚什哈节）期间，会离开首都，前往各地的土著神明或外来神明的圣所进行朝拜巡礼。据推测，这些圣地多达数十处，其中特别著名的如位于哈图沙东方、供奉太阳女神阿琳娜（Arinna）的圣地。

亚泽勒卡亚（Yazilikaya）的浮雕展示了赫梯国王们对胡里安人的天气之神泰舒卜（Teshub）及其配偶神海芭特（Khepat）的特殊信仰。这显示新王国的王室具有胡里安人的特性。遗存至今日的楔形文字黏土板记录中有两个属于胡里安人而非印欧语系民族的神话传说。大抵赫梯人是在与安纳托利亚高原上的胡里安人接触中，改变了本来的印欧语系民族诸神信仰和神话。

首先一个是库玛尔比（Kumarbi）神话，这个神话套用了美索不达米亚诸神传说。最初天界的主人是阿拉鲁（Alalu），后来安努（Anu）取代了阿拉鲁，而安努又被库玛尔比推翻。当时库玛尔比吞下了安努的精液（一说咬掉了安努的生殖器），从而孕育出了天气之神（共生出三神，泰舒卜为天气之神）。泰舒卜与父亲战斗，并最终取得了胜利。第二个神话被称为《乌里库米之歌》(Song of Ullikummi)。相传，库玛尔比为了再度与天气神交战，与泉水边的岩石交媾，于是诞生了全身包裹岩石的乌里库米。潜入海中的乌里库米急速成长为直达天空的巨人。天气神泰舒卜得到了水神——起源于美索不达米亚的爱阿（Ea）的帮助，击败了库玛尔比父子，确立了其对天界的统治权。

哈图沙东方岩石山中的亚泽勒卡亚圣所浮雕群，以直观的视觉形式呈现了赫梯王室的宗教信仰。虽然赫梯人现存的黏土板文书中没有关于此地的记载，但根据壁画上碑文的记载，可知整个圣所都是建于赫梯新王国十位国王中的第七位图特哈里亚四世（Tudhaliya Ⅳ, 公元前 1250—前 1220 年在位[①]）时期。当时距离赫梯新王国灭亡还有最后的数十年。

在岩壁中央的山神浮雕之上，是天气神泰舒卜和骑坐在豹子身上、面朝泰舒卜的太阳女神海芭特。女神身后排列的是各位从神和一族之神。泰舒卜身后则是手持着各种特殊物品的万神殿中的诸神。整幅浮雕雕刻了 60 位以上的神明。

大概亚泽勒卡亚自史前时期以来，就因为是神力显现之地而受到崇拜。从公元前 1500 前后开始，赫梯王室接受了这一信仰，亚泽勒卡亚遂逐渐发展为胡里安人万神殿的供奉场所。

[①] 现在推定为公元前 1237—前 1209 年。

亚锡雅瓦和塔勒维萨

赫梯人与安纳托利亚的西部究竟维持着怎样的关系呢？

对博阿兹柯伊出土的楔形文字黏土板进行解读的早期研究者之一埃米勒·弗雷尔（E. O. Forrer，德国考古学家），相信《荷马史诗》中提到的赫梯新王国时代人名、地名是真实存在的。他认为希腊史前时代的居民亚该亚人（Achaeans，别名阿开奥斯人，Achaios），就来自赫梯语中的亚锡雅瓦（Ahhiyawa，又称亚锡雅，Ahhiya）。赫梯人在苏庇鲁里乌马一世时代教会了亚锡雅瓦人操纵战车的方法；穆尔西里二世（Mursili Ⅱ）患病期间，因亚锡雅瓦的神力得以恢复；旧赫梯的某位家臣在地方肆意妄为之际，赫梯王曾和亚锡雅瓦王商谈如何处理此人。以上诸多事例都证明了赫梯和亚锡雅瓦之间的友好关系。如此一来，也就不难理解为什么自穆尔西里二世时代开始，赫梯王会向亚锡雅瓦王赠送礼物。

亚锡雅瓦在国际政治上的重要地位，可以根据图特哈里亚四世与某位叙利亚王的一份协定书做出推测。协定书中在言及亚锡雅瓦王的同时，还提到了巴比伦王与亚述王。亚锡雅瓦人的船队当时已经到达了叙利亚沿岸。在这种状态下，赫梯人和亚锡雅瓦人保持了约两个世纪的联系。那么，赫梯人所谓的亚锡雅瓦人究竟是不是荷马提到的亚该亚人，换言之，是否可以就此断定亚锡雅瓦指的是迈锡尼人的国家（即希腊本土）呢？有关这一点，目前学界诸说纷纭，尚无定论。

此外，自从海因里希·谢里曼开始发掘以来，土耳其西北部的遗址希沙利克（Hisarlik）就被认为是《荷马史诗》中特洛伊城的所在地。在图特哈里亚四世时代的赫梯语史料中，一度出现了土耳其西海岸阿斯瓦（Assuwa）地区一处名为塔勒维萨（Taruisa，英文又作 Troas、Troad）的城市。阿斯瓦相当于罗马时代的亚细亚行省地区，Assuwa 亦是 Asia（亚细亚）的语源，其适用范围最初只是十分狭小的地域。以塔勒维萨是位于阿斯瓦最北部城市这一点为证据，就为特洛伊存在于此地提供了可能性。

无独有偶，塔勒维萨之外还有另一项证据——维卢萨（Wilusa）之王亚拉卡桑杜斯（Alaksandus，亦作 Alaksandu）。维卢萨是特洛伊的别名伊利奥斯（Ilios）的赫梯语发音，而亚拉卡桑杜斯则被认为可能是特洛伊王子帕里斯（Paris）。如此一来，与"亚该亚"一样，在"特洛伊"的鉴定上也依然存在着种种问题。

另外，不论特洛伊Ⅱ城址出土的"普里阿摩斯王的宝藏"是何等精致，谢里曼将特洛伊Ⅱ城址归结为《荷马史诗》中特洛伊的说法完全是错误的。根据此后的特洛伊考古学年代调查，更符合荷马所描述的陷落了的特洛伊的，当属特洛伊Ⅵ城址（Troy Ⅵ，公元前 1800—前 1275 年）、特洛伊Ⅶa 城址（Troy Ⅶa，公元前 1275—前 1240 年）。这就意味着，特洛伊应当是在公元前 1275 年或前 1240 年左右陷落。这个时间正好是赫梯国王哈图西里三世和图特哈里亚四世的统治时期，因此，维卢萨的亚拉卡桑杜斯活动时间应该大致与此一致。

安纳托利亚的发掘

遗址的发掘情况

谢里曼对特洛伊的发掘，是从考古学角度对《荷马史诗》中特洛伊的再发现，也是特洛伊自身历史所遗留下的一项事业，更是东方考古学史上具有划时代意义之举。谢里曼的发掘工作始于1870年。对谢里曼而言，他最为关心的事情莫过于：在这巨大的遗址土丘中，究竟何处才是特洛伊战争的遗迹？传说中普里阿摩斯王曾经居住过的"遍布黄金"的街市又隐藏于何方呢？

谢里曼以前的发掘者们只是在土丘顶部浅浅地进行了挖掘作业，确实出土了一些零散的古希腊与古罗马时代的遗址构造。但是，这些发掘者们都没有继续深掘下去，很显然他们都没有找到《荷马史诗》中的特洛伊。谢里曼所采用的方法是从南北两面向台形遗址的中心发掘出一条巨型壕沟。通过此次发掘作业，谢里曼发现遗址土丘内部事实上掩埋着几座自上而下重重堆积的城市。这种层叠的结构反映了历史的变迁。而在谢里曼之前从事东方遗址土丘发掘的考古学家们并没有意识到这一事实的重要性。

谢里曼犯下的决定性错误在于，他深信自遗址土丘从下起第二层即特洛伊Ⅱ城址就是《荷马史诗》中的特洛伊，其实这是一座青铜时代早期的地方王城，文献史料中没有关于当时的国王名字和城市名称的记录。谢里曼被特洛伊Ⅱ城址中被战火烧毁的痕迹、厚厚灰层掩埋的雄伟遗迹构造及从中出土的"普里阿摩斯王的宝藏"误导了。当然，逐一识别重重堆积的城市层本身就是一项重大发现。

那么，究竟是何种因素导致了谢里曼的误解呢？当时，人们并不知道从各层城址出土的数以千计的陶器残片可以作为年代的标识加以利用。那时的人们只掌握了鉴别希腊、罗马陶器年代的经验，这对探究东方漫长的历史标识而言，发挥不到丝毫的作用。

这个问题直到弗林德斯·皮特里（Flinders Petrie，1853—1942年，英国考古学家）对台形遗址泰勒艾尔－海希（古称伊矶伦，Eglon，圣经中出现的城市之一）进行发掘后才得以解决。皮特里并不像谢里曼那样着眼于某个特定时代的城址街市，而是将精力投入遗址构造和层级位置的识别上，通过各个层级出土的陶器碎片来推定年代。

根据皮特里个人的说法，其这样做的意图大致如下：

> 一旦确定了某个地方的陶器历史，就意味着掌握了将来全盘发掘的关键。……在泰勒艾尔－海希连续发掘出的是层层堆积的城址，因此，（陶器历史的鉴定）就为推测各层的年代提供了绝好的机会。……将阿摩利（迦南）时代到古希腊时代的这些不同时期陶器集中起来，……全部进行分类。总之，依靠这种方法，我们可以通过各类出土陶器所属的年代来梳理城址层级（尽管重重堆叠）的历史时间表。

特洛伊和泰勒艾尔－海希这两处地中海－亚细亚遗迹的发掘，不仅揭示了古代东方遗址的历史，也因此让世人掌握了探寻各地历史的方法。那么，遗址的发掘能够为古代东方史做出何种贡献？首先，我们要从这座遗址土丘本身说起。遗址土丘在土耳其被称作"hoyuk"（中文译作休于或霍尤克），在叙利亚－巴勒斯坦被称作"Tel / Tell"（中文译作泰尔或泰勒），是距离山脚数米至二三十米高的土丘。不过，土丘当中所容纳的并非单一的土层，而是层叠堆积的城市或聚落。

因此，在遗址土丘内部可能埋藏着防御设施、宫殿、神殿、仓库、水利设施、道路等公共建筑物，以及民宅、坟墓等人类生活建筑物的全部。那么层叠堆积的原因又是什么呢？古代东方，类似城市和聚落等人类居住的场所，出于便利考量，人们会世世代代选择在同一区域修建水利、交通、防卫、农地等。

遗址和古代东方人

古代的城市平均每数十年就会因为天灾或者战乱而遭到破坏，事后人们又会在同样的地点再度修建新的城市。面对城市反复演绎的兴亡，其实城市的创始者美索不达米亚的苏美尔人早已有了明确的意识。他们意识到那些用晾晒砖一块块堆砌成的自家宅屋和公共建筑，或将在数十年后崩坏瓦解，或将在烈火中焚毁殆尽，或者难逃人们离开后荒废的命运。苏美尔的诗人们用名为"哀歌"的文学体裁抒发感慨。

　　昔日丰饶的宝库遍布尘埃，不见一个人影，连狗和蝎子都不愿寄居此地，鸽子从塔尖飞离。美丽的城墙崩颓，屋顶的横梁如病患垂首，砖瓦宛若悲叹的女子，地毯仿佛身体因疼痛而扭曲的病人。街市沟渠积满淤泥，那里已成狐狸的巢穴。……城市就此毁灭，遗址从此形成。

苏美尔人的哀歌描述了城市由灭亡到化为遗迹的过程，这种文学传统流入巴勒斯坦，经希伯来人之手成为《圣经·旧约》所采用的文学形式之一。巴勒斯坦地区自青铜时代以来，就已经产生了苏美尔式的城邦群。进入希伯来人时代后，希伯来人中一群被称为"先知"（预言家）的宗教人士使哀歌的传统得到了复活。无论是遭到毁灭的叙利亚、巴勒斯坦城市，还是胜利者的城市，甚至连巴比伦，全部成为哀歌咏唱的对象。

首先，让我们来看描述统治者之都巴比伦的预言[①]：

> 巴比伦素来为列国的荣耀，
> 为迦勒底人所矜夸的华美，
> ……
> 国中必永无人烟，
> 世世代代无人居住；
> 阿拉伯人不在那里支搭帐篷，
> 牧羊的人也不使羊群躺卧在那里。
> 旷野的走兽躺卧在那里，
> 咆哮的动物挤满栖身之所；

[①] 原书选自《口語訳聖書》（日本聖書協会），中译本为和合本圣经，以下同。

鸵鸟住在那里,

山羊鬼魔也在那里跳舞。

土狼必在它的宫殿呼号,

野狗在华美的殿里吼叫。

巴比伦的时辰临近了,

它的日子必不长久。

(《以赛亚书》13：19—22)

巴比伦必成为废墟,

为野狗的住处,

令人惊骇、嗤笑,

并且无人居住。

(《耶利米书》51：37)

有关大马士革的预言如下：

论大马士革的默示：

看哪,大马士革不再为城市,

变为废墟。

亚罗珥的城镇被撇弃,

将成为牧羊之处,

羊群在那里躺卧,

无人使它们惊吓。

(《以赛亚书》17：1—2)

再者，在提到夏琐时，预言如此言道：

> 夏琐必成为野狗的住处，
> 永远荒废；
> 无人住在那里，
> 也无人在其中寄居。
> （《耶利米书》49：33）

有关耶路撒冷的哀歌则言道：

> "……我（神）要预备施行毁灭的人，
> 各人佩带兵器攻击你；
> 他们要砍伐你佳美的香柏树，
> 扔在火中。
> 许多国的百姓经过这城，就彼此谈论说：'耶和华为何向这大城这样做呢？'……"
> （《耶利米书》22：7—8）

> 耶和华定意拆毁锡安的城墙；
> 他拉了准绳，
> 不将手收回，定要毁灭。
> 他使城郭和城墙都悲哀，
> 一同衰败。
> 锡安的门陷入地里，

主毁坏，折断她的门闩。

她的君王和官长都置身列国中，没有律法；

她的先知也不再从耶和华领受异象。

(《耶利米哀歌》2：8—9)

希伯来先知们言语背后所蕴含的，一是对古代巴勒斯坦诸城市荒芜状态的细致观察，二是以苏美尔传入的哀歌作为表现形式。希伯来先知们和现代的考古学家、旅行者们目睹到的是相同的场景，他们对遗址的形成有着深刻的认识，这也是他们努力要描述的内容。

博阿兹柯伊和日本人在卡曼－卡雷霍尤克的发掘作业

赫梯王国的首都哈图沙位于现在安卡拉以东约150千米的博阿兹柯伊。城址占地广大，从北侧进入城中后能够看到几座巨大高耸的台形遗址，它们全部由坚固的土垒和石块堆积的城墙环绕着。

1905年，胡戈·温克勒（Hugo Winckler, 1863—1913年，德国考古学家）造访了哈图沙遗迹，而在这之前他已经获悉此地的各种传说和出土文物的消息，只是温克勒此行并未发现赫梯人的文明。第二年，温克勒和西奥多雷·马卡里迪·贝伊（Theodore Makridi Bey, 1872—1940年，土耳其考古学家，时任伊斯坦布尔博物馆馆长）重返哈图沙，开始对城址内最大的台形遗址布尤克卡雷（Buyukkale，亦作"卫城山"）进行发掘。温克勒等人不仅很快地发现了神殿等重要建筑，还在土丘西侧斜面的王宫文书馆中找到了2500块楔形文字黏土板。不久后，这些黏土板的阿卡德语部分被释读出来，而使用未知语言撰写的部分直到1915年，才由贝德里克·赫罗兹尼（Bedrich Hrozny，1879—1952年，捷克考古学家、东方学学者）发现是由印欧语系的语言写成，赫梯人的真实样貌于是得以浮出水面。如此一来，明确了以哈图沙为首都的印欧语系民族最初建立的国家的存在。

在这之后，针对安纳托利亚高原上赫梯王国地方城市的发掘作业并没有顺利地开展下去。原因在于，将黏土板中的地名与现实的遗址进行对应的工作十分困难。这一点与拥有《圣经·旧约》及古希腊、古罗马时代丰富文献的叙利亚－巴勒斯坦地区的情况截然不同。

在这种情况下，以顽强的耐心对当地某处遗址展开长期调查工作的实例之一，就是日本中近东文化中心所主持的针对卡曼－卡雷霍尤克（Kaman-Kalehoyuk）的发掘工作。卡曼－卡雷霍尤克台形遗址地处安纳托利亚的中央地区，位于距安卡拉东南约100千米的位置。自1986年开始，每年的夏季到秋季都会展开发掘作业。卡曼－卡雷霍尤克的年代大致可划分为以下几个层级：第一层（16—17世纪的伊斯兰时代）、第二层（公元前12—前4世纪的铁器时代）、第三层（公元前18—前14世纪的青铜时代），且每一层又有若干层位。

其中，最值得关注的是发现了诸多涉及赫梯王国灭亡后（公元前1200年以后）安纳托利亚高原"黑暗时代"的资料。此外，尽管在其他安纳托利亚遗迹中发现的有关赫梯王国的资料也很匮乏，但是在亚述殖民城市时代遗址卡鲁姆·卡内什中，建筑和出土物品却保留了丰富信息。据1996年发布的报告指出，该遗址当时的公共建筑中出土了多具居民遗体，另外，在该建筑物的外侧也发现了数十具遗体。这些遗体被认为是卡鲁姆·卡内什与进犯这座亚述殖民城市的印欧语系民族之间爆发攻防战的结果。

第二章　诸民族的觉醒

海上民族

海上民族的出现

克里特岛的费斯托斯（Phaistos）是克里特王的一处王宫所在，这里曾出土过一个公元前 1600 年前后制作的陶制圆盘（直径约 16 厘米，即"费斯托斯圆盘"，Phaistos Disk）。这枚圆盘表面漩涡状地并列着多个分格，每个格子中印刻着一个图形文字。这些图形文字包括装饰着羽毛的头盔和船头尖细高耸的船只。数百年后以联军的形象出现在地中海–亚细亚的"海上民族"，特别是其中一支——腓力斯丁人（Philistines）的盔饰和他们游弋在埃及海岸时所乘的船只与此极为相似。费斯托斯圆盘无疑对后世重绘东地中海世界的民族地图起到了先导作用。

另外，公元前 1360 年前后的埃及史料文献——阿玛尔纳书简当中，曾经言及卢卡（Lukka，来自土耳其西南的吕基亚，Lycia）的海盗，以及施尔登人（Sherden）和丹雅人（Denyen）的王们。他们是日后"海上民族"的重要构成部分，是腓力斯丁人的同类。另外，根据公元前 1286 年卡叠什战役时埃及方面的相关记录，赫梯军队使用卢卡人作为佣兵，埃及人则募集了施尔登人佣兵。

这期间，以公元前 1400 年左右克里特岛诸宫殿的焚毁为开端，直至公元前 1120 年左右新的印欧语系民族——多利安人（Dorians，亦称多利亚人）自北方侵入的约 300 年间，爱琴海世界的混乱波及了地中海-亚细亚地区，其影响与此前印欧语系民族移居时的影响同样大。被入侵民族驱逐的原住民迈锡尼人（亚该亚人）经雅典移居土耳其西海岸，被称作爱奥尼亚（Ionia）和伊奥利亚（Aeolis）的地方正是在此时形成的。更多的人在连锁反应下，从希腊本土、爱琴海诸岛、爱奥尼亚等地逃往土耳其东南部、塞浦路斯、叙利亚-巴勒斯坦沿岸、埃及三角洲一带（公元前 13—前 12 世纪）。

至此，卢卡人、施尔登人、丹雅人以及此前一些默默无闻的民族开始在史料中零星出现。而且，希腊传说中也提到克里特人（Cretans）的祖先摩普索斯（Mopsus）曾在爱琴海、土耳其西岸和南岸、地中海东岸（迦南，Canaan）活动，并且统合了当地的势力（公元前 13 世纪中叶）。摩普索斯晚年（约公元前 1232 年）与利比亚人（Libyans）合作，一同向埃及的三角洲地带发动攻击。

当时埃及的法老麦伦普塔赫（Merneptah）将相关记录留在卡纳克神庙（Karnak Temple）和阿特里比斯（Athribis）的碑文和浮雕中。法老的记录中将入侵者称为"海上民族"，他们由五部分组成，分别是埃克万斯人（Ekwesh，疑似亚该亚人）、第勒尼安人（Tyrrhenians/Tyrsenoi，后世的伊特鲁里亚人）、卢卡人（吕基亚人）、施尔登人（后世的撒丁人，Sardinians）、舍克利斯人（Shekelesh，后世的西西里人，Sicilians）。记录中还辨别了这些民族各自独特的服饰和军装。在被俘虏数千人之后，他们方从埃及退去。

大约50年后，拉美西斯三世（Ramesses Ⅲ，公元前1184—前1153年在位）治世下的公元前1177年，更为复杂的入侵者自海、陆同时逼近尼罗河三角洲地带。根据哈布城（Medinet Habu）的胜利纪念碑碑文和浮雕记载，这一批入侵者中包含了腓力斯丁人（埃及人称其派莱赛特人，Peleset）和阐卡尔人（Tjekker）。他们当中有人用牛车搭载着妻儿，企图带领整个家族移居三角洲地区。另外，在被俘虏者当中，有一些人成了埃及军队的雇佣兵。

腓力斯丁人和阐卡尔人

腓力斯丁人是拉美西斯三世时代首度出现的民族之一。他们不蓄长发，头戴饰有羽毛的头盔，身着胸甲、裙装，使用枪、剑、圆形盾牌、战车，在埃及的尼罗河三角洲地带作战。最终，腓力斯丁人定居埃及的企图被粉碎，他们只得移居到现在以色列南部一带。因此，当地在公元前5世纪以前被称作"巴勒斯坦（Palestine）"（希罗多德《历史》卷3：91）。巴尔·科赫巴之乱（Bar Kokhba Revolt，132—135年）以后，"朱迪亚（Judea）"的地名被"巴勒斯坦"一词取代，后者也成了一个常用的名称。

"阐卡尔"一名，被认为是来自特洛伊战争时特洛伊王普里阿摩斯六代以前，亦即移居罗马的埃涅阿斯（Aeneas）七代以前的始祖透克洛斯（Teucrus），那么按照这种观点，阐卡尔人就应当是起源于特洛伊战争以前。依据腓力斯丁人和阐卡尔人最早出现于拉美西斯三世的记录中这一事实，是否能够推断二者实际上是摩普索斯率领的组织化联军的一员呢？

阐卡尔人在被拉美西斯三世击退之后，转而迁徙至叙利亚-巴勒斯坦海岸中央部分地区。从考古学发掘的结果来看，在以色列中北部海岸的泰勒·阿布·哈瓦姆（Tell Abu Hawam）、多尔（Dor），以及泰尔·泽洛尔（Tel Zeror）还残留着阐卡尔人的痕迹。另外，依照记录拉美西斯十一世治世末年（公元前1080年前后）事件状况的《维恩-阿蒙游记》（*Report of Wen-Amon*），为了购买给阿蒙神修造圣船所需的木材，维恩-阿蒙被派遣前往黎巴嫩的比布鲁斯，与当地的阐卡尔人会晤，但结果因为交易上的纠纷，维恩-阿蒙不得不逃往塞浦路斯岛避难。

一方面，腓力斯丁人迁移地的中心是以色列南部平原地带的加沙（Gaza）、阿什凯隆、阿什杜德（Ashdod）、迦特（Gath，现在的泰勒·艾斯-撒非，Tell es-Safi）、艾克隆（Ekron，现在的泰尔·梅奎尼，Tel Miqne）五座城市，并且形成五城联盟。这五座城市各自拥有自治权，各城都由被称为"赛伦（Seranim）"——类似于希腊城邦僭主（Tyrant，希：Tyrannos）——的"王"统治。以上情况在《圣经·旧约》中均有记载，考古学上将直到更北方特拉维夫（Tel Aviv）北郊泰尔·夸西里（Tel Qasile）的区域全部归入腓力斯丁人的势力范围。此外，腓力斯丁人的势力还发展到贝特谢安等巴勒斯坦内陆地区。

有关腓力斯丁人的起源，《圣经·旧约》和考古资料已经将答案指向了爱琴海和希腊。首先，我们可以将爱琴海的腓力斯丁人和克里特岛居民并置一类。希腊地区则出土了腓力斯丁人特有的彩纹陶器，与公元前12世纪初迈锡尼ⅢC式陶器有着共同的起源。

事实上，腓力斯丁人具有当时其他民族中未见的高度文化。腓力斯丁人垄断了实用性铁器制作。"那时，以色列全地没有一个铁匠，因为非利士人说，恐怕希伯来人制造刀枪。……以色列人要磨锄、犁、斧、铲，就下到非利士人那里去磨。"（《撒母耳记上》13∶19—20，非利士人即指腓力斯丁人）

腓力斯丁人在制作实用性的农具和武器过程中，对于铁的使用已经达到了令人惊诧的地步。他们像以前的赫梯王国那样冶铁精炼，其制品在埃及法老图坦卡蒙（Tutankhamun）的陵墓和乌加里特都出土过，作为仪式用品，数量和品种有限。

腓力斯丁人的文化和希伯来人

以巴勒斯坦南部地区为中心，腓力斯丁人建立的城市都修筑了城墙，其城市的街道规划透露出希腊-罗马城市设计的特点。市内除了由中庭和三室构造成的民居以外，还有类似大厅和宫殿样式的公共建筑。

在泰尔·夸西里发现了神殿。容纳首座神的房间近乎方形，并设有祭坛和仓库，有时在同一房间内还设置小屋，以安放首座神的配偶神。已知的腓力斯丁人之神有巴力（Baal）、达贡（Dagon）、亚斯她录（Ashtaroth）等迦南系诸神，但关于腓力斯丁人是否保持着故乡爱琴海区域的信仰，则没有记录残留。

腓力斯丁人构筑了这样的文化，从公元前11世纪中叶开始，与来自外约旦沙漠和荒野、迁入巴勒斯坦的希伯来人发生了冲突。《圣经·旧约》中提道："耶和华（主）将他们交在非利士人手中四十年"（《士师记》13：1）。

这一阶段希伯来人的领导者是被称为"士师"的卡理斯玛（Charisma）式人物。士师的最后一人是以神力自夸的参孙（Samson）。参孙在腓力斯丁人的城市与妓女亲近游戏，放纵于堕落的生活。后来参孙认识了故乡梭烈谷（Sorek）的一位名叫大利拉（Delilah）的美女，这名女子受腓力斯丁人首领们的委托，企图打探参孙神力的秘密。大利拉趁参孙睡觉时将他的七条发绺剃去，参孙便失去了神力，于是腓力斯丁人"将他拿住，剜了他的眼睛，带他下到迦萨，用铜链拘索他"（《士师记》16：21）。最终参孙的发绺再度长了起来，他的力量也随之恢复。当腓力斯丁人在达贡神的祭日将参孙押解至神殿时，"参孙就抱住托房的那两根柱子，左手抱一根，右手抱一根……就尽力屈身，房子倒塌，压住首领和房内的众人"（《士师记》16：29—30）。

希伯来人的第一代国王扫罗（Saul，公元前1020—前1000年左右在位）耗尽一生同腓力斯丁人作战。在扫罗治世时期，出现了武勇且精通音乐的牧人大卫（David）。大卫曾独自挑战迦特出身的腓力斯丁巨人歌利亚（Goliath）。大卫"年轻，面色光红，容貌俊美"，侍奉国王扫罗。当希伯来人和腓力斯丁人在耶路撒冷西南25千米处的以拉谷（Valley of Elah）对峙时，身高3米以上的歌利亚被大卫用投石器打中了脑袋，扑倒在地。"大卫跑去，站在非利士人身旁，将他的刀从鞘中拔出来……割了他的头。"（《撒母耳记上》17：51）

博得声名的大卫最终遭扫罗王的嫉恨，因而投靠了腓力斯丁人亚吉（Achish），成了亚吉部队中的佣兵队长。不过，当扫罗王在基利波山（Mount Gilboa）战役中败死于腓力斯丁人之手后，大卫又背弃了腓力斯丁人，转而被希伯来人立为王。此时，腓力斯丁人的势力被封锁在了海岸平原一带。（《撒母耳记上》17—28）

叙利亚和腓尼基

叙利亚的形势

赫梯王国和埃及新王国时代的叙利亚，基本上处于两大势力的边境地带。随着赫梯灭亡，埃及逐渐弱势，叙利亚原本的闪米特人口之上又增添了新的移民，城市文化随即开花结果。这一点，与南方的巴勒斯坦地区相同。

在叙利亚的北部，来自昔日赫梯领地的移民首先建立了城市国家。这些移民是来自安纳托利亚东南部基祖瓦特纳（Kizzuwatna）的卢维人和胡里安人混合民族。基祖瓦特纳王国同样以阿达纳（Adana）为中心，一直延续到公元前8世纪。卢维人是此前移居叙利亚的胡里安人小城市群的统治者，其势力与北方胡里安人新建立的国家乌拉尔图（Urartu）接壤。北叙利亚的这些新兴城市国家被称为新赫梯。

卢维人迁入叙利亚值得注意的地方在于，卢维人将他们使用的赫梯象形文字从安纳托利亚带到了叙利亚的卡赫美士等城市，为王室所使用。这种文字较之赫梯语的楔形文字，保留着更为古老的传统，而且生命力更持久。在基祖瓦特纳的一处小城寨——卡拉泰佩（Karatepe）发现了同时用这种象形文字与腓尼基语记录的碑文，才使其得到正确的解读。

卢维人统治的国家包括以下区域：托罗斯山脉中的提亚纳（Tyana），南方平原地区的马拉蒂亚（Malatya）、马拉什（Marqasi/Marash）、库姆库（Kummuhu）、卡赫美士、古尔古姆（Gurgum），以及更南方的乌恩基（Unki）等城市。目前我们对这些国家的内部构造不甚明了，从遗迹和出土物来看，它们不仅继承了赫梯文化（美术风格与象形文字），而且受到阿拉米人和亚述人文化的影响。例如，托罗斯山脉的伊维利

卡赫美士出土的新赫梯时代象形文字

兹（Ivriz）崖壁浮雕，就混合了赫梯风格与亚述风格。伊维利兹崖壁雕刻的土地丰饶之神塔鲁芬达斯（Tarhunz）双手持葡萄串和麦穗伫立，他受到提亚纳之王维鲁帕拉（Warpalas）的崇拜。

另外，自公元前 14 世纪以来，在叙利亚沙漠通向美索不达米亚和叙利亚的道路上，强势的游牧民族掀起了定居运动。这些游牧民族是名为"阿赫来姆人（Ahlamu）"的闪米特人部落，公元前 11 世纪初以前，其中的一部分——阿拉米人掌握着部落的主导权。他们先是在幼发拉底河上游，尤其是其支流哈布尔河（Habur River）流域定居，占领了几个新赫梯的城市，并兴建起新城市。提尔·巴尔西浦（Til Barsip）、萨玛尔（Sam'al，现在的泽恩基利，Zencirli）、阿尔帕德（Arpad，亦译：亚珥拔）、比特－阿迪尼（Bit-Adini）等城市都是在这一时期出现的。

阿拉米人与此前的游牧民族不同之处在于他们是历史上最早放牧骆驼的民族。在这之后，骆驼的身影也出现在贸易商队之中，凭借这一点，阿拉米人和阿拉米语遍及了整个东方。

阿拉米人的国家和文化

最终，阿拉米人进入了叙利亚的中部和南部，并在这些地区经营城邦国家。有关该地域阿拉米人的状况，可以根据碑文和《圣经·旧约》的比较加以认识。

阿拉米人在建国的同时也与希伯来人的世界接触，同样在迦南人的社会上构建了新的国家。只不过，海岸地区仍然掌握在原住民的末裔腓尼基人手中。公元前10世纪以前，叙利亚阿拉米人的社会中心是哈马（Hama），之后转移到大马士革。阿拉米人一度将势力延展到叙利亚之外，当大卫和所罗门治下统一的希伯来王国终结之际，在大马士革出现了本－哈达德王朝（Ben-hadad Dynasty）。尤其是以本－哈达德一世（Ben-hadad Ⅰ，即"便哈达一世"，约公元前880—前865年在位）、哈匝耳（Hazael，即"哈薛"，约公元前842—前805年在位）二位王为中心，阿拉米人同南北分裂中的希伯来人国家、再度兴起的亚述人、外约旦的亚扪人（Ammon）等民族，或抗争或联合地维系国家的生存。

有关阿拉米人城邦国家体制方面的情况，并无足够的史料可供借鉴。大多数阿拉米人国家都处于王政统治之下。即使存在大马士革那样的城邦联合盟主，实权也掌握在商业贵族手中。他们统治着以叙利亚沙漠为中心的商队路线，与地中海的贸易民族——腓尼基人携手合作。

考古学成果中最引人注目之处，在于从阿拉米时代叙利亚北部城市遗址中发掘到的被称作"比特·希拉尼（Bit Hilani）"式的公共建筑。这种样式的建筑由两个长方形的房屋构成。前方的房屋为列柱廊，屋顶由一至三根柱子支撑。在泽恩基利以及位于其东北的萨库恰格兹（Sakcagoz）、古扎纳（Guzana，现在的Tell Halaf，哈拉夫宫殿遗址）均发现了同样风格的建筑。这些遗址中，古扎纳的比特·希拉尼式建筑尤为精彩，列柱上饰以绿、黄、白三色的釉彩砖块，由三尊人体雕像支撑着柱头。雕像高约3米，两边的雕像分别伫立在狮子雕像上，中间的雕像则伫立在牡牛雕像上。这些动物雕像的高度约1.5米。

在此期间，阿拉米人确立起联结东方内陆的商队贸易网络，阿拉米语在以绿洲地区为基地的商队城市及商业习惯中，特别是在交易过程中作为共同语言被广泛使用。阿拉米人的经济圈从叙利亚和埃及一直延伸至伊朗高原。从前拥有如此强劲经济渗透力的东方民族是胡里安人。事实上，希伯来人（犹太人）在诸国"离散（Diaspora）"的状态，同样沿袭了阿拉米人的足迹。

叙利亚的阿勒颇博物馆入口处，复原的哈拉夫宫殿遗址的比特·希拉尼式建筑正面

阿拉米语文字吸收了邻近的腓尼基语中的字母符号，用这种形式表达的文字曾出现在公元前9世纪的碑文中。在美索不达米亚的新巴比伦王国和伊朗高原的波斯帝国内部，阿拉米语作为日常用语急速传播，并且在亚历山大大帝之后发生本土化，于各地深深地扎根。巴勒斯坦的犹太人同样使用阿拉米语，耶稣本人日常也使用这种语言。纳巴泰人（Nabataeans）和帕尔米拉人（Palmyrans）等阿拉伯系的商队城市中也使用阿拉米语，阿拉米文字也被用于阿契美尼德王朝（Achaemenid Empire）和萨珊王朝（Sassanid Empire）中期的波斯语中。

阿拉米人的宗教对东方各地区的宗教都产生了影响。特别是以胡里安系的神明泰舒卜为原型的雷神哈达德（Hadad）、其配偶大地女神阿塔迦蒂斯（Atargatis）、子神希米欧斯（Simios），该三神在各地受到供奉。

腓尼基人的社会和文化

根据乌加里特和比布鲁斯的情况，叙利亚海岸的迦南人世界是地中海贸易的发达区域。这里是东方内陆商队贸易路线的终结点，从此地延伸出的海路经塞浦路斯通向爱琴海海域和埃及地区。进入铁器时代，腓力斯丁人和闸卡尔人迁徙到巴勒斯坦海岸附近，即使在其东侧被希伯来人征服后，地中海东岸的海路仍由迦南土著居民控制。这些土著居民日后被称为腓尼基人，他们以现在的黎凡特为中心，从阿拉德斯（Aradous）直至迦密山麓（Mount Carmel）的多尔海岸，都是腓尼基人的领土。其中最著名的海港城市莫过于推罗（Tyre，亦作提尔、苏尔）和西顿（Sidon，亦作赛达）。

腓尼基人同其他民族保持着友好关系。推罗王希兰（Hiram）曾派遣使者前往大卫处，并运送香柏木，差遣大工和石匠，为大卫修建宫殿。作为回礼，希伯来人运送小麦和橄榄油给推罗王。(《列王纪上》5：11）由此可见，腓尼基人的手工业和木材输出十分有名。再者，所罗门王为开展红海贸易准备船只时，"希兰差遣他的仆人，就是熟悉泛海的船家，与所罗门的仆人一同坐船航海"(《列王纪上》9：27）。由此可见，腓尼基人具备身为航海专家的自信。毫无疑问，地中海是腓尼基人活跃的主要舞台。

时代对腓尼基人是有利的。因多利安人入侵爱琴海海域，克里特人和迈锡尼人的制海权没落，到公元前8世纪希腊人的贸易活动复苏前的300年间，腓尼基人一直占据着地中海的主人公地位。他们在塞浦路斯和克里特等岛屿的海岸线构筑据点，最后抵达了直布罗陀海峡。他们也向北非和大西洋的塔尔提索斯王国（Tartessus）等要冲派遣殖民者。腓尼基人建立了乌提卡（Utica）和加德斯（Gades）。公元前9世纪末，推罗殖民者创建了迦太基（Carthage），此后又在马耳他岛、西西里岛、西班牙南部海岸建立殖民城市。

腓尼基人并没有建立起统一的国家，直到最后都保持着城邦分立的状态。各城邦虽然处于王的统治下，但真正掌握实权的却是当时的商业贵族。

腓尼基文明的美术工艺风格显示出复合性。例如，在宗教方面继承了乌加里特等迦南时代城市所供奉的农业之神巴力和大地女神亚斯她录。巴力神信仰经腓尼基人之手传入希伯来人中间，特别是乌加里特的巴力神话中死而复生的故事。这些故事表达了自然界再生主题，一方面衍生出比布鲁斯的少年神阿多尼斯（Adonis）神话，另一方面则与字母符号一同传入弗里吉亚（Phrygia），对阿提斯（Attis）神话的形成产生了影响。少年神阿多尼斯在推罗被称为美刻尔（Melqart）[①]，因其英雄行为，往往与希腊的赫拉克勒斯被视为同一个人物。

---

① 推罗主神被视为冥府之王、植物之神、猎人。

腓尼基人将乌加里特的楔形文字的字母符号进行改良，并简化象形文字，由此发明了用22个子音符号组成的字母符号。其初期的实例有公元前10世纪中叶比布鲁斯王阿希拉姆（Ahiram）石棺的碑文。这种腓尼基文字后来被阿拉米语和希伯来语的字母符号所继承。

希伯来人的世界

从哈比鲁流浪者到迦南移民

与海岸地带的腓力斯丁人抗衡，迁移至巴勒斯坦中央地带的希伯来人，其起源较之于沙漠游牧民出身的阿拉米人更加复杂。从《圣经·旧约》的记述中，我们可以看到大量的特异事件。从公元前2100年前后到公元前12世纪，在这期间，不仅在埃及、美索不达米亚、叙利亚等地，整个东方的史料中都出现了被称作"哈比鲁人"的族群的踪迹。该族群人种杂多，且不属于任何一个国家，他们最典型的谋生方式就是在沙漠之中驱使驴马行商。

他们的身份随着时间和空间变化，时而是来自沙漠、入侵定居点的盗贼和掠夺者，时而是定居点田园的劳动者。例如，曾有他们作为埃及葡萄园收获人等身份的记录。此外，他们也时常以雇佣兵的身份出现。根据阿玛尔纳书简传递的信息，他们曾经在公元前14世纪的巴勒斯坦地区，袭击了埃及控制下的耶路撒冷等城邦国家。另外，乌加里特在市区内划出了特定区域供哈比鲁人居住。

"出埃及"事件的指挥者摩西（Moses）及其后继者约书亚（Joshua），统治着以外约旦地区的哈比鲁人为中心的庞大游牧民族，这些人实际上是12个部族的联合体。这些哈比鲁人就是后来的希伯来人。据说他们通过逐渐渗透和军事征服的手段侵入迦南，大概他们也是古代巴勒斯坦历史上如波涛般涌入迦南并试图定居于此的沙漠之民的一员吧！

希伯来人进入迦南的情况，与前代的迦南人、同时代的腓尼基人与阿拉米人不同。希伯来人并没有城邦，他们保留着部族组织的形式，在加利利湖（Sea of Galilee）周边到内盖夫沙漠北部的几处巴勒斯坦地区居住下来。这些地方比起阿拉米人移民的叙利亚，环境更加严苛，适宜农耕生活的土地仅限于偏北的部分。特别是犹太部族居住的巴勒斯坦南部地区更适合游牧生活。其人口虽不在少数，但是根据考古发掘结果显示，早期的居住遗址十分简陋。不久之后，人们还是集中到城市中，建起由中庭和四间房屋构成的民宅居住。

大约在公元前13世纪末，埃及法老麦伦普塔赫曾远征巴勒斯坦，他的凯旋纪念碑中如是提道："迦南之地被掠夺殆尽。阿什凯隆遭到征服和洗劫，基色被占据，雅罗安化为灰烬，以色列荒芜，其种无存。"铭文当中提到的"以色列"一词是迄今为止有关以色列最古老的例证。这里的"以色列"被认为是当时迁入巴勒斯坦并定居下来的希伯来人的居住地。

根据这一史料和旧迦南城市的发掘结果，可推断希伯来人进入迦南地区应该始于公元前13世纪下半叶。在这之后约200年间，摩西和约书亚的后继者——被称为"士师"的卡理斯玛式领导者指挥着各部族的战士,与迦南人、腓力斯丁人,以及依旧在外约旦处于游牧生活的阿拉伯系亚扪人作战。士师中的女性先知名为底波拉(Deborah)。在她的率领下,希伯来人击破了迦南人。

> 直到我底波拉兴起,等我兴起作以色列的母。
> ……
> 君王都来争战;那时迦南诸王在米吉多水旁的他纳争战,却未得掳掠银钱。
> 星宿从天上争战,从其轨道攻击西西拉。
> 基顺古河把敌人冲没。

这首《底波拉之歌》(《士师记》5),是《圣经·旧约》中最古老的诗歌之一。

统一王国及其分裂

持续的战争状态最终令希伯来人产生了统一的趋势,当时正值公元前11世纪下半叶。随着士师的衰落,在信奉耶和华(Yahweh)的先知撒母耳(Samuel)支持下,扫罗登上了以色列最初的王位(公元前1020年前后)。"撒母耳拿着油膏瓶倒在扫罗的头上,与他亲吻,说,这不是耶和华膏你作他产业的君吗?"(《撒母耳记上》10:1)正是在这样的宗教仪式力量的支撑下,叙利亚-巴勒斯坦的城邦国家(city state)地带诞生了最初的领域国家(territorial state)。

扫罗在基比亚（Gibeah）建立了城塞和质朴的宫殿，并辗转于巴勒斯坦各地与腓力斯丁人不断交战。公元前1000年，在耶斯列谷地（Jezreel Valley）的基利波山与腓力斯丁人作战时，扫罗和三个儿子全部败死。后继的以色列王是大卫（公元前1000—前960年在位）。大卫也经撒母耳在头顶浇膏油的仪式后登上王位。大卫曾经以腓力斯丁人下属的佣兵队长身份活跃，与扫罗不睦的大卫一度为背离希伯来人，是否有资格成为以色列之王而感到困惑；然而，他登上王位后，就利用足够的武勋逐渐增大个人的权威，成功将腓力斯丁人封锁在巴勒斯坦南部的海岸地带。大卫最初将首都设立在希伯仑（Hebron），后来迁都到耶路撒冷，该城位于中央山地特别醒目的岩山上。

在此之前，耶路撒冷是哈比鲁人袭击的对象。当大卫到来时，此地的原住民耶布斯人（Jebus）居住在现今耶路撒冷旧城东南外侧的俄斐勒山（Ophel）山脊一带。俄斐勒山的山麓涌出了基训泉（Gihon Spring）。希伯来人大概是和平地迁徙到俄斐勒山山脊，建立起街市。大卫也用价格高昂的黎巴嫩产杉木为自己兴建宫殿。另外，容纳着希伯来人之神耶和华神体的"约柜"被安置在帐篷搭建的圣所之中。不过，这处帐篷搭建的圣所究竟位于耶路撒冷的什么位置，现今已无人知晓。在耶布斯人曾经的脱谷场——现圣殿山中央西侧的岩盘上设有唯一神耶和华的祭坛，希伯来人的王在此向神明奉献动物祭品。

次任国王是大卫之子所罗门（Solomon，公元前960—前930年在位），他继承了大卫的事业，在圣殿山修建了日后被称为"第一圣殿"的耶和华神殿和自己的宫室。前者历时 7 年多，后者则花费了 13 年。神殿高约 15 米，宽约 10 米，纵深约 40 米，与迦南时代的夏琐和阿拉拉赫的神殿布局相同，都是由前室、内室、圣室三部分构成，前室即是前庭。希伯来人为这项事业派发了劳役，神殿的建材和技术来自腓尼基。宫殿中生活奢华。

所罗门时代以来，随着政治联姻，众多外国的王室妻妾和贸易从业者来到耶路撒冷，经这些人之手，传入了形形色色的迦南男女神明。神殿之中也安置了像阿瑟拉（Asherah）、基路伯〔Cherubim，基路伯原本是圣经中的智天使，这里指其起源的亚述有翼人面兽身神库里布（kuribu）〕等耶和华以外的神明像。所罗门之后的以色列王大多数是多神教徒。

如此一来，以继承宗教领袖的传统为开端的希伯来人王国，在百年的时间里向着中央集权的专制君主制变化。不过，这种体制难以维持巴勒斯坦零散的领土，希伯来人的统一王国最终分裂成为南北两个王

K. M. 凯尼恩在耶路撒冷东南的俄斐勒山的发掘

国,即以撒玛利亚(Samaria)为首都的北方(以色列)王国和以耶路撒冷为首都的南方(犹太)王国。

耶和华崇拜

任何与希伯来人祖先哈比鲁人的宗教有关的史料都没能遗留下来。摩西所倡导的戒律"除了我以外,你不可有别的神"(《出埃及记》20:3),断绝了哈比鲁-希伯来人的宗教传统和族长的部族神之间的关系,不如说前者实际上起源于公元前14世纪上半叶埃及埃赫那吞改革并流行于阿玛尔纳时代。法老埃赫那吞曾亲自作诗一首:

> 唯一的神哦!任他者无一可与你匹敌。
> 你依照你的意志创造了世界,
> 当你独自之时。
> ……
> 永远的神哦!
> ……
> (你)显现人间、照耀世界,既遥不可及,又近在咫尺;
> 你独自创造了数以百万的形态。

哈比鲁人既与文明世界保持着接触,又在各地自由迁徙,他们滞留在埃及期间接触了唯一神和创世神的思想,并且深受影响。另一方面,当摩西率领哈比鲁人从埃及出走,曾停留在西奈半岛并与居住在此地的米甸人（Midianites）和基尼人（Kenites）等半游牧民族往来，此时摩西方以启示的形式知晓了当地的神明耶和华之名。西奈半岛与埃及边境接壤，尽管当地牧民仅信奉沙漠部族宗教，但他们时常也会接触到阿玛尔纳的普世神信仰。因此，摩西和他率领的哈比鲁人最初并不是一神教信徒，他们直到在西奈半岛采用了耶和华神的观念，才真正转化为一神教信仰。

希伯来人确立王政之后，迦南的多神教开始在王室和民众中盛行，而在阿玛尔纳的一神教传统中被称作"先知"的少数人依然恪守耶和华信仰。他们对希伯来人的多神教国家持怀疑态度，倡导更为普世性的神的观念。他们对阿玛尔纳的神的观念进行了再发现。如此一来，古代东方的一神教信仰经由巴勒斯坦之地，最终传遍了整个罗马帝国世界。

弗里吉亚和吕底亚

弗里吉亚人的文明

当赫梯王国在公元前 1200 年左右灭亡后，安纳托利亚高原陷入了漫长的黑暗时代。

根据亚述人史料的记载，当时有一个叫塔巴尔（Tabal）[①]的王国，其西居住着穆什基人（Mushki）。穆什基人是弗里吉

[①] 圣经中记作"Tubal"，位于安纳托利亚高原中南部，操卢维人方言的新赫梯王国之一。

亚人的祖先。弗里吉亚人来自欧洲色雷斯（Thracia），他们在公元前8世纪下半叶建立了王国，其首都是位于安卡拉西方萨卡里亚河（Sakarya River）畔的戈尔迪翁（Gordion）。据希腊人的说法，两位传说中的王——戈尔狄俄斯（Gordios）和弥达斯（Midas）曾统率弗里吉亚人。

相传，弥达斯因为在阿波罗与潘神的音乐比试中支持潘神，双耳被生气的阿波罗变成了驴耳朵。弥达斯试图用头巾遮住这对驴耳朵，但知晓了这一秘密的理发师最终按捺不住，对着地上的洞穴小声说"国王有一双驴的耳朵"，然后把洞穴掩埋好。从这个洞穴生长出的芦苇，每当有微风拂过，就会倾诉弥达斯王的秘密。此外，传说弥达斯与森林之神西勒诺斯（Silenus）十分亲近，酒神狄俄尼索斯（Dionysus）许诺弥达斯一份礼物，弥达斯便要求了点石成金的能力，但这也让弥达斯触摸到的所有东西都变成了黄金，连食物也不例外。懊恼的弥达斯王听从狄俄尼索斯的忠告，在帕克托罗斯河（Pactolus River）中沐浴才解除了咒语，而河中从此便能够采集沙金。

长久以来弗里吉亚人的形象一直隐藏在希腊人的传说中，直到第二次世界大战以后，戈尔迪翁的考古发掘才让世人了解到弗里吉亚王国的文明是何等丰富多彩。其首都被厚实的晾晒砖城墙环绕，城门以石头堆砌而成，城内遗留了几处带露台的建筑，均是带有列柱廊的房屋，属于安纳托利亚传来的"梅加隆"式。其中最大的一处建筑进深达到9.74米。这座星形布局的城市除使用晾晒砖和石头以外，还大量使用木材。这一特

弗里吉亚王国首都戈尔迪翁的废墟

点在古代叙利亚－巴勒斯坦地区是不曾出现过的。其木材种类包括黑松木、黄杨木、榆木、梨木、枫木、白杨木、叙利亚产的杜松木和丝柏木等。这些木材被用作建筑物的横梁、立柱，以及墙壁的支撑。此外，建筑物的上部构造应该是用木材搭建的人字形屋顶，这是根据位于萨卡里亚河发源处的崖壁神庙的正面雕刻，以及戈尔迪翁坟丘的木造墓室和建筑物的线刻图推断出的。

在安纳托利亚高原，弗里吉亚拥有自恰塔尔休于以来的传统纺织产业，且有遗物存留。绒毯、彩色织品、衣物的纺织图样，可以从彩色小石子拼成的马赛克地面的几何纹样中加以推测。发掘结果显示，当时弗里吉亚人铸造了大量青铜钵。另外，在戈尔迪翁的一处坟丘中发现了146枚青铜制作的胸针（fibula，古希腊和古罗马时期衣物上的别针）。

戈尔迪翁约存在着 80 个坟丘。这些坟丘都是至今不知姓名的弗里吉亚之王及王族的坟墓，待遗体和陪葬品全部放入中央的墓室之后，再修葺墓顶，最后上置封土，故而坟墓呈现丘状。坟丘有大有小，戈尔迪翁之王的最大一处坟丘高度达 55 米，墓室内一名身材矮小的男性老者躺在陵榻上。陵榻上铺设了 20 层麻布和毛织品，还铺有深红色的布。将王族葬于坟丘的安葬方式，推测是经南俄罗斯草原地带传入的。公元前 7 世纪以后，南俄罗斯草原地带的游牧民族斯基泰人（Scythians）和辛梅里安人（Cimmerians）入侵了地中海–亚细亚地区。公元前 685 年，辛梅里安人掠夺了戈尔迪翁，弗里吉亚王国就此覆灭。

迄今为止，有关弗里吉亚王国的不明之处颇多。根据传说和考古出土物品展示的建筑、美术、技术、音乐等方面，足以说明弗里吉亚文明是希腊文明的先驱。特别是在公元前 8 世纪以前，弗里吉亚人已经从腓尼基人那里学习了字母符号，对其传入希腊做出了巨大的贡献。

吕底亚王国

在辛梅里安人入侵时代的安纳托利亚，弗里吉亚和濒临爱琴海的希腊殖民城市之间诞生了新的国家。生活在这一区域的是印欧语系的古老原住民吕底亚人，后来他们在巨吉斯（Gyges，公元前 685—前 657 年）的领导下建立了迈尔姆纳德王朝（Mermnad Dynasty，又称吕底亚第三王朝）。当时，日后成为首都的萨迪斯（Sardis）由僭主坎道列斯（Candaules）统治，巨吉斯曾是他最受信赖的臣下。然而，坎道列斯曾夸耀自己妃子的美貌，巨吉斯禁不住诱惑，溜入寝宫偷窥王妃的裸体。察觉到偷窥的王妃强迫巨吉斯杀死自己的丈夫坎道列斯。于是，寝宫成为变乱之地，巨吉斯杀死睡梦中的坎道列斯，迎娶王妃，登上了王位。

当时安纳托利亚高原遭到辛梅里安人的入侵，弗里吉亚王国的覆灭无疑证明当时是一个危险的时代。巨吉斯得到亚述的援助，击退了辛梅里安人。作为东西方贸易的中继点而产生的关税收入成为维系国家建设的基础。后来，巨吉斯又下令在商队往来的道路沿线建立驿站，这被认为是波斯帝国道路网的起源之一。

巨吉斯还下令铸造了世界最早的货币。最初用琥珀金（electrum，金与银的合金）制作，后来又发行了纯金货币。黄金取自流经萨迪斯附近的帕克托罗斯河中的沙金，以及从特摩洛斯山（Mount Tmolus）和西比罗斯山（Mount Sipylus）开采的金矿。吕底亚王室的富庶在希腊世界颇负盛名，吕底亚诸王也向德尔菲（Delphi）的阿波罗神庙等圣地提供了大量贡品，借此与希腊人保持良好关系。在爱奥尼亚地区，吕底亚也向米利都（Miletus）的大地女神神庙和以弗所（Ephesus）的阿尔忒弥斯（Artemis）神庙进献金钱，并尝试以武力征服安纳托利亚西海岸的希腊城邦。例如，巨吉斯曾向米利都和士麦那（Smyrna）发动攻击，并占领了科洛封（Colophon）。

发掘萨迪斯的美国考古队调查报告显示，萨迪斯的繁荣昌盛足以同后世的亚历山大里亚（Alexandria）和安条克（Antioch）匹敌。众多希腊人居住在萨迪斯，通过他们传递的生活习惯、墓葬制度、美术风格等要素，让希腊文化深深扎根于此地。另一方面，与东方世界的接触也让爱奥尼亚人了解到东方的技术、知识和宗教。正是在文化接触的过程中，公元前6世纪时爱奥尼亚的希腊人中间，迅速掀起了以哲学为中心的文化发展浪潮。

公元前657年，巨吉斯在与再度入侵的辛梅里安人交战中败亡。第四代吕底亚国王阿里亚特斯（Alyattes，公元前610—前560年在位）将辛梅里安人逐出安纳托利亚，并且将领土拓展到流经博阿兹柯伊附近的克孜勒河（古名哈里斯河，Halys River）以西。阿里亚特斯同新巴比伦之王尼布甲尼撒二世（Nebuchadnezzar Ⅱ，公元前605—前562年在位）媾和，并向伊朗延展势力，与米底（Medes）国王基亚库萨雷斯（Cyaxares）交战（公元前585年）。

下一任吕底亚王克洛伊索斯（Croesus，公元前560—前546年在位）征服了安纳托利亚西岸所有的希腊城市，又挥师进军安纳托利亚东部，与波斯初代君王居鲁士（Cyrus）抗衡。吕底亚王室拥有的极大财富是克洛伊索斯引以为傲的资本。不过，居鲁士最终还是攻陷了萨迪斯，俘虏了克洛伊索斯，迈尔姆纳德王朝灭亡，其命运正如希腊哲学家泰勒斯（Thales）所预言的一般。吕底亚于是成了波斯帝国在西方的第一个行省。

库柏勒和阿提斯

叙利亚-巴勒斯坦是以耶和华崇拜为代表的一神教的传统地区，其他还有叙利亚的巴尔夏明神（Baal shamin，天神巴尔）的一神教崇拜。然而，安纳托利亚的宗教传统却如亚泽勒卡亚摩崖浮雕所示，奉行多神崇拜。深深扎根在安纳托利亚的信仰是对孕育了诸神、人类、万物的母神——大地女神和身为其爱人的年轻神明的崇拜。有关这一信仰的存在已经通过恰塔尔休于和哈吉拉尔的出土文物——强调女性生殖机能的女性塑像——得到了证明。在赫梯时代，沿袭自史前时代以来广为盛行的大地女神崇拜以分布在王国各地的神殿共同体的形式存续下来，同时也被认为与胡里安人崇拜的大地女神海芭特信仰产生了融合。

赫梯王国灭亡后，其住民移居至叙利亚北部地区，兴建起卡赫美士和马拉蒂亚等城邦之后（公元前1050—前850年），大地女神——库芭芭（Kubaba）或库柏勒（Cybele）的名字出现了。

根据遗存的碑文和雕刻所示，库芭芭是威仪端庄的女神形象。另外，在安纳托利亚各地，如马格尼西亚（Magnesia）附近的西比罗斯山以东6.5千米处的阿库菲纳尔（Akpinar）等地有女神雕像。公元前8世纪，叙利亚北部地区的库芭芭信仰被安纳托利亚西部外来的弗里吉亚人大规模推崇，弗里吉亚的培希努山（Mount Pessinous）和特洛伊附近的伊达山（Mount Ida）都是女神崇拜的圣地。之后，"库芭芭"的名字又受希腊传说的影响变成了"库柏勒"。

以上内容梳理了作为安纳托利亚人信仰核心的大地女神的称谓，同时也介绍了与大地女神的神话和祭祀仪式相关的史料。从中可以发现，作为古代东方世界代表的大地女神并不是一位具有罗曼蒂克式母性爱的慈母，她乘坐着由一对豹子或狮子拉动的战车，驰骋山野之间，伴随着歌舞和音乐，大地女神与年轻的神明展开了一段不伦之恋，陷入欲望缠绕的心醉神迷中。库柏勒还是战神，每年都会恢复处女之身。在这一信仰魅力的驱动下，公元前6世纪中叶的斯基泰智者阿纳卡西斯（Anacharsis）为何坚持要将库柏勒祭祀仪式带回自己祖国的举动也就不难理解了。[①]

库柏勒的爱人阿提斯以牧人的形象出现在安纳托利亚神话当中。将阿提斯与库柏勒描述为情侣的史料记载大概始于弗里吉亚和吕底亚时代。根据传说，吕底亚国王克洛伊索斯就是阿提斯之子，阿提斯在与来自弗里吉亚的客人一同狩猎野猪时被掷出的标枪刺死。

此外，根据其他传说所示，与昔日乌里库米一样拥有着两性性征的怪物阿格狄斯提斯（Agdistis）在切除生殖器时滴落的血液化为树木，王女[②]娜娜（Nana）吃下树上的果实后怀孕，生下了阿提斯。尽管被抛弃成为孤儿，阿提斯却长成一名美少年，并且与大地女神库柏勒坠入爱河。可是这桩爱情以悲剧结尾，阿提斯在疯狂中切除了自己的生殖器，随即死去。但他又在死后复活，据说化身为一棵松树。就这段情节来看，大地女神崇拜既是一幕爱情剧，同时又是被鲜血浸染却焕发出生命力的重生剧，其引人注目的祭仪形式在地中海世界广为流布。

[①] 根据希罗多德《历史》（卷4）记载，阿纳卡西斯因坚持崇拜大地女神最终被族人杀死。
[②] 一说为河神之女。

日本人在叙利亚－巴勒斯坦的考古工作

泰勒·玛苏图玛

19世纪下半叶由谢里曼和皮特里进行的东方地区遗址发掘，在进入20世纪以后迅速增加，且学术上日渐严谨。在叙利亚地区，诸如乌加里特（1929年以后）和比布鲁斯（1921年以后）一类的重要遗迹经过长时间的持续发掘，出土了各种各样珍贵文物；不过，对现代遗址发掘调查工作贡献最大的是巴勒斯坦地区那些相对小型遗址丘的发掘。

例如，G. A. 赖斯纳（George Andrew Reisner，1867—1942年，美国考古学家）对撒玛利亚的调查（1909—1910年）、W. F. 奥布莱特（William Foxwell Albright，1891—1971年，美国考古学家）对泰勒·贝特·米西姆的调查（1926—1932年），以及K. M. 凯尼恩对撒玛利亚再度开展的发掘调查（1931—1935年），以上调查在研究方面取得的显著进步，远超出土遗迹和遗物的价值。

第一，发掘现场的管理方式，由委任当地劳动者处理的方法，转为发掘者在现场亲自对层位和出土情况进行观察、测量、制作图纸、拍摄照片、记录出土物品——凡事皆须亲自确认。

第二，陶器研究的精确度提升了。在19世纪末至20世纪初，判定古人所用各类陶器的年代的方法还停留在皮特里的阶段。不过，奥布莱特和凯尼恩的发掘调查工作让遗址各层的出土陶器大量增加，考古学者们可以据此判断该层位的年代，进而按部就班地确定遗址的历史，乃至整个区域的历史。

巴勒斯坦地区考古学的发展，在第二次世界大战以后——日本尚未从战后混乱中摆脱出来的20世纪50至60年代——达到了一个顶点。这一阶段的代表事例有：凯尼恩对杰里科（1952—1958年）和东耶路撒冷（1961—1967年）的发掘调查，Y. 亚丁（Yigael Yadin，1917—1984年，以色列考古学家）对夏琐（1955—1958年）和马萨达（Masada，1963—1965年）的发掘调查，等等。这些发掘逐渐形成了一种常识性的方法，即划定一个5米见方的区域，在这个区域中垂直向下进行发掘，并根据发掘情况时常整理标准的发掘记录。

日本人参与到叙利亚－巴勒斯坦的发掘调查活动之中，自然也就承接上述历史。当时，日本参与发掘调查所必需的汽车、照相机、精密仪器的制造产业发达，这就为发掘队奔赴海外作业提供了充分的外在条件。

经由日本人发掘的叙利亚遗址，以古代东方博物馆（Ancient Orient Museum）主持的泰勒·玛苏图玛（Tell Mastuma）为代表。泰勒·玛苏图玛遗址位于阿勒颇西南约50千米处，遗址高18米，直径约200米。当地处于地中海气候条件下，盛行油橄榄等果树的栽培。遗址附近的涌泉池大概也曾被当地的古人利用。调查作业自1980年开始，至1995年为止，共进行了八次（夏季）发掘。

出土的遗址构造以最下方的A期最为厚实，共分八层，相当于公元前2400年以后青铜器时代初期。其上的B期分为四层，相当于青铜器时代中期，最上方的C期相当于铁器时代（公元前700年左右），结构最为薄弱，仅有一层。泰勒·玛苏图玛的各分期中，均有各式各样的用晾晒砖搭建的聚落。

泰勒·玛苏图玛遗迹的历史意义，在于它是距其东南约 20 千米的古代埃勃拉的卫星城市之一。其次，它最上层的铁器时代聚落可以划分为五个街区，最大的特点是环形街道将市区内外分开。在与泰勒·玛苏图玛同时代的巴勒斯坦南部内盖夫地区的中心城市贝尔谢巴，也发现了这种环形街道。

泰勒·玛苏图玛在铁器时代的街道图

泰尔·泽洛尔

日本人在巴勒斯坦（以色列）地区最早发掘遗址始自 1964 年，历时三年，每年夏天进行作业。最初由 1954 年创立的日本东方学会派遣人员进行，1974 年夏天则进行了独立的发掘调查。这处遗迹名为泰尔·泽洛尔，位于距离地中海海岸约 9 千米的内陆地区。当地受地中海气候影响，遗迹周边可以看到柑橘种植园和鱼塘。

泰尔·泽洛尔存在两处遗址，即南丘和北丘，整个遗迹最高点位于北丘的顶部，发掘前的海拔高度为 36 米；南丘的斜面坡度相对较缓。两处遗址中间的鞍部为自南向北抬升的斜坡。

发掘队的营地设置在帕尔德斯·哈纳村（Pardes Hanna）和哈代拉市，乘坐汽车前往遗迹要花费数十分钟。在这一带有几所为农业开发而设立的寄宿制农业高中，发掘队借用了这些学校的宿舍。当学生们于暑假返家期间，队员们将学校的几栋楼作为宿舍，另外几栋楼作为办公区。调查团的每日行程安排如下：

星期五的午后和星期六是以色列的休息日，因此无法进行发掘。在余下的日子里，队员们每日早上5点起床，6点以前必须用完早餐，出发前往发掘现场。这期间，会有数十名农闲中的当地劳动者被卡车运到现场。从小屋中直接取出工具，将独轮车、铁锹、铁铲交给劳动者，然后以三人为一组开始发掘。午后1点，作业中止，将出土物品和各类记录带回营地，与室内作业人员会合后共用午餐。午休之后，黄昏时分会对前一天的成果进行整理和讨论。

历经四期作业，泰尔·泽洛尔的发掘结果让我们充分地掌握了这片地域的历史。青铜器时代中期的第一期（公元前1900年左右）时，移居此地的迦南人用长方形的晾晒砖建造了城市。他们首先用土垫高了湿地区域，划出3600平方米的城市区域，然后环城修建跨度约20米的土垒，又在土垒之上用晾晒砖修筑2.5米高的城墙。

泰尔·泽洛尔的希腊－罗马时代塔楼基石（位于北丘顶部）。中央二段式的基石为两阶以上的台阶支柱

这一最初的城市湮灭后，被掩埋在厚厚的堆积土下方。青铜器时代后期（公元前15—前14世纪），当时居住在低矮南丘上的是从铜矿产地塞浦路斯岛渡海而来的青铜工匠们。他们除了塞浦路斯陶器外，还遗留下熔矿炉、坩埚、陶制手动鼓风机以及青铜矿渣等物。类似这样的产业应该是与埃及法老达成协调关系后才出现的。

铁器时代之初（公元前11世纪），从邻近的多尔港来到此地的海上民族之一的阐卡尔人，不知因何缘故在此建立了墓区。铁器时代出现在北丘上的小型聚落的主人，大概是以色列（北）王国的殖民者。他们在公元前10—前8世纪期间，在城墙间堆砌小型的晾晒砖，建造了供居住用的四方形房屋和长方形样式、类似仓库的建筑。不过，从出土的迦南式祭祀用具和神像来看，这一区域的宗教呈现出混合的状态。从公元前2世纪至公元1世纪，北丘上曾建设有二层的石造塔楼。

因·戈夫

日本人在巴勒斯坦地区发掘调查的第二处目标是因·戈夫（Ein Gev）。该遗迹位于海平面下200米的加利利湖东岸，是从以色列海岸平原经耶斯列谷地，绕加利利湖南侧前往叙利亚的必经之路。此外，因·戈夫也被认为是以色列人和大马士革的阿拉米人的战场亚弗。（《列王纪上》20）从1990年至1992年的夏天，一支名为"圣经考古发掘调查团"的团队主导了因·戈夫的发掘，负责发掘作业的队员除了从日本各研究机构集结的人士，还有承担发掘工作的数十名大学生志愿者。

不使用当地的劳动者作为劳动力，又将休息日设定在星期六和星期日两天，应该说这是时代趋势。发掘队的营地安置在戈兰高地的基布兹·阿菲克（Kibbutz Afik）。

因·戈夫遗迹南北达 250 米，东西达 120 米，呈椭圆状，比周边的地表不过高出 4—5 米。因·戈夫北端一处直径约 60 米的小丘是日本考古队集中调查的对象。通过发掘调查，出土了带列柱的建筑和城墙两种遗址建筑。前者属于长方形的公共建筑，用切割好的石块堆砌墙壁，内部空间十分宽敞，约为 15 米 ×7 米。沿长边方向按一定的间距排列着两列石柱，这些石柱在将室内空间分成三部分的同时，也支撑着屋顶等上层结构。在因·戈夫，类似这样的建筑物在邻近处又发现了第二栋。事实上，在以色列国内，此前已经在 15 处以上的遗址中发现了同类建筑物。关于这类建筑的用途大致存在着五种假说，即马厩说、仓库说、兵营说、市场说、商馆说，但每一种假说都欠缺决定性的证据。在笔者看来，此类建筑大概是为了招待那些来往的公私人士而设立的迎宾馆。

另一方面，发掘结果表明此处街市曾经有两道坚固的城墙守护。城墙的跨度约 1.7 米，高约 4 米，用切割的石块堆砌而成，分为内外二重环绕着这座城市。根据《圣经·旧约》记

因·戈夫考古发掘现场

载（《列王纪上》20：29—30），亚弗会战之际，被以色列人军队击败的阿拉米人军队逃入此城中时城墙曾经崩塌。这一细节恰好与出土城墙的一部分状况相符合。应当说，在因·戈夫发现的这两种类型的遗址建筑正是战争与和平的象征。

第三章　伊朗高原与其居民

伊朗高原

地理环境

欧亚大陆南部的伊朗高原幅员辽阔。伊朗高原北侧耸立的厄尔布尔士山脉（Elburz Mountains）邻接里海南岸，西部的扎格罗斯山脉是伊朗高原与美索不达米亚平原之间的分界线，南方的波斯湾连通印度洋，东面则一直延伸到兴都库什山脉（Hindu Kush Mountains）。乍看上去，伊朗高原是一处与周围孤立的地区，但事实却非如此，自古以来这里就是东西贸易的主要通道。

伊朗高原的中心部分是干燥地带，自西北向东南分布着广袤不毛的卡维尔沙漠（Kavir Desert）和卢特沙漠（Lut Desert）。从纬度来讲，伊朗高原位置偏南，所处的纬度较低，当地平均海拔超过 1000 米，夏季酷热难耐，通常极为干燥。冬天降雪的情况并不在少数，气温时常会处于冰点以下。以北方厄尔布尔士山脉海拔 5670 米的达马万德峰（Demavend Mount）为首，许多高山的山顶常年积雪。山麓地区消融的冰雪带来丰沛的水资源，当地的要冲自古以来都是繁荣昌盛的都市。

毗邻里海的厄尔布尔士山脉北坡，气候较为温和多雨，土地肥沃，可以栽培稻米。里海的渔业十分兴盛，以著名特产鳟鱼鱼子酱为代表的鱼虾类水产品为当地人提供了丰富的饮食种类。与现代不同，当时翻越厄尔布尔士山脉前往南方伊朗高原的道路并不好走，人畜通行与物资搬运没那么容易。生活在伊朗高原的人们将那些经常食用珍贵鱼类的人们所居住的、拥有迥异于自己风俗的里海东南沿岸地域称为"马赞德兰（Mazandaran）"和"吉兰（Gilan）"，将那里看作巨人和异族居住的地方。

再者，现在被称作"胡齐斯坦（Khuzestan）"的波斯湾沿岸低地地带，气候潮湿，全年酷热，尽管在地理上邻接美索不达米亚平原，但由于沙漠和沼泽地的阻隔，两地之间难以通行，当地也因此形成了独特的文化和传统；从政治上看，较之美索不达米亚，胡齐斯坦与伊朗高原的一体感更强。

与安纳托利亚高原相连的伊朗高原西北部，是被称为"米底（Media）"和"阿塞拜疆（Azerbaijan）"的两块区域。从米底中心地区的埃克巴坦那（Ecbatana，即现在的哈马丹，Hamadan）出发向西，穿过扎格罗斯山脉的隘口，可以直抵美索不达米亚平原的中心地区，自古以来这条道路就是沟通两地的主要干线。此外，顺着这条道路相反的方向，沿厄尔布尔士山脉东进，经过拉伊（Ray，毗邻现在的德黑兰南部）和卡斯比亚隘口（Caspian Gates），抵达呼罗珊（Khorasan），再从这里穿越遥远中亚的诸多绿洲可到达中国，或者跨过阿富汗的开伯尔山口（Khyber Pass）进入印度。而伊朗高原北方黑海和里海间的隘路——高加索走廊（Caucasus Corridor）则连接着南俄罗斯地区。

最初的居住者

伊朗高原上人类居住的痕迹相当古老，甚至可以追溯至公元前7000年，当地被认为是世界上最早以小麦为主要种植作物的农耕地域之一。在公元前5000年左右，当地人以绿洲地区为中心，逐渐形成了半农耕半游牧生活的大型群落。这一时代的遗迹泰普·希萨尔（Tepe Hissar）和泰普·夏尔克（Tepe Sialk）里出土的石器和彩色陶器，充分反映了当地与美索不达米亚地区之间密切的近缘关系。不过，当时的伊朗高原尚未出现文字，与美索不达米亚的情况相同。究竟是何人缔造了这一文化？以及这些人究竟是伊朗高原本来的原住民，还是外来的移民？我们尚不能确定答案。

美索不达米亚于公元前3000年左右进入了历史时代（有史时代），随着苏美尔人迈入文字时代，伊朗高原也开始使用原始的图形文字符号。通常认为，当时的文化是由不断向现代伊斯法罕（Isfahan）以南区域拓展势力的埃兰人（Elamites）缔造的。遗憾的是，伊朗高原的图形文字现如今无法解读，这

第三章　伊朗高原与其居民　73

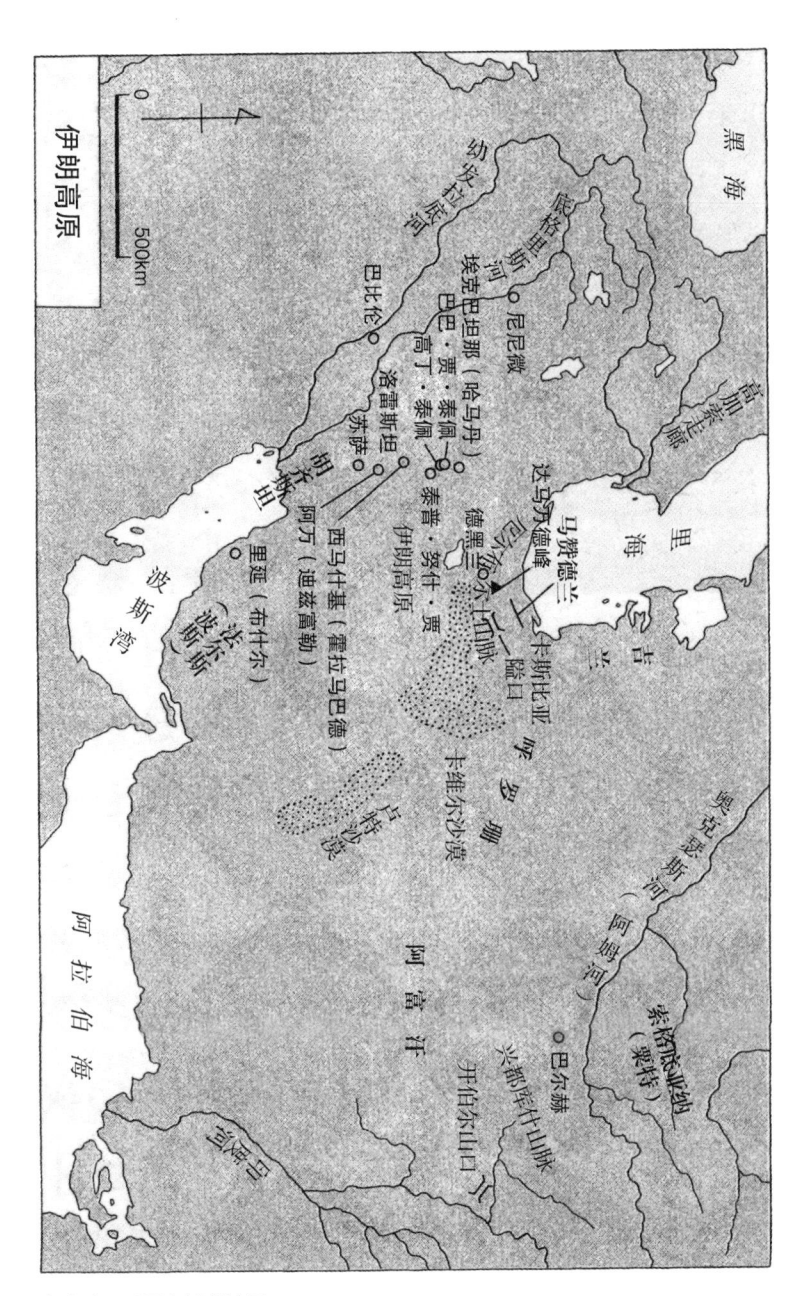

书中地图系原文插附地图

种文字与先前的苏美尔图形文字之间没有联系。不久以后，伊朗高原的这种图形文字就被一种线形文字取代。后者所留下的书写记录中，存在与此后古典时期的埃兰语一致的单词，因此被认为是原始埃兰语（Proto Elamite）。然而其解读成果甚微，至今无法从文法和语言表达的角度掌握这种语言体系。

恐怕我们已难以辨别谁才是伊朗高原的原住民。但有一点可以确定的是，伊朗高原的原住民并非单一部族，而是由各种各样、形形色色的居民组成。印欧语系的伊朗人于公元前2000年左右来到伊朗高原，此后成为高原上的主要定居者。

埃兰人

埃兰的地理

"埃兰"（Elam，字面上带有高原的意思）一词最早出现于公元前2700年前后的苏美尔人记录当中。相传基什（Kish）第一王朝的国王曾掠夺埃兰，乌鲁克（Uruk）的英雄王吉尔伽美什（Gilgamesh）也曾进犯埃兰。阿卡德之王萨尔贡（Sargon）竖立的碑文中记录了他攻打埃兰，迫使当地臣属的事迹。类似的情况十分常见，美索不达米亚人频繁地入侵埃兰——这里是连接美索不达米亚与伊朗高原的山地，也是美索不达米亚地区需要的珍贵木材和矿物的产地。美索不达米亚诸部通常会避开北方的沙漠和沼泽地带，选择从南方山岳地带的道路进入埃兰。另一方面，埃兰人也为美索不达米亚文明所吸引，因而不断地侵略苏美尔诸城邦。

埃兰从公元前2000年左右开始使用类似苏美尔和巴比伦文字的楔形文字，部分相关的记录保存了下来。这种楔形文字尚未完全解读，我们无法判断它与前文提及的尚未被解读的、使用最古老的图形文字的古埃兰语是否属于同一语言系统。因此，使用这种楔形文字的埃兰居民究竟源自何处，究竟是什么样的民族，我们全都无从知晓。我们只能根据后世的列王名表推断出当时的埃兰居民并非由单一民族构成。

记录着埃兰线形文字的圆锥形黏土板，公元前2100年左右

埃兰的统治范围与其起源一样充满谜团。最初埃兰的中心是阿万（Awan，大概相当于现在的迪兹富勒，Dezful）。阿万王及阿万西方的瓦莱夫什（Warakshe）之王不时与阿卡德和基什王交战。后来成为中心地区的低地地带城市苏萨（Susa）在当时地位尚不重要。阿万与瓦莱夫什之王任命兄弟或子嗣担任副王辅佐自己。在阿卡德人统治时期，埃兰遗留下来许多阿卡德语的记录，不过埃兰的阿卡德人居住者数量却没有增加。阿卡德出身的闪米特语族总督被派遣到阿万和苏萨，在当地建立起外族统治。当时的阿卡德语碑文往往附带有用埃兰线形文字撰写的短文。

埃兰古王朝

埃兰的有史时代始于公元前22世纪,与乌尔第三王朝几乎属于同一时代。这一时期以北方建立的西马什基(Shimashki,大概相当于现在的霍拉马巴德,Khorramabad)王朝为发端,该王朝统治着苏萨和阿万。西马什基王朝与乌尔第三王朝展开了长期、激烈的霸权争夺,乌尔王为此将自己的女儿嫁给埃兰诸城邦的总督以加强联系。西马什基王朝先后共经历了12个王,但这些王的名字却与美索不达米亚文献记录并不完全一致。在王朝中期,埃兰的统治权落入了安善(Anshan,位于伊朗现在的伊斯法罕省与法尔斯省之间)统治者的手中。苏萨也在此时获得了独立。

公元前20世纪前后,埃兰的统治权掌握在冠有"安善与苏萨之王"称号的埃巴尔提(Ebarti,此处指埃巴尔提二世,

苏萨遗迹全景。从埃兰时代到波斯的阿契美尼德王朝,苏萨都是重要的都市

Ebarti Ⅱ，也就是 Ebarat）手中。这就意味着当时埃兰的领土囊括了安善与苏萨之间的广大区域。不过，"安善与苏萨之王"的称号并没有为后来的西马什基诸王所延续，此后出现的西马什基之王称号为"苏卡马"（Sukkalmah），在苏美尔语中的意思是大总督，苏萨之王的称号为"苏卡尔"（Sukkal，副总督）。由此可见，他们并不是独立的王，而是受到美索不达米亚势力宗主权的制约。实际上，以苏萨为中心的居民在这一时代逐渐完成了闪米特语族化的进程。然而，在汉谟拉比王（Hammurabi，约公元前 1792—前 1750 年在位）时代，尽管苏美尔文献仍然用"苏卡马"来称呼埃兰的统治者，但埃兰人已远征到巴比伦。

苏卡马与苏卡尔都居住在苏萨，其地位传承沿袭了埃兰人独特的方式。简而言之，苏卡马的弟弟担任苏萨的苏卡尔。苏卡马死后则由苏卡尔继位，并且迎娶前代苏卡马的妻子（通常情况下多为妹妹），任命前代苏卡马之子即新苏卡马的侄子担任苏卡尔。如此一来，从母亲的立场而言，这是能够保障自己子嗣的继承权平稳实现的最为行之有效的方法。对于年轻的继承人而言，在血缘上最为亲近的叔父无疑将是威胁自己王位稳定的最大障碍。如果由叔父担任苏卡马，那么问题便能够迎刃而解。而作为前代的兄弟，由于年龄的缘故在位时间不会太长，同时也能守护住家族的血脉。由此可见，埃兰人极为重视血统和血统的维护。

公元前 16 世纪是整个东方世界历经民族大迁徙的时代。曾经取代苏美尔国家成为美索不达米亚中心的巴比伦王国，此时被纳入了山岳民族出身的加喜特人（Kassites）统治之下。埃兰方面也因为阿卡德人和胡里安人的移入导致人口构成发生了巨大的变化。加喜特人和胡里安人的起源至今难以辨明。在此二三百年间，与这些民族相关的文献多是巴比伦等国家与之交战的记录。埃兰在这期间处于胡里安之王的统治下，也正是在这一时期，埃兰的国境周边出现了印度－伊朗人最初的身影。

中王国时代

公元前 14 世纪左右，伊格－哈尔基（Igi-halki）自称为埃兰之王，建立新的王朝，埃兰中王国时代（亦称作古典时代）开始。国王名字"哈尔基"这部分出自胡里安语，因此伊格－哈尔基王朝可能混入了胡里安人的血统。不过，这个王朝依然遵守埃兰传统的继承法，并且采用了"安善与苏萨之王"的称号。王朝的中心逐渐移往南方的里延（Liyan，大概在现在的布什尔，Bushehr），放弃了安善，这也许是因为当时该王朝没有实现统一。由于受到巴比伦文化的强烈影响，留下了用楔形文字书写的埃兰语记录，建筑也可见巴比伦样式的特征。

一方面，巴比伦王国因为亚述人的进攻而逐渐衰弱，伊格－哈尔基王朝的最后一位王基底恩－胡特朗三世（Kidin-Hutran Ⅲ，公元前 13 世纪末前后在位）曾经两度攻打巴比伦。当他进军亚述时，埃兰本国却发生叛乱，归国时被亚述王图库录提·尼努尔塔一世（Tukulti Ninurta Ⅰ，约公元前 1243—前 1207 年在位）击败。

伊格-哈尔基王朝覆灭了，取而代之的是公元前12世纪以苏萨为首都的新王朝。在新王朝的统治下，埃兰迎来了最为鼎盛的时期。当时的"王"（埃兰语称为zunkik）舒特鲁克-纳胡恩特一世（Shutruk-Nahhunte I，约公元前1185—前1155年在位）趁亚述内乱之际，果断出兵巴比伦，使埃兰成为东方世界最强的军事力量。舒特鲁克-纳胡恩特一世在远征时攻陷了诸多巴比伦城市，并且从西帕尔（Sippar）掠夺了汉谟拉比法典石柱，运往苏萨安置。正因如此，今天保存在卢浮宫博物馆的人类至宝汉谟拉比法典才会在苏萨出土。

中王国时代依然实行埃兰特有的继承法。舒特鲁克-纳胡恩特一世的王位由其子库提尔-纳胡恩特三世（Kutir-Nahhunte III）继承，但只维持了很短的时间，便由其弟希尔哈克-因舒希纳克（Shilkhak-Inshushinak，约公元前1150—前1120年在位）取代。在即位的同时，弟弟迎娶兄长的遗孀为王后，立兄长之子为苏萨的副王。希尔哈克-因舒希纳克是伟大的征服者，在他担任国王期间侵占了从巴比伦到亚述的许多地区，将伊朗高原的北部纳入埃兰的统治之下。

公元前12世纪终焉之际，尼布甲尼撒一世（Nebuchadnezzar I，公元前1125—前1104年在位）再兴了巴比伦王国，并击败了埃兰。此后的约300年时间里，埃兰逐渐衰落，与埃兰有关的记录也没有保存下。到公元前8世纪中叶的胡恩潘塔拉（Humban-Tahrah）王朝治下，才又有中期埃兰语的碑文遗留下来。不过，胡恩潘塔拉王朝时期正值巴比伦与亚述两大势力相争，常处于不安定状态。

乌莱河之战（Battle of Ulai）的浮雕，描绘的是亚述巴尼拔击倒埃兰王特乌曼（Teumman）时的场景。公元前660—前650年

浮雕描绘了亚述巴尼拔对埃兰的胜利战役：火焰从城市升起，亚述士兵正在城内劫掠战利品。公元前645—前635年

后来，在亚述王亚述巴尼拔（Ashurbanipal，公元前668—前627年在位）时代，埃兰王纠集反对势力数度与亚述对抗，但结果是亚述巴尼拔入侵埃兰，埃兰遭到毁灭性打击。位于尼尼微（Nineveh）的亚述巴尼拔宫殿中的装饰浮雕详细描述了当时远征埃兰的场景。浮雕中的埃兰士兵执弓矢、着束腰短裙、短发，而被俘虏的埃兰女性的服饰却极为华丽。

我们目前对埃兰的宗教实态知之甚少，当时各城市都拥有各自的城市神。其中，苏萨之神因舒希纳克（Inshushinak）随着苏萨重要性的不断提升，在埃兰诸神中上升为主神。胡恩潘（Humban）是最大的神，一般表现为人面蛇身的姿态。胡恩潘的配偶是基莉莉莎（Kiririsha），她也是南方城市里延的女神。纳胡恩特（Nahhunte）是太阳神与正义之神，通常将他与亚述的沙马什（Shamash）视为同一位神明。除此之外，埃兰还曾存在过许许多多的神，亚述、巴比伦、苏美尔众神都被吸收进来。埃兰人兴建了巨大的神殿，但对其中的祭祀仪式我们却知之甚少。神殿与宫殿中装饰着想象的怪物和外形奇特的动物雕像。这也难怪美索不达米亚人会将埃兰视为魔女与恶魔的国度。不过，这些奇特的动物设计逐渐散布到了中东的各个地方，足以证明埃兰的影响。

公元前 7 世纪末期，埃兰被米底王国纳入统治之下，从而丧失了独立地位。此后埃兰未能实现复兴。然而，埃兰的行政制度和官僚制度却被新兴国家米底和波斯吸收，埃兰人进入了新兴世界帝国的权力中枢并发挥着政治作用。波斯帝国的阿契美尼德王朝时，埃兰语作为帝国的通用语言一直沿用到王朝中期。

埃兰蛇神。蛇是埃兰人艺术作品中主要的元素之一。公元前 14 世纪

印度 - 伊朗人的迁移与定居

原始印欧语系民族

生活在当今欧洲的大部分和俄罗斯至中亚的一部分，以及印度次大陆和伊朗地区的人们属于相同的语系，这种划分方式是英国人威廉·琼斯（William Jones, 1746—1794 年）在

18世纪时设定的。这些人所使用的祖语被称为"原始印欧语"（Proto-Indo-European）。

然而，这并不意味着现实中存在着被称作"印度－欧罗巴人"的一类人群，也就是说，"原始印欧语"仅仅是一个假设的概念，并不存在使用该种语言的人群。换言之，现实中并不存在以所谓的印欧语系民族为核心的一个民族或一个族群，或者在某个时期从中派生出各种民族和族群的情况。应当说，诸多起源和特征截然不同的族群，在游牧生活的长年累月接触当中，逐渐形成了共有的语言和文化，加之彼此通婚，融合成为同一族群（氏族？），或许也可看作亲族。通常认为这些人最迟在公元前3000年前后，已经形成了具备共同的语言、习俗、宗教等文化特征的庞大族群。在此前提下，公元前3000年左右，他们中的一部分开始向西方迁徙，移居到欧洲各地。

大迁徙运动？

然而，这场大规模迁徙，究竟是庞大族群的一次移民行动，还是一场大规模征服活动，尚且难以判断。原本处于游牧生活状态的人们会因为气候变化、人口增加和疫病流行等各种理由，越过自己通常游牧的界限向他方迁徙，就此选择在新的地方定居，我们完全可以想象这一过程。一旦某个空间中有其他族群进入，便会与原有的邻近部族之间构筑新的近缘关系，经过数代的反复磨合，移居过程才算完成。这些初来乍到的移居者既没有金属器具，也不太可能具备卓越的战斗能力，他们大概不可能通过武力手段打倒原住民，一举占领当地。

如此说来，这些迁徙者的根据地或故乡到底在何方呢？通过集中比较各种共通的语言，对于其故乡的探索已作出了种种研究，却依然没有得出定论。但是至少我们可以通过他们对牛、羊、山羊等动物在语言上的共通表述，说明他们与此类家畜之间的亲密关系，印证其本来的游牧生活面貌。因此，较之游牧，以狩猎为主要生活方式的欧洲大陆，特别是其北部的森林地带绝不可能是这些迁徙者的故乡。相对而言，南俄罗斯草原地带是可能性最高的地域。自多瑙河（Danube River）下游流域直至黑海、里海、咸海一线北方的广大地区同样具备可能性。在公元前4000年左右，在上述一线以东地域扩散分布着被称为"库尔干（Kurgan）"的坟丘式深墓文化，若就此关联程度而言，南俄罗斯略靠近东方的地方也许就是这些迁徙者的故乡所在。这些迁徙者既没有文字，也不使用金属，但是却已然拥有极为发达的语言体系，以及颇具抽象性的宗教概念。

印度-伊朗人的移动

大约在公元前2000年，后来被称为"印度-伊朗人"的人们开始向伊朗东北部和印度北部地区移动。他们已经是拥有同一的文化传统和语言，兼具相当高度均一性的族群。前往印度的迁徙者们向着名为"印度文明（Indus civilization）"的高度发达的城市文明进发，仅从这一点来看，他们与此前迁往欧洲地区的人群存在明显的不同。他们自称"雅利安人（Aryan）"，意为"自由之人"或"贵族"，并且勇敢地向拥有优秀技术和制度的异文明发起挑战。他们重视军事的力量，在强悍地开展征服活动的过程中，对拥有破坏力量的战争之神和英雄之神的崇拜占据了他们宗教的中心。雅利安人最古老的宗教文献，大概是公元前17—前15世纪创作的《梨俱吠陀》（Rigveda），其中多是对诸神的赞歌，原因就在于此。

前往伊朗的迁徙者们则进入了人口相对稀少的地区，因此他们没有像前往印度的那些人那样经历剧烈的变化。在与《梨俱吠陀》的成书时间相差无几，特别是最古老部分赞歌的语言和形式都被认为与前者存在近缘关系的琐罗亚斯德教的圣典《阿维斯塔》（Avesta）中，也没有表现出类似倾向。通过比较这两部圣典，可以对印度-伊朗人分裂以前的生活环境与世界观进行推测。

处于游牧生活的他们，相对于个人而言，家族是社会生活的核心，居于中心的家长拥有很大的权力。家的中心是绝不会熄灭的灶火——这是家长的象征，当确立新的家长时会点燃新火，一旦火被点燃，直到家长死去为止都不能够熄灭。严禁针对灶火的不净行为，向火中投入污物或者任何可能使火熄灭的行为都要避免。

不仅是火，水和大地也是洁净之物，应当予以尊重——这是他们世界观的一部分。在世界伊始，只存在天和水，大地从中分离出，继而创造出有益的动物、植物与人类，世界因此而存在。启动造物、让世界充满生命和活力的能量正是由火赋予的。

在宇宙创造中发挥了重要作用的是为诸神举行的牺牲仪式。为了保证宇宙的存续，要在固定的时、日、季节以正确的方式举行祭祀、供奉牺牲。这样一来，拥有相关知识并且接受过正确训练的祭司就是社会中最为重要的成员。祭司既是进献供品之人、祈祷之人、预言之人与施咒之人，也拥有贤者等多重资格和特质。

信仰的内容十分复杂，自然事物当中的太阳、火和水被神格化，雷电和暴风这些人类无法统御的力量也被当作神明崇拜。此外，在伦理道德方面，例如正义和遵守约定同样被神格化。如此一来，将会在何种程度上构筑起统一的世界观，我们不得而知。虽然重视祭祀仪式，却不在正式场所修建寺院，不做偶像崇拜，也不为众神的世界建构体系。他们坚信真话的力量，厌恶虚假之言，认为一旦达成契约就必须严格遵守；如有不义之人打破了契约，必将会受到神的惩罚，与这样的敌人交战会得到神明的庇护。他们对拿起武器战斗一事并不感到畏惧，战士在社会中占有重要的地位。

不过，由于众神守护着宇宙的秩序，通过复杂的祈祷和祭祀仪式来侍奉众神的祭司群便拥有了巨大的权威。当时的人们认为太阳升起、季节轮转、生死更替、收获事宜，全都需要祭司举行恰当的祭祀仪式，将能量赋予众神并安抚他们。为了确保每一天太阳的升起，要用正确的方式献上牺牲品，祈祷也是不可或缺的。一般的人民作为生产者受祭司和战士的守护，相应地，生产者要为祭司和战士的生活提供支持，如此一来，（伊朗的）雅利安人（伊朗语称为 airya）当中便构成了三个阶级。

通向伊朗高原的道路

最早记录印度－伊朗系人群的文献出现在公元前 1760 年前后的巴比伦。公元前 15 世纪前后,安纳托利亚最繁荣的国家——赫梯王国,由复杂的多民族构成,其统治阶级大概是印度－伊朗人出身。在博阿兹柯伊遗迹的赫梯王国文书库发现的米坦尼条约中,记录着前往印度的雅利安人所崇拜的密特拉、伐楼拿、因陀罗(Indra)、奈撒特耶(Nasatya)等神的名字。

伊朗人向伊朗高原迁徙的路线大致有三条。第一条路线是通过黑海与里海之间的高加索走廊,定居在米底和波斯地区的西伊朗人主要是通过这条路线。在历史时代,这条路线成为斯基泰人和萨卡人(Sakas)等游牧骑马民族的入侵途径,因为高加索山间的隘路通道并不适合大规模的迁徙。

第二条路线经中亚至咸海东侧的粟特(Sogdiana,亦译索格底亚纳)和呼罗珊进入伊朗高原,走这条路线的人们定居在伊朗东北部。这条路线同样是山路,连接东西的主要道路适合较为大量的人员迁徙。

第三条进入伊朗高原的路线即卡菲尔(Quafir/Kafir)之路,这条路有一小段经过阿富汗。公元前 20—前 10 世纪的中叶兴起于美索不达米亚地区的米坦尼王国(Mitanni),其构成者之一就包括了印度－伊朗系人群,一般认为他们正是经过卡菲尔之路而来。

公元前 9 世纪中叶,伊朗人的定居地——波斯和米底的地名,首次出现在了亚述人的碑文当中。公元前 825 年,亚述王萨尔玛纳赛尔三世（Shalmaneser Ⅲ，公元前858—前824年在位）修建的远征纪念碑——黑色方尖碑（Black Obelisk）上，首次出现了"Pārsa"（即波斯，大概是波斯语的旧称）的字样。而米底之名"Māda"的字样，最初出现在公元前835年。不久之后，这些伊朗系的诸部族逐渐形成了联合体，诸王共同向亚述纳贡。但是盘踞在伊朗高原的伊朗人势力崛起要到公元前8世纪以后了。

琐罗亚斯德教的成立

阿维斯塔语族

"琐罗亚斯德（Zoroaster）"与其原音"查拉图斯特拉（Zarathushtra）"相近。查拉图斯特拉是生活在公元前1200年—前1000年前后的人物。查拉图斯特拉所使用的语言，可见留存在琐罗亚斯德教圣典《阿维斯塔》中最为古老的《伽萨》（Gathas）部分，鉴于这种语言的古老形式，可以推断查拉图斯特拉所生活的时代不会在此之后。再者，《伽萨》部分具备明显的东北伊朗语言的特征，据此推测，查拉图斯特拉的出生地应该在伊朗高原东北端的河中地区（Transoxiana），即现在的哈萨克斯坦（Kazakhstan）南部一带，但是具体的出生地仍然不明。

这一地域的伊朗人使用阿维斯塔语，他们在广阔的草原地带过着半游牧的生活。其文化已经从石器时代过渡到青铜器时代，尚不通晓铁器，通过部族联合形成小国家群。他们还没有与拥有杰出城市文明的美索不达米亚、地中海沿岸及印度河流域的诸城市产生交流，也不使用文字。财产以牧场占地和拥有的家畜计算，口口相传的内容拥有丰富的文学传统，宗教体系基于复杂的神话传说。但是当我们窥视其牧歌中的世界，实际上其中充斥着不安的因素，自然灾害与充满敌意的外来者入侵等威胁接连不断。最终，他们进入了铁器时代的门槛，但此后迎来的却是持续的动乱与纷争的时代。

阿维斯塔语族的神话

阿维斯塔语族的祖先究竟是何时起从南俄罗斯草原地带开始迁徙，已经无法知晓。与前往印度的人们一样，他们也自称为雅利安人，表明自己与生俱来的自由身份，以区别于其他不自由的隶属他者之人。他们称呼自己的故乡为"雅利安努姆·维贾"（Airyanem Vaejah），意为雅利安人的场所（Expanse of the Aryans），并将之视为理想的土地。不过，这个乐园般的场所也因为受到邪恶力量的侵蚀而陷入了严酷漫长的凛冬，他们被迫离开这片昔日乐土，但一直梦想着能够回到那片美好的故乡。

在神话传说里，阿维斯塔语族的祖先被称为"帕修达特"（Peshdat，"最先创造"之意）。当然这只是一种权宜性的称呼，实际上在帕修达特体系当中，已知名字的人物多达六七位。其中一部分人物的名字与印度神话是共通的，这些人物的存在说明了二者的神话必然具有一致性。特别是帕修达特王朝（Pishdadian Dynasty）的第三代统治者伊玛（Yima），他在印度被称作亚玛（Yama，即"阎魔"），是最早的王[①]，也是第一个死去的王，因而被称作死者之王。换言之，与以前那些晦暗不明、模糊难辨的祖先形象相比，伊玛的人物形象可谓相当清晰。

在伊玛统治下，常春之地雅利安努姆·维贾最初仍然持续着繁荣。大约 300 年后，因为土地逐渐狭小，伊玛手执金杖和鞭子击打大地，于是土地便扩大了三分之一。伊玛在 1000 年中曾三次扩张土地，这期间他也犯下了某些罪行。至于伊玛的罪行究竟是撒谎骗人，还是傲慢自大地要求众人像对待神明一样向他礼拜，我们已经无从知晓了。不过很明显，这些罪行所招致的结果，就是身为雅利安人之王的伊玛不再获得神的特别恩宠（意味着王权），于是他被杀死了。不过，当神明预告凛冬将至之时，为躲避寒冬的侵袭，在地下建造名为"瓦拉（Vara）"的诺亚方舟式建筑物的，据说正是这位伊玛王。虽然因犯下罪行而招致了不幸，但伊玛统治的时代却被认为是整个雅利安人历史上最繁荣的理想时代。伊玛之后的王，是在冬日持续的严寒之中实施恐怖政治的蛇王阿兹·达哈卡（Azi Dahaka）。阿兹·达哈卡用不正当手段从伊玛处夺取了神的恩宠（雅利安人的王权），成了王。

神话中的帕修达特王朝之后，即所谓英雄时代的卡维伊王朝（Kavi Dynasty，又称卡伊王朝）。卡维伊王朝所处时代较晚，现在认为这股势力属于地方豪族。卡维伊王朝一族在现

[①] 这一观点来自印度，在阿维斯塔语族的历史中，最早的人类伽亚·玛雷坦（Gaya Maretan）才是最早的王。

在的巴尔赫（Balkh，古称：巴里黑、班勒纥、大夏之都）周边构筑起小国家。该王朝的君王卡维伊·维休塔斯帕（Kavi Vishtasp）曾是琐罗亚斯德的保护者。

琐罗亚斯德的出现

公元前12世纪，伊朗高原与周边诸地域都已进入铁器时代。骑马技术娴熟的机动性军队配以铁制的武器，无疑具有强大的破坏力，其席卷之处必然招致整个村落的全面荒废。那个动荡的时代对传统的世界观提出了修正的需求，但是刻板的祭司群体无法对应这种变化，于是这一重担便由琐罗亚斯德承担了起来。

琐罗亚斯德出身于斯皮塔玛[①]家。通常认为，琐罗亚斯德的名字是"追骆驼的人"的意思，而他周围人物的名字也多同"牛""马"等生物有关，这大致能够反映出其所处世界的生活环境以牧畜为中心。根据世代相承的传说，琐罗亚斯德是笑着而非哭着出生的，对他的诞生充满恐惧的术士们（被称作"卡维伊，Kavi"或"卡拉潘，Karapan"，祭司的一种）屡次试图杀死他，但是全部以失败而告终。这则传说显然是后世创作加工的成果，不足以采信。不过，这也反映出了在琐罗亚斯德时代，已经存在具有强大力量的祭司阶级，他们能够在很大程度上干涉人们的生活。

琐罗亚斯德从少年时代就开始接受成为祭司的教育。伊朗地区的教育从9岁开始至15岁结束，毫无疑问，琐罗亚斯德

[①] Spitama，在阿维斯塔语中，spit 意味着"辉煌"或"白色"。

也遵循了这一传统。根据他被称为"扎奥塔尔（zaotar）"——即祭司，以及熟练书写祈祷文等实例，证明了他确实是接受了正统教育的祭司。

成年以后，琐罗亚斯德就任了祭司的职务。30岁那年的新年——即迎来春分日的清晨，琐罗亚斯德为汲取祭祀仪式用水而进入凡赫·达提亚河（Vanguhi Daitya，大概是现在的阿姆河）沐浴净身时，看到对岸有东西闪耀着光芒。这片光芒自称"沃胡·玛纳"（Vohu Manah，善念），并且将琐罗亚斯德带到善良之神阿胡拉·马兹达（Ahura Mazda）的面前。这便是启示的开始，最后琐罗亚斯德形成了以善恶对立存在作为第一要义的宏大宇宙观，并宣扬这一新的宗教。由于不被故乡接纳，琐罗亚斯德不得不和唯一改宗的信徒也就是他的表兄结伴出逃。不过，从其逃亡之旅遍布追兵一事来看，身为预言者的琐罗亚斯德，其存在确实对既成的宗教权威产生了威胁。

琐罗亚斯德教的确立

在巴尔赫附近的维休塔斯帕王的宫廷中，琐罗亚斯德最终结束了他的流浪生涯。维休塔斯帕王的统治权到底有多大虽不明了，不过，作为一名地方君主，他的权力特别有限，周边应该会毗邻一些比较强大的小国。琐罗亚斯德首先成功使王后胡桃莎（Hutaosa）改宗，以她为中介取得了维休塔斯帕王的信赖，进而逐渐得到宫廷里人们的接纳。当时已经42岁的琐罗亚斯德将自己的女儿珀乌鲁奇思塔（Pourucista）嫁给了当权者——宰相贾玛斯帕（Jamaspa），这场婚礼仪式的祝祭歌保留至今。琐罗亚斯德还娶了贾玛斯帕的兄弟法拉肖修特拉（Frashaoshtra）的女儿胡沃薇（Hvovi）。在维休塔斯帕的宫廷当中，他的地位无疑是稳固的。他去世时77岁（据说被反对其宗教的图兰人暗杀），当时他的新宗教已经打下了坚实的基础。

琐罗亚斯德教的教义

那么琐罗亚斯德的宗教究竟是怎样的呢？这一宗教的基本特征大致可以归结为两点。第一，宇宙中存在"善"与"恶"两种对立的要因，二者不断斗争，对这一生动场景的塑造构筑了琐罗亚斯德教的世界观；第二，重视推进"善是人类的义务"这一伦理。其结果，就是将印度－伊朗人此前宗教中包含的重要因素——超自然力，例如那些会带来灾害的力量——当神尊崇，但是从另一方面来看，实际上是对这类超自然力的一种否定。这样一来，以古老的"坦厄娲"（Daeva/Daiva）为总称的诸神，都被视为拥有破坏之力。琐罗亚斯德更是明确地将他们归属为"恶"，崇拜恶神的人同样要被消灭。

琐罗亚斯德并非坚决反对使用动物的祭祀。不过，他在举行牺牲仪式时，会尽量避免残酷和不必要的杀害，因为残害和滥杀违背了琐罗亚斯德的理念。他所坚持的理念即是宇宙成立的法则，称为"亚莎（Asha）"。正如亚莎是自然遵循的规律，人类的行动也要遵循正义。生命属于善，拥有生命的生者必须集结在善良之神阿胡拉·马兹达的身边与邪恶的破坏力进行战斗。但是，被邪恶、虚伪、愤怒、嫉妒等驱使的人类会堕入"恶"的一方，他们死后会被裁决坠入地狱，过着凄惨的生活。当世界末日降临时，善良之神阿胡拉·马兹达会派遣救世主降临，"善"终会战胜"恶"，大地将会被熔化的金属所覆盖，邪恶之人将会在炙热的金属洪流之中被毁灭，在这之后创造出来的完美世界将会永恒。

死后的审判、救世主的到来、宇宙的终焉，这些宗教史上非常重要的概念都是琐罗亚斯德最先提倡的。

米底王国

"米底"的源起

直到米底王国成立之后，伊朗人才在伊朗高原上真正成为主角。但事实上，我们对米底王国的历史知之甚少。这主要是因为：第一，米底王国不使用文字，没有任何相关的文字记录被保存下来。第二，被认为是其根据地的埃克巴坦那至今依然是人口汇集的都市，现在无法进行系统有效的发掘调查。第三，大部分观点都将米底与其后建立波斯帝国的波斯视为同一个国家，然而，主张米底独立性的观点在历史上也不在少数。

不过，伊朗人最初建立的王国的痕迹已经深深地扎根在了伊朗人的传统之中。古代波斯语，特别是制度与行政用语，明显地吸收了米底语（属西北伊朗语）的语言形式。与米底相关的系统性的历史与传说的传承，得益于古希腊历史学家希罗多德（Herodotus）的记录。米底人是希罗多德重要的情报源。

我们之所以这么说，是因为他所引用的波斯语带有明显的米底特征，他时常并不区分波斯人和米底人这两个词的使用。

那么，"米底"这个地名是从什么时候开始出现的呢？用于表述"米底"或"米底人"的希腊语单词，其写法早在古典希腊语形成以前，公元前 1000 年之前就已经被吸纳了，由此可知米底在此之前就已经存在了。根据公元前 9 世纪左右的亚述史料记载，亚述曾征服了一个名为"玛达"（Mada）的民族。由于该民族属于部族联合体的形式，因此"玛达"既可能是地名，也可能是人名，但这确确实实是一个伊朗系的名字。大概这一时期伊朗人的主要构成者已经组成了部族联合体。

不过，当时的米底人仍然受盘踞在扎格罗斯山中的异族曼努亚人[①]的宗主权控制。公元前 8 世纪中叶，米底联合体的中心城市是扎库卢缇（Zikurti）。据说在公元前 713 年，亚述王萨尔贡二世（SargonⅡ，公元前 722/ 前 721—前 705 年在位）击败了米底的 45 名首领。公元前 7 世纪初期，扎格罗斯山中非伊朗系的民族已经从记录中消失，而此时米底的领土已经从厄尔布尔士山脉一直扩张到卡维尔沙漠。

米底的历史

在此，我们将通过希罗多德的《历史》来一窥米底的过去。当米底还处于部落联合体的时代，出现了一位名叫戴奥凯

---

① Mannaeans，其国名通常被称为"马纳"（Mannea）；曼努亚人可能就是圣经中提到的米尼人（Minni）。

斯（Deioces）的人物，此人以裁判公正而著称，于是被拥戴为王。戴奥凯斯在埃克巴坦那定都，修建被七重城墙围绕的圆形城市，又制定礼仪法则以提高王的权威，同时还在国内确立了监督和监视制度。戴奥凯斯在位35年，此后其子普拉奥尔提斯（Phraortes）继位。普拉奥尔提斯在位22年，将许多米底以外的民族纳入了自己的统治下，他后来死在了与亚述之间的战争中。之后的28年间，米底被刚刚从北方南下的游牧民族斯基泰人统治着。

普拉奥尔提斯之子基亚库萨雷斯设宴招待斯基泰人，趁对方酒醉发动袭击，将斯基泰人击败。此后，基亚库萨雷斯即位。他将军队改革为枪兵、弓兵、骑兵三支部队，与新巴比伦之王那波帕拉萨尔（Nabopolassar，公元前626—前605

米底人与波斯人卫兵，波斯波利斯浮雕

年在位）结成同盟，一起对抗亚述。公元前612年，联军攻陷尼尼微，亚述灭亡。基亚库萨雷斯将女儿嫁给那波帕拉萨尔的王子尼布甲尼撒二世，以维持与新巴比伦之间的友好关系。基亚库萨雷斯向西进军，与安纳托利亚的强国吕底亚之王阿里亚特斯在哈里斯河（现在的克孜勒河）的两岸对峙。由于交战期间发生日食，双方惊恐万分，于是决定以哈里斯河为国境缔结和约。对于当时的日食，哲学家泰勒斯曾经进行了预言，根据现在的推算大约为公元前585年5月28日。基亚库萨雷斯为其子阿斯提阿格斯（Astyages）迎娶了吕底亚的王女。如此一来，米底、吕底亚、新巴比伦这三个东方国家，通过联姻结成了密切的纽带。基亚库萨雷斯的统治达40年之久。

关于米底的同时代记录

将以上希罗多德笔下的米底历史同亚述和新巴比伦的同时代资料加以对照，可以确认相当一部分内容。

前述提到的亚述对米底的远征开始于公元前9世纪中叶。公元前8世纪，被危机感驱使的米底首领达伊维克[①]，将儿子送往亚述的宿敌——现在亚美尼亚地区的乌拉尔图之王路撒一世（Rusa I）处充当人质，以此缔结同盟关系。不过，由于对亚述之王萨尔贡二世的作战失利，达伊维克被俘虏，其家族也被押解至叙利亚的哈马。

[①] Dahyuka，"达伊维克"为"戴奥凯斯"的古伊朗语音译。

达伊维克的继任者卡休塔利提（Kashtariti）是否就是那位被送往乌拉尔图的王子呢？如果答案是否定的，那么，可以推测卡休塔利提很有可能接受了亚述式的教育。而得出这一结论的依据，便是他最为擅长亚述式的城寨包围战术，这与此前米底的作战方式明显不同。以卡尔卡什城（Karkashshi，也可能是埃克巴坦那）为中心，卡休塔利提被米底诸侯拥戴为王。此事发生在公元前673年或公元前672年左右，米底王国成立。从这一点来看，卡休塔利提的事迹无疑与希罗多德笔下戴奥凯斯的经历极为相似。卡休塔利提这个名字与希罗多德笔下的米底第二代王普拉奥尔提斯明显不同，不过两者的古伊朗语名弗休什利塔（Khshathrita，即卡休塔利提）和弗拉瓦尔提什（Fravartish，即普拉奥尔提斯）能够一一对应，由此可以认为这两个名字也许是同一个人物的本名和即位后的王名。

然而，关于卡休塔利提时代之后的斯基泰人统治时代，亚述的资料没有提供对应的信息。在亚述资料中，斯基泰人被称为"阿什库塞人（Askuzai）"。他们与亚述人结盟，一同对抗米底是在亚述王阿萨尔哈东（Esarhaddon，公元前681—前669年在位）时代，较之卡休塔利提时代稍早。但可以肯定的是，当时斯基泰人南下已成一大势力。扎格罗斯山中的洛雷斯坦（Lorestan）出土了大量高品质的青铜器具，其独特的动物纹样等装饰充分展现了骑马民族别出心裁的匠心——这些无疑都是当时的斯基泰人遗留下的。如此看来，希罗多德的编年史很可能存在着些许混乱。

洛雷斯坦的青铜工艺品，动物纹饰展示了传统游牧民族的创意

卡休塔利提之子乌玛基什塔尔（Uvaxstra，大概即古伊朗语的弗瓦夫修特拉，Hovakhshatra）就是灭亡亚述的米底王，所以他应该就是希罗多德所说的基亚库萨雷斯。希罗多德称呼米底最后的王为阿斯提阿格斯，巴比伦年代记则记载其名为伊苏图美谷（Ishtumegu，在古伊朗语可能为阿尔休缇－瓦伊伽，Ṛšti-vaiga）。他在与其外孙安善之王居鲁士（Cyrus，此即居鲁士二世，CyrusⅡ，或称居鲁士大帝，Cyrus the Great）交战期间，被自己的军队背叛而败北，米底王国随即灭亡。

在哈马丹附近曾展开一系列针对米底王国时代的遗迹的发掘。其中，大约在哈马丹以南 60 千米处的泰普·努什·贾（Tepe Nush-i Jan）遗迹，发现了规模相当宏大的神殿遗址和局部堡垒遗址，最古老的部分可以追溯到公元前 8 世纪中叶。

此后，大概在公元前 7 世纪末，该地被小心地封锁起来，进而被放弃。然而，由于没有任何书面文字记载作为参考，很难对该遗迹的历史及用途的范畴加以推测。除此以外，巴巴·贾·泰普（Baba Jan Tepe）与高丁·泰普（Godin Tepe）等也是米底时代的遗迹，几处在岩石上开凿的墓穴也颇为有名。

米底的制度

根据希罗多德的说法，米底人分为六个部族。通过考察这些部族的名字，我们会发现他们全都不能被称为伊朗人，也可以说这个帝国一样的体制全部处于异族的统治之下。虽然米底王国没有文字，但是他们积极地效法亚述的统治机构。波斯人从亚述继承了军管区制度，军管区长官在希腊语中被称为"萨特拉普（σατράπης，satrap）"，而在米底语中被称为"弗夏苏拉帕瓦（xšaθrapawan）"[1]。另外，通常翻译为"乐园"的希腊语"παράδεισος（parádeisos）"，其本意是"被包围的场地"，即"王的狩猎场"，该词起源于伊朗语，不过音韵变化却是来自米底语。像上述的萨特拉普制（军管区制度）和拥有广大狩猎场地的王城等线索，使米底的全貌变得更加清晰明确。

米底人的社会基于印度-伊朗人的传统，划分为祭司、战士、农牧民三个阶级，此外还有战争俘虏的奴隶和契约奴

---

[1] 意为"王国的守护者"。

隶。王室使用宦官。我们对米底的宗教知之甚少。根据进入波斯帝国时代后伊朗人的信仰变化来推断，米底人应该不信奉琐罗亚斯德教。不过，米底人名所使用的语言要素显示出他们与印度－伊朗人有着共通的诸神信仰。构成米底六部族之一的玛吉人（Magi），应该就是类似于司掌传统祭祀仪式的祭司群体。后来，琐罗亚斯德教成了整个伊朗的宗教，但是保留了古波斯语"麻葛（magus）"一词来指代祭司，大概也说明了米底的宗教传统具有相当的影响力。

第四章　波斯阿契美尼德王朝的成立与发展

安善与波斯

安善

　　名为"安善（Anshan/Anzan）"的都市，在伊朗高原上的正确位置长久以来一直是一个谜。根据1972年出土的碑文，位于伊朗法尔斯省中心位置的设拉子（Shiraz）西北36千米、波斯波利斯（Persepolis）以西43千米处的泰普·玛利亚恩（Tepe Malyan）终于被确定为安善的所在地，当地此前就是颇具争议的地点之一。大约在公元前2000年，安善便掌握了埃兰的霸权，可以说是一座非常古老的城市。公元前1980年左右，埃巴尔提王朝在安善建立，当时埃兰王自称为"安善与苏萨之王"。这就意味着埃兰之王是安善之王的同时，高地区域也被包含在了埃兰的统治领域之中。

公元前 14 世纪前后，伊格－哈尔基王朝的统治者也开始自称为"安善与苏萨之王"。实际上"安善与苏萨之王"的称号直到公元前 692 年库杜尔－纳胡恩特（Kudur-Nahhunte）王去世，一直断断续续地使用着。不过，安善的实权被认为在很早以前就转移到了新迁入当地的伊朗人手中。埃兰实质上变成了以苏萨为中心的低地国家，安善逐渐成了指代伊朗高原南半部高地的地名。

安善作为地名现在已经不复存在。公元前 6 世纪时，该地的地名变成了"波斯亚（Parsa）"或"波斯瓦（Parćwa）"。在此发迹的王朝后来一直使用"波斯（Persia）"作为他们的地区、民族和语言的名字。

帕尔苏阿

"帕尔苏阿（Parsua）"最早作为地名或部族名于历史上出现，是在亚述王沙姆什－阿达德五世（Shamshi-Adad V，公元前 823—前 812 年在位）年代记的公元前 821 年记事条目中。据记载，当时从比特－布纳基［Bit-Bunaki，大概位于现在克尔曼沙赫（Kermanshah）的南方］[1]到帕尔苏阿什（Parsuash），发生了内乱。根据这则记事，可以确定帕尔苏阿什和现在法尔斯省的一部分重合，而且当时应该是伊朗系民族掌握了当地的实权。

---

[1] 沙姆什－阿达德五世即位后其兄亚述达尼拔（Assur Danin Pal）叛乱，占据此城为都。

亚述王提格拉特-帕拉沙尔三世（Tiglath-Pileser Ⅲ，公元前744—前727年在位）于公元前737年远征米底的途中，曾击败过被称为"帕尔苏阿"的集团。考虑到当时的行军路线，那么帕尔苏阿不应在法尔斯，而是在米底前方的扎格罗斯山中的某处地方。在伊朗系语言中，"帕尔苏阿"与"帕尔苏阿什"意味着"边境"或"边缘"。如此说来，米底人所居之地被冠以的"边境之地"名字，很可能是亚述人所取。公元前691年，与亚述王辛那赫里布（Sennacherib，公元前704—前681年在位）在巴比伦对战的埃兰同盟军中，就曾出现安善与帕尔苏阿什之名。但是在此之后不久，安善与帕尔苏阿什便成了同一区域的地名。

安善或者说帕尔苏阿是从何时开始由伊朗人的王统治的呢？公元前640年，安善王库拉斯（即居鲁士一世，Cyrus Ⅰ）将其长子阿鲁库（Arukku）送往亚述充当人质。在亚述文书的记载中，库拉斯王是泰斯帕斯（Teispes）之子。根据波斯时代的世系图，泰斯帕斯是安善之王，大约在公元前670年至公元前660年前后，泰斯帕斯一族取得了安善的王位。不过安善只是一个实力并不强大的地方王权，当时的伊朗高原处在以米底为中心的势力统治之下。

居鲁士大帝与东方世界的统一

居鲁士的传说

希罗多德曾对波斯帝国阿契美尼德王朝的开创者居鲁士大帝做出过以下描述。

米底王阿斯提阿格斯有一女名叫曼达妮（Mandane）。有一次，阿斯提阿格斯梦到曼达妮小解，尿液如洪水般将整个亚细亚淹没。惊慌的米底王命人占卜释梦，最终将曼达妮嫁给了边境属国波斯的小领主冈比西斯（Cambyses）。然而，之后阿斯提阿格斯又梦到曼达妮的阴部长出一株葡萄树，藤枝蔓延最终覆盖了整个亚细亚。在恐惧的驱使之下，阿斯提阿格斯命令其忠臣哈尔帕格斯（Harpagus）去处死曼达妮生产下的男婴居鲁士。但是，担心杀死婴孩会遭到报应的哈尔帕格斯转而命令手下的牧人去执行任务。当时牧人的妻子正因为自己刚刚产下的婴孩夭折而悲痛不已，因此便将自己死去婴孩的尸体交给阿斯提阿格斯复命，反而将居鲁士当作自己的孩子养育。

居鲁士作为牧人之子被养育到10岁时，他隐藏的王者气质显现出来，一番调查之后，真相大白于天下。此时阿斯提阿格斯已经回心转意，于是将居鲁士送还给波斯的双亲。不过，对于没有遵守自己命令的哈尔帕格斯，阿斯提阿格斯却将他的儿子杀死，做成食物诓骗他吃下作为惩罚。心怀无尽怨恨的哈尔帕格斯此后表面上看来仍忠诚于米底王阿斯提阿格斯，但实际上他在等待机会复仇。

继承了父亲冈比西斯的波斯王位的居鲁士，以其出身的帕萨尔加德（Pasargadae）部族为中心，组建起反抗米底的军队。弱小的反抗军处于压倒性的不利局面，但是却出人意料地策反了哈尔帕格斯统率的米底最强部队，取得了极富戏剧性的胜利。公元前550年，居鲁士进入埃克巴坦那城，接管了米底的领土，从而建立起波斯王国。

米底同盟国的吕底亚王克洛伊索斯于公元前547年，听从了德尔菲的神谕，越过昔日的国境线，横渡哈里斯河，向波斯王国发动攻击。居鲁士大帝出兵迎击，因冬季来临决定回师萨迪斯的克洛伊索斯反而被追击打得措手不及，在短期内居鲁士大帝便攻陷了萨迪斯，将吕底亚纳入统治之下。新巴比伦王国则召回了隐居在阿拉伯半岛的国王那波尼德斯（Nabonidus，公元前556—前539年在位），以对抗居鲁士的威胁。不过，由于在半数的治世期间都将统治委任给儿子而自己却热衷于与世隔绝的隐居生活[1]，失去了声望的那波尼德斯无力与新兴的波斯对抗。市民与马尔杜克[2]的神官纷纷转向支持居鲁士大帝，于是几乎没有遭到像样抵抗，居鲁士大帝于公元前539年兵不血刃地进入了巴比伦城，至此东方世界实现了统一。

　　居鲁士大帝此后不断与各地的反波斯势力交战，最后在与北方游牧民族马萨格泰人（Massagetae）的对战中，落入陷阱战死。根据希罗多德的描述，居鲁士大帝的下场十分悲惨，他的头颅被割下，浸泡在装满了他自己鲜血的皮袋当中。不过，居鲁士大帝的遗体却被填满了香料送还给了居鲁士大帝的长子冈比西斯（即后来的冈比西斯二世，Cambyses Ⅱ）。他当时守卫着巴比伦，并在为接下来侵略埃及做准备。不过对于上述情况，希罗多德本人也承认并不确定。

---

[1] 那波尼德斯有超过十年的时间都生活在阿拉伯半岛北部一处沙漠绿洲的神庙当中。
[2] Marduk，古代美索不达米亚地区信仰的神明之一，巴比伦城的守护神。

史料记载中居鲁士大帝的世系

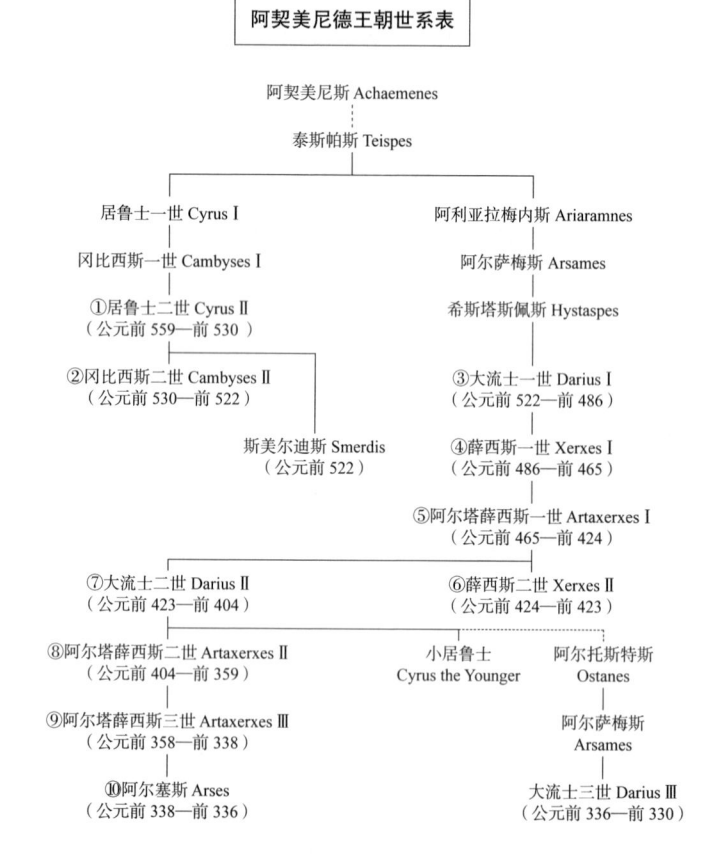

阿契美尼德王朝世系表

阿契美尼斯 Achaemenes
|
泰斯帕斯 Teispes

左支：
- 居鲁士一世 Cyrus I
- 冈比西斯一世 Cambyses I
- ①居鲁士二世 Cyrus II（公元前 559—前 530）
- ②冈比西斯二世 Cambyses II（公元前 530—前 522）
- 斯美尔迪斯 Smerdis（公元前 522）

右支：
- 阿利亚拉梅内斯 Ariaramnes
- 阿尔萨梅斯 Arsames
- 希斯塔斯佩斯 Hystaspes
- ③大流士一世 Darius I（公元前 522—前 486）
- ④薛西斯一世 Xerxes I（公元前 486—前 465）
- ⑤阿尔塔薛西斯一世 Artaxerxes I（公元前 465—前 424）
- ⑦大流士二世 Darius II（公元前 423—前 404）
- ⑥薛西斯二世 Xerxes II（公元前 424—前 423）
- ⑧阿尔塔薛西斯二世 Artaxerxes II（公元前 404—前 359）
- 小居鲁士 Cyrus the Younger
- 阿尔托斯特斯 Ostanes
- ⑨阿尔塔薛西斯三世 Artaxerxes III（公元前 358—前 338）
- 阿尔萨梅斯 Arsames
- ⑩阿尔塞斯 Arses（公元前 338—前 336）
- 大流士三世 Darius III（公元前 336—前 330）

那么，当时的史料能在何种程度上佐证希罗多德的记述呢？居鲁士大帝在帕萨尔加德修建宫殿，那里或多或少残留了一些碑文。当时的伊朗人已经从美索不达米亚人那里学会了使用楔形文字，开始书写记录自己的语言。碑文上的文章篇幅极短，却记述了居鲁士大帝出身于阿契美尼德

（Achaemenid，古波斯语：Haxamaniš）家族，以及他是冈比西斯王（Cambyses，古波斯语：Kambūjiya）之子的信息。根据铭文内容，可以判断是宫殿营建碑文。不过最近就此观点出现了反对的论调。反对者的依据是，古代波斯语的拼写法在居鲁士大帝时期尚没有完成，帕萨尔加德的碑文应该是某个人（很有可能是大流士大帝）有意宣扬自己与居鲁士大帝和阿契美尼德王朝之间存在关联，而于后世所添加的内容。但这种说法并不正确。究其原因，这无法说明那些熟习古波斯语记述方法和文字雄辩的书写者是出于何种原因写下了如此简短的铭文。

居鲁士大帝多数情况下被称为居鲁士二世。"居鲁士"的名号源自先前曾提及的，于公元前640年时将自己的长子阿鲁库送往亚述充当人质的泰斯帕斯之子库拉斯——即安善之王居鲁士一世。泰斯帕斯是安善之王，大流士大帝（Darius the Great，即大流士一世，Darius I）称他为自己的曾曾祖父，出身于阿契美尼德家族。同样被居鲁士大帝视为家族祖先的阿契美尼斯（Achaemenes），除了名字以外，他在世系图谱之上居于何种地位，有何事迹，我们一概无从知晓。伊朗人中流行长子沿用祖父名字的风俗，居鲁士大帝的父亲与儿子，同样都使用了"冈比西斯"的名字，如此说来，居鲁士大帝的祖父应当也叫"居鲁士"。换言之，如果我们将居鲁士一世认定为居鲁士大帝的祖父，那样一来，居鲁士大帝就应当是居鲁士二世。而作为人质的阿鲁库，就应当是居鲁士大帝父亲冈比西斯的兄弟，或者就是冈比西斯本人。

而上述世系中的问题在于居鲁士一世与居鲁士大帝之间相隔的年数过长。如果在公元前640年时居鲁士一世将儿子送往国外当人质，那么他本人至迟不会晚于公元前670年出生。居鲁士大帝击败米底是在公元前550年，当时他年仅20岁。可是这样一来，祖孙之间相隔便超过了100年。通常古代人一世代的间隔大致为20年。而在这种情况下，居鲁士一世与居鲁士大帝之间应该还存在着两代人——如果他们真的存在的话，我们姑且称之为泰斯帕斯二世和居鲁士二世——这样才更加合乎逻辑。那么按照这一推理，居鲁士大帝就应该是居鲁士三世了。不过，以上假设并没有任何证据可以支撑，因此，我们在本书中依然采取居鲁士大帝为居鲁士二世的通说。

居鲁士大帝的征服事业

作为同时代的文献记录，新巴比伦末代君王那波尼德斯的年代记有着极高的可信度，根据该年代记所述："在那波尼德斯治世的第六年（即公元前550/前549年），伊苏图美谷（阿斯提阿格斯）率军出击安善王居鲁士。结果阿斯提阿格斯的军队发生了叛乱，阿斯提阿格斯被逮捕，并移交给居鲁士。居鲁士进入阿伽美塔努（阿卡德语Agamatanu，即埃克巴坦那），将城中的金银珍宝悉数掠夺回安善。"西帕尔出土的文书则记载着在那波尼德斯统治的第三年："米底发生了叛乱，米底王的臣下安善王居鲁士以少数军队大破米底的大军，并俘获了米底王阿斯提阿格斯。"两条文献内容大致相差无几，其存在应该足以说明希罗多德关于米底灭亡的记述是正确的。

接下来再回到那波尼德斯的年代记，其中这样记录进攻吕底亚的情况："在那波尼德斯即位后的第九年（即公元前547/前546年），波斯（Parsu）王居鲁士渡过底格里斯河……向吕（底亚？）[①]进军，消灭了那里的王。"希罗多德同样留下了关于居鲁士大帝征服吕底亚的记录，但是吕底亚王在投降后并没有被杀死，而且居鲁士大帝为征服吕底亚而渡过底格里斯河一事也令人感到费解，因此这段那波尼德斯年代记中的记述应该不是指的吕底亚。

居鲁士大帝的内政

居鲁士大帝被后世赞誉为理想的君主，然而他治世期间却不得不费尽周折与各地的反波斯势力交战，在内政方面的实际建树并不明显。大致上，他原封不动地沿袭了米底的体制。进入巴比伦城以后，居鲁士大帝自称"王者之王"，他统治下的米底人和波斯人并无实质区别。当时的巴比伦生活着为数众多的不同民族的居民。据《圣经·旧约》的记述，居鲁士大帝释放了被囚禁的犹太人，并允许他们重建耶路撒冷的神殿，因而被犹太人称赞为"救世主（Messiah）"。诚然，居鲁士大帝对其统治下的诸民族与诸文化采取了宽容的态度。作为新兴的少数者的波斯人，要统治拥有极其成熟的文明和悠久历史、人口压倒性众多的东方之地，宽容是必不可少的。居鲁士大帝宽

---

① 原铭文处标记"吕底亚"地名的字迹因破损严重难以识别，有研究者认为开头首字母为"U"，其实是"Urartu"（乌拉尔图）。

圆筒形黏土板，记录了居鲁士大帝向巴比伦颁发的布告

宏大度，不仅恩及犹太人，也对其他民族一视同仁。记录着居鲁士大帝在进入巴比伦城之际所颁布的布告的圆筒黏土板现如今已经被发掘出土，该黏土板使用了巴比伦当地的巴比伦语，宣称居鲁士大帝得到了巴比伦之神马尔杜克授予的权威，从中不难读出居鲁士大帝所采取的怀柔姿态。

居鲁士大帝任命他的长子冈比西斯为巴比伦的守卫，自己则在出生地帕萨尔加德开始兴建庞大的宫殿。宫殿广泛吸收了亚述、巴比伦、埃及、埃兰的图像表现手法和建筑方式，更添加了希腊化的建筑样式，成为融合多种文化的建筑。帕萨尔加德也是居鲁士大帝陵墓的所在地。他的陵墓由巨大的石块堆砌而成，带有人字形的墓顶，如同没有刻意的装饰、朴实无华的房屋，高大且不设一窗。居鲁士的遗体被安置其中，有专门的祭司负责守护，每天都会奉上活羊作为祭品，这种祭祀贯穿了整个阿契美尼德王朝始终。

帕萨尔加德的宫殿没有完工，也不曾投入使用，只是在历代波斯王的即位仪式时，新王都会在这座宫殿中披上居鲁士大帝的外衣。在200余年以后，前来造访这座陵墓的亚历山大大帝在查看居鲁士大帝的遗体时，并没有提到遗体上有受到损伤的迹象，前文所说的居鲁士在马萨格泰战役中被取走首级的记述很可能是希罗多德的误解。此役即使居鲁士大帝战死疆场，最终胜利的也应当是波斯人，因为在这之后马萨格泰人再没有对波斯构成威胁。居鲁士大帝的统治是在其长达30年的在位期间逐步确立的——当他突然战死后各地没有掀起明显的叛乱和骚乱便是最好的证据。其长子冈比西斯继承王位没有遇到任何的问题。

居鲁士大帝陵寝，石台之上仅有一座简单的石室建筑，没有任何铭文保留至今

居鲁士大帝兴建的帕萨尔加德宫殿遗迹

冈比西斯王远征埃及

冈比西斯在即位四年以后，开始了其父王筹备已久的埃及远征。在当时的埃及，统治者、希腊佣兵、腓尼基船队之间产生了不和。尽管希腊佣兵队长已经投向敌人，但埃及法老阿玛西斯（Amasis，即阿玛西斯二世，Amasis Ⅱ；公元前570—前526年在位）依然选择迎击获得叛徒帮助且勇猛精锐的波斯军队，最终在尼罗河口的珀留希昂战役开始（Battle of

Pelusium）前去世。新任法老普萨美提克三世（Psammeticus Ⅲ/Psamtik Ⅲ，公元前526—前525年在位）不敌冈比西斯的军队。冈比西斯于公元前525年取得了上下埃及的王位，建立起埃及第二十七王朝。冈比西斯最初一直尊重埃及的体制，打算任命埃及人的祭司为法老，但战败的普萨美提克三世试图再度掀起叛乱，于是冈比西斯便任命波斯人雅利安提斯（Aryandes）为总督，将埃及纳入了波斯的军管区制度之下。

统治埃及

冈比西斯王在埃及停留了五年。这期间他鲁莽地尝试远征埃塞俄比亚，另一支前往阿蒙绿洲的远征军则全军覆没。他又远征迦太基，却因为腓尼基舰队的反对而作罢。此外，据说冈比西斯在孟菲斯时还曾突然失去理性，扑向神牛并试图用刀刺杀它。在希罗多德看来，以上种种行径说明冈比西斯已经严重失去了理性，成为一个倒行逆施、残暴不仁的君王。据说，冈比西斯曾为了与自己爱慕的妹妹结婚而曲解波斯的律法，又将自己弟弟秘密杀害。

以上这些记述究竟有多少能反映事实的真相呢？希罗多德关于埃及的主要情报来源是神官们的一面之词，而他们对于冈比西斯的评价一向是极为恶劣。究其原委，在于冈比西斯实施政策，大幅削减了当时埃及最富裕的神庙的岁收。因此神官们对冈比西斯的恶评明显是有意为之，希罗多德尽管听闻了这些事情却并未对此予以解释。远征埃塞俄比亚和出兵阿蒙绿洲的失败，不过是军事指挥官在战略上的失败。换言之，这是冈比西斯在军事才能方面的问题，却不能证明他的癫狂。

关于"阿匹斯（Apis）"事件，实际上也存在着不同的说法。所谓"阿匹斯"，是指阿蒙神殿中饲养的神圣公牛。这种神牛作为特殊的象征，死后会被制作成木乃伊安葬，同时祭司们会再度寻找转生的阿匹斯神牛作为崇拜的对象。对孟菲斯的阿匹斯神牛埋葬地的发掘调查，确认了一头阿匹斯神牛死于公元前525年的8月，但是该神牛的遗体上并没有刺伤的痕迹，明显是自然死亡。这头阿匹斯神牛死后，一般会在70天的丧期之后安葬。而且盛放这头神牛遗骸的棺椁是冈比西斯捐赠的。下一任的阿匹斯神牛诞生于公元前525年的8月25日，按照以往的方式选定，这头公牛活到了8岁，即大流士大帝在位的第四年时方才死去。这些事实充分反映出冈比西斯对其他民族传统和宗教的尊重，足以证明他是居鲁士大帝的正统后继者。

有关冈比西斯与亲妹妹结婚一事也有着不同的解释。冈比西斯至少有三个姐妹和一个弟弟。在远征埃及以前，他已经与其长姐阿托莎（Atossa，阿维斯塔语：Hutaosa，胡桃莎）结婚，在远征之际命其留守，选择另一个妹妹与自己同行。希罗多德就将此视作冈比西斯爱恋其妹并与之结婚的证据，不过近亲通婚在古代东方并非禁忌，在埃及和埃兰身居高位者之间还是一种常见的风俗习惯。据说这位同冈比西斯前往埃及的妹妹后来因流产而亡。

不过，关于冈比西斯弟弟的情况却流传着奇妙的说法。据希罗多德所言，冈比西斯的弟弟名叫斯美尔迪斯（Smerdis），冈比西斯害怕弟弟名望太高，秘密派人将其杀死。不过，由于这件事是秘密执行的，一名与斯美尔迪斯同名且长相极为相似的麻葛僧侣（米底祭司），自称行踪不明的斯美尔迪斯，进入巴比伦城的王宫。他骗过了那些因冈比西斯长期不在而渐生不满的留守之人，登上了王位。据说此人与斯美尔迪斯的相似程度不仅成功骗过了后宫留守的家族成员，无人对其产生疑心，甚至冈比西斯自己都怀疑应该已经被杀死的王弟实际尚在人间。而唯一能够说明此人不是王弟斯美尔迪斯的证据，就是这个僧侣在年轻时曾因为获罪被割去了耳朵。因此，这位"王弟"经常裹着头巾，决不让任何人看到他的头部。最终怀疑这位斯美尔迪斯是冒牌货的，是以拥有阿契美尼斯家族血统的大流士为首的七位贵族。其中一位贵族奥塔涅斯（Otanes）的女儿在后宫中借被临幸的机会确认了这位"王弟"是否为两只耳朵。这些贵族得到了结果后确信"王弟"为冒牌货，于是在祭日时共同将斯美尔迪斯杀死。此时冈比西斯已死，协商之后，大流士登上了波斯王位。

关于此事，大流士在《贝希斯敦铭文》（Behistun Inscription）当中也有与希罗多德几乎相同的记述。依据铭文记载，冈比西斯同父同母的弟弟名为巴尔蒂亚（Bardiya）。冈比西斯在远征埃及之前，杀死了巴尔蒂亚并且秘而不宣。此后一个名为高墨达（Gaumata）的麻葛（祭司）发动叛乱，并且宣布自己就是巴尔蒂亚。人们都相信了高墨达的话并拥戴他登上王位。冈比西斯死后，那些对巴尔蒂亚真伪抱疑虑态度的人们都对他所说的话感到畏惧。然而大流士却与伙伴们一起杀死了巴尔蒂亚，最终接掌了王位。

以上两则传说极其相似，但还是不能认作就是事实。首先，希罗多德所谓的拥有相同名字又能完全欺瞒亲姐妹的人物，很有可能就是斯美尔迪斯本人。再者，父王在世时就已经被立为继承人、会顺利即位的冈比西斯，在没有继承人的情况下没有理由将唯一的亲弟弟视为障碍。而且身处王位侧近的巴尔蒂亚被杀死又怎么会无人知晓呢？鉴于巴尔蒂亚的女儿已经成年，很难想象巴尔蒂亚身边会没有阿谀奉承之人。希罗多德关于此事的观点完全采纳了大流士的说法，换言之，希罗多德此次的情报来源很可能就是与大流士极为亲近的人物。

关于冈比西斯，如果暂且抛开其癫狂与异常的状况，实际上他是一位非常优秀的统治者。尽管他即位后的大部分时间不在国内度过，但是直到他踏上归国之途时，庞大的帝国都不曾泛起一丝的波澜。当冈比西斯归国途经叙利亚时，才听说有人以弟弟巴尔蒂亚的名义发动叛乱的消息，并在制定对策期间病死。根据希罗多德的说法，冈比西斯之死是阿匹斯神牛作祟引发事故的结果，但根据古波斯语史料来看，则属于自然死亡。

大流士大帝

大流士大帝即位

大流士大约在公元前 550 年，出生于波斯居鲁士大帝的同一个家族中。大流士之父希斯塔斯佩斯（Hystaspes）自居鲁士大帝时代就被任命为希尔卡尼亚（Hyrkania）和帕提亚（Parthia）的总督。大流士自己曾在冈比西斯远征埃及时作为长枪扈从随军前往。长枪扈从一般由君王极为亲近的人就职，地位极高。不过，自冈比西斯死后，同行的大流士便消失了身影，应该是先一步归国并前往其父所在的帕提亚。此前，大流士已经与巴比伦总督高布里雅斯（Gobryas）之女结婚，二人育有三个孩子。

巴尔蒂亚的叛乱开始于公元前522年的3月，始自波斯亚（今法尔斯地区）的派西亚瓦达（Paishiyauvada，也许是帕萨尔加德）。当时曾发行有刻印巴尔蒂亚年号的货币。大流士坚称巴尔蒂亚是麻葛（祭司）高墨达冒充的，于是在同年的9月，与其合谋者将巴尔蒂亚杀死，随后自己即位为王。

大流士即位后，帝国内部立即产生了剧烈的动摇，埃兰、巴比伦和米底，甚至波斯本土都陆续有人自立为王、掀起叛乱。居鲁士建立的帝国一度陷入了分崩离析的危机中。大流士与9名自立为王的人先后进行了19次战斗，将他们悉数打败，为此他在贝希斯敦修建了胜利纪念碑，同时用古波斯语、阿卡德语和埃兰语雕刻铭文。贝希斯敦浮雕中的大流士一脚踏在高墨达身上，面前是9名脖颈上套着绳索的伪王。当然，浮雕所描绘的并不是实际的场景。在埃兰和米底自称为王的反叛者在战斗结束后就被在当地处刑，因此根本不可能出现9名伪王全部出现在大流士面前的场景。

大流士豪迈地宣称自己在一年之内就平定了所有叛乱。这一时期规模最大的战役是以米底的弗拉欧尔特斯（Phraortes）为对手在库恩杜路（Kunduru）进行的战斗，据说当时大流士杀死了34425人，俘获了18000人。

第四章　波斯阿契美尼德王朝的成立与发展

贝希斯敦的大流士大帝胜利纪念碑，浮雕中描绘着九名身披枷锁的伪王被置于大流士大帝面前的场景

大流士即位的问题点

倘若将大流士面临的事态与冈比西斯即位时的情况加以比较，居鲁士大帝的帝国安定，冈比西斯也得以顺利继承王位；而大流士的即位可以说招致了帝国全域的反对。大流士自即位伊始就是一位极具能力的统治者，此后帝国依然由他的子孙统治，反大流士的势力究竟出于怎样的动机掀起叛乱、有怎样的主张，时至今日已无从知晓。在《贝希斯敦铭文》中，大流士特别强调，自己是受到阿胡拉·马兹达神的恩惠才成了王。以此类推，大流士绝对不会在涉及王位继承的立场上保持沉默。尽管与居鲁士大帝同属阿契美尼斯家族世系，但是从血统上讲，比大流士更加接近居鲁士的人不在少数，大流士的父亲以及祖父，在公元前522年时应该尚在人间。大流士越过了父亲和祖父自己登上了王位。

据说大流士即位之后，在镇压叛乱的同时，也接收了冈比西斯的后宫，他不仅迎娶了被认为是最高权力者的阿托莎，还与居鲁士其余的女儿们结婚，甚至迎娶了巴尔蒂亚的女儿。此后，大流士和阿托莎生下了薛西斯（Xerxes），于是大流士便无视他先前婚姻所生之子，立薛西斯为皇太子，并确保一切机会让薛西斯成为后继者。大流士由于血统上存在弱点，无法为自己的王位正统性提供有力的主张。比起大流士，居鲁士大帝的子孙在王位继承权方面可能具有更强的主张，连大流士的父亲希斯塔斯佩斯都比大流士在血统上更加接近居鲁士。因此，大流士应该是为了避开危机才选择自己与阿托莎所生的薛西斯作为后继者。

在冈比西斯没有子嗣的情况下，巴尔蒂亚是他唯一的继承人。如果巴尔蒂亚没有被杀，而只是掀起叛乱的话，那么在冈比西斯去世后，他就会顺理成章成为王位继承者。正因如此，大流士才会坚称巴尔蒂亚是冒牌货，讨伐巴尔蒂亚是遵循了冈比西斯的意志，如此一来也就使自己的行为正当化。换言之，实际上很可能大流士本人才是王位篡夺者。

不过，镇压所有叛乱、稳固了王位的大流士，在内政外交领域也都建立了丰功伟绩。波斯的领土进一步扩大，东抵印度的旁遮普地区。大流士部下指挥官斯基拉克斯（Scylax）率领舰队顺印度河而下，沿印度洋海岸航行了30个月后，抵达埃及。这期间，波斯人曾与东北地方的萨卡人交战，并镇压了小亚细亚和埃及的叛乱。公元前513年，波斯人攻入黑海北岸，袭击了斯基泰人的根据地，由于斯基泰人采取焦土作战，波斯军队不得不撤退。但是，此时波斯人已经取得了色雷斯的领土，从而获得了进攻希腊的跳板。

波斯帝国体制的确立

中央集权制

大流士大帝将居鲁士大帝建立的波斯帝国加以整备完善。根据居鲁士集中了全部的权力和情报这一点来判断，当时波斯帝国实行的是中央集权制。但地方上实行亚述的军管区制度，设置总督管辖，全国划分为20至29个拥有相当大自治权的行省（satrapy）。总督原则上由波斯人担任，但也有例外。总督不仅每年要征缴规定额度的贡物（税），还担负着在君主作战时率军参战的义务，但总督们可以根据领地内的传统和文化加以自由统治。当然，所谓的"自由"也经常处于被称为"王之目"和"王之耳"的波斯王直属官僚的监督之下。"王之目"和"王之耳"的官职名源自希罗多德的记述，事实上如今并不清楚这些职位在波斯语中对应的称呼。"王之目"大概是指监视官一类的官职。针对这一官职名称，虽然用波斯语进行了各式各样的假设，但史料中却未曾发现明确的职位名可予以判定。不过"王之耳"大概可以确定是指间谍一类的人员，莎草纸（papyrus）文书中将其记载为"Gaušaka"，即"听者"的意思。

波斯宫廷是由王的子嗣和亲族即所谓的王族，以及波斯和米底贵族构成。此外也包含伊朗人以外的贵族，以及被称为"王的友人"或"王的建言者"等人员。各被征服地的王公贵族和流亡者等也以食客的身份进出宫廷。当时波斯帝国还存在着类似于枢密院的国王咨询机关，但其具体情况现今并不清楚。由持弓者和持长枪者组成的护卫队都是国王最信赖的人。大流士大帝将帮助他取得政权之人的任命情况铭刻在贝希斯敦的浮雕上。宫廷设置有类似宫内厅①长官的职位，另外还设置有法官、财务官、征税官等负责帝国的运行。这一整个官僚制度是波斯中央集权制的支柱。

王权的另一个支柱是军队。波斯王的军队由百、十、千、万的单位构成，各个单位均设有指挥官。统率军队的将军从王的亲族中选任。波斯王的直属精锐部队由一万名波斯人组成，称为"不死队"。同等数量的米底人组成波斯王的护卫部队。军队当中除了装备弓箭和矛枪的步兵以外，还配置了骑兵、骆驼兵、战车兵等兵种。爆发战争时，贵族和总督从各地率军参战。希腊人作为波斯第一支雇佣兵，从很早以前就已成为波斯军队中的重要构成要素。

以彩砖烧制成的波斯卫兵形象，苏萨出土

① 宫内厅指协助皇室的机构，负责处理皇室的一切事务。

在如此广大的帝国中，中央集权制要充分发挥机能，必须要让情报能够在帝国的各个地区之间迅速地传达。大流士完成的道路网被称为"王之道"。"王之道"从小亚细亚的萨迪斯出发，一直延伸到苏萨，长度达 2400 千米。这条驰道上共建立了 111 处驿站，并设置道路监督官进行管理。据说这条驰道步行通常要 90 日，或者快马不停地奔驰 7 天才能走完全程。如今这条"王之道"的正确线路和位置，我们已无从知晓。但目前发现了一部分驿站遗址，路面铺石，可供马车行走。路旁建有标识距离的路标，这在军队的移动和物资的搬运，特别是情报信息的传递方面发挥了巨大的威力。大流士同样整备了从巴比伦到米底通向东方的呼罗珊等地的其他道路，使其得以频繁使用。

大流士大帝在中央集权制下最重要的措施就是统一了度量衡。银币和铜币的质地优良，由行省总督和将军铸造，在帝国各地流通。埃及的行省总督阿尔安迪斯（Aryandes）据说曾因铸造银币的问题遭到惩罚，这大概说明了银币的铸造必须要经过君主的许可。金币全部在吕底亚铸造，金币上铸有大流士本人骑马引弓的形象，这种金币被称作"大流克（daric）"。大流克金币的发行权完全归波斯王所有。但是，苏萨以东地区并没有铸币制造所，据说金币一般也不在帝国境内流通，而是通常由大王将其作为馈赠物或支付给雇佣兵的薪饷来使用。

大流克金币

阿契美尼德王朝的行省表（根据希罗多德《历史》卷3：89—97）

	民族及地方名	大流士碑文中的名字	税额及贡品（税额按银计算，单位为塔兰特）
1	爱奥尼亚人 Ionian	Yavana/Yauna	400
	马格尼西亚人 Magnesian		
	伊奥利亚人 Aeolian		
	卡里亚人 Carian	Kurka	
	吕基亚人 Lycian		
	米留亚人 Milyan		
	潘菲利亚人 Pamphylian		
2	密西亚人 Mysian		500
	吕底亚人 Lydian	Sparda（Sardis）	
	拉索尼欧伊人 Lasonian		
	卡巴里欧伊人 Cabalian		
	休坦尼斯人 Hytennian		
3	弗里吉亚人 Phrygian	the countries by the Sea	360
	色雷斯人 Thracian		
	帕夫拉戈尼亚人 Paphlagonian		
	玛利安杜尼亚人 Mariandynian		
	叙利亚人 Syrian（卡帕多西亚 Cappadocia）	Katpatuka	
4	奇里乞亚人 Cilician		500，白马360匹
5	（叙利亚 Syria）	Abarnahara Across the River	350
	腓尼基 Phoenicia		
	塞浦路斯 Cyprus		
6	埃及 Egypt	Mudrâya	700，驻军费用
	利比亚 Libya		

（续表）

	民族及地方名	大流士碑文中的名字	税额及贡品（税额按银计算，单位为塔兰特）
7	萨塔基达伊人 Sattagydian	Thataguš	170
	甘达拉人 Gandarian	Gadâra	
	达迪卡伊人 Dadicae		
	阿帕里塔伊人 Aparytae	（Harauvatiš？）	
8	苏萨 Susa	Elam (Ûvja)	300
	基西亚人 Cissian		
9	巴比伦 Babylon	Bâbiruš	1000，宦官500人
	亚述 Assyria	Athurâ	
10	米底 Media	Mâda	450
	帕里卡尼欧伊人 Paricanian		
	欧尔托科琉潘提欧伊人 Orthocorybantian		
11	卡斯匹亚人 Caspian /Caspii	Mountaineers	200
	帕乌西卡伊人 Pausicae		
	潘提马托伊人 Pantimathi		
	达利依塔伊人 Daritae		
12	巴克特里亚人 Bactrian	Bâkhtriš	360
13	帕克图伊卡 Pactyic		400
	亚美尼亚 Armenia	Armina	
14	萨伽尔缇欧伊人 Sagartian	Asagarta	600
	萨朗迦伊人 Sarangaean	Saranga	
	塔玛奈欧伊人 Thamanaen		
	乌提欧伊人 Utian/Utii		
	米科伊人 Myci/Menci		
15	萨卡人 Sacae/Sakai	Saka haumavarga	250
	卡斯匹亚人 Caspian /Caspii		

(续表)

	民族及地方名	大流士碑文中的名字	税额及贡品（税额按银计算，单位为塔兰特）
16	帕提亚人 Parthian	Parthava	300
	花剌子模人 Chorasmian	Uvârazmîy	
	粟特人 Sogdian	Suguda	
	阿列欧伊人 Arian/Arii	Ariya	
17	帕里卡欧伊人 Paricanii / Pricanian		400
	（亚细亚的）埃塞俄比亚人 Ethiopian		
18	玛提耶涅人 Matieni	Mountaineers	200
	撒斯佩勒斯人 Saspires		
	阿拉罗迪欧伊人 Alarodian		
19	莫斯科伊人 Moschi		300
	提巴勒诺伊人 Tibareni		
	马库罗内斯人 Macrones		
	莫叙诺依科伊人 Mossynoeci		
	马勒斯人 Mares		
20	印度人 Indian	Hinduš	沙金 300 塔兰特
其他	波斯人 Persian	Pârsa	免税
	色雷斯与马其顿 Thracia & Macedonia	Scudra/Skudra	税额不详
	埃塞俄比亚人 Ethiopian	Kush	金、黑檀木（木材）200 株、少年 5 人、象牙 20 枚
	科尔基斯与高加索 Colchis & Caucasus		每五年进贡少男少女各 100 人
	阿拉伯人 Arabian	Arabâya	乳香 1000 塔拉特

备注：本表仅针对阿契美尼德王朝时代的情况，米底时代诸省的具体情况不详。

波斯波利斯

波斯波利斯宫殿是大流士大帝兴修的,不过其建设并不止于大流士时代,而是伴随着整个阿契美尼德王朝的始终。但是,如今我们并不清楚波斯波利斯宫殿的实际用途。阿契美尼德王朝的历代君王,通常夏季时居住在位于高地的米底城市埃克巴坦那,冬季时则在位于低地的苏萨度过,而且宫廷、宝库都会随着国王一同迁移。巴比伦也是重要的王宫所在地。波斯波利斯在被亚历山大大帝焚毁以前,不曾为希腊人提及,因此有观点认为波斯波利斯(当时的波斯语名称不明)很可能是波斯帝国的神圣都市,对波斯以外的人来说是不曾知晓的秘密。但是波斯帝国绝不是只有波斯人的国家。仅以希腊人为例,在当时波斯帝国中有大量的希腊雇佣兵,宫廷内录用了许多像医者这样拥有特殊技能的希腊人,而且波斯波利斯的建筑也采用

波斯波利斯远景

了希腊人的建筑技术，等等，所以秘密都城的说法并不成立。宫殿内到处都装饰着所谓的"纳贡图"，图上描绘着帝国各地的人们进献大量贡品的场景。

在波斯波利斯并没有发现出自大流士大帝之手的正式建筑碑文，但是却发现了大量用埃兰语书写的涉及行政与宫廷经营方面的实用文书，这不免让人对这座宫殿的实际用途产生怀疑。从这一点上讲，波斯波利斯宫殿与居鲁士大帝建造的用来保护其墓所、除王位继承仪式外都不会被使用的帕萨尔加德宫殿有着极大的不同。

关于波斯波利斯的用途，有一种说法认为它是每年庆祝新年时使用的春季宫殿。伊朗的新年以春分日为伊始，每当临近春分时，来自帝国各地的赋税和贡品都会陆续运送到波斯波利斯。据希罗多德说，各地的总督除了要上缴被摊派的一定税额以外，还会从各自辖区内的特产中进献一定种类和数额的贡品。各个行省之中要缴纳税额最多的是巴比伦和印度。而君王及王室出身的波斯行省却被免除了所有的赋税和贡品。关于贡品方面，奇里乞亚要进贡白马360匹，巴比伦要进贡宦官500名，印度则要进贡沙金。希罗多德记述中提到的税额和贡品规模，与波斯波利斯浮雕中描绘的纳贡场景是一致的。

春季宫殿说还有一项根据，就是绘刻着狮子从背后吞噬公牛形象的浮雕，这被认为是春天的象征。在美索不达米亚发达的天文学中，公牛是代表春季的星座，狮子是代表夏季的星座，波斯波利斯浮雕像中的狮子吞噬公牛形象代表着春季到夏季的交替过程。但是，按照这种说法，这应该是为了庆祝夏季的到来，用春

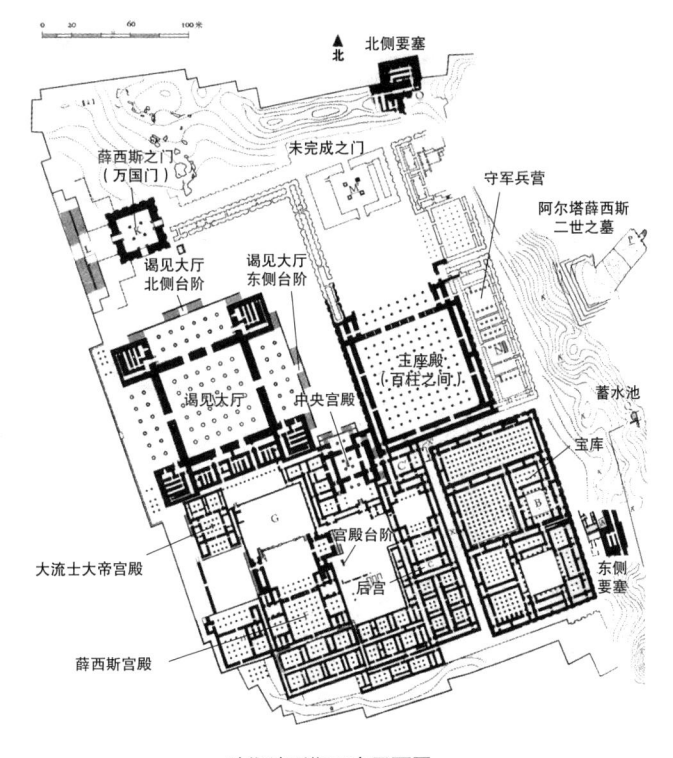

波斯波利斯王宫平面图

季被吞噬的场面来庆祝春季的到来，从理论上讲是说不通的。即使在过去3000年的时间里，星座的位置发生了移动，但也不至于完全不同。动物战斗的场景屡屡出现在游牧民族作品当中，狮子捕获食物的场景也是美索不达米亚所喜爱的主题，因此不必认为波斯波利斯的狮子吞噬公牛浮雕存在太深刻的意义。

然而，波斯波利斯的浮雕从总体上看非常富有启示性。首先，波斯波利斯的许多地方都有大流士的雕像。在这些画面之中，大流士大帝的形象被刻画得极大，喻示着王权的强大。接

担载着沙金远道而来的印度人

戴尖帽的萨卡人

狮子从背后扑食公牛的浮雕

受纳贡的大流士大帝身后是皇太子薛西斯的立像。如此，让身为后继者的薛西斯给人留下深刻印象。充当波斯王护卫的是身着丈余长的长裙般服饰的波斯人，与身着束腰短裙的米底人，两人并列而立，强调二者处于帝国的中心。另外，浮雕还有描绘大流士端坐的玉座由帝国内各种各样的人支撑着的场景。根据浮雕画面，这些身着各地服饰的人们手捧特产贡物，在专人的引导下前往谒见大厅，这类场景大概正是让世人认识到波斯帝国由多种民族构成的一种手段。

守卫着波斯波利斯之门的是象征着亚述和埃兰的幻想怪兽——巨大的人面狮身像和公牛像，石柱上装饰着公牛和其他动物的巨大头像。无论是图像表达方法，还是技术手段，都堪称当时世界文化艺术的集大成之作。正如希罗多德所说的那样，波斯人会从其他任何一个民族那里汲取自己觉得优秀的东西。

另外，阿契美尼德王朝特别喜欢有翼圆盘的图案。

有翼圆盘在埃及是太阳或太阳神之子荷鲁斯（Horus）的象征，这一主题在叙利亚和亚述也广受欢迎，常被采

在波斯波利斯随处可见的有翼圆盘浮雕

用。不过，有翼圆盘的主题在传播过程中逐渐失去了与太阳有关的含义，亚述通常将太阳神沙马什描绘为别的形象。波斯的情况也是同样，太阳和月亮虽然都被描绘为有翼圆盘的形象，但二者却被认为有明显的不同。从圆盘之中升起的蓄须半身人物，下半部分似乎是对王的祝福，又或是致意，但其意义目前仍存在着各种争论。19世纪以来，这一形象大多被解释为波斯人的神阿胡拉·马兹达，然而，阿契美尼德王朝的史料却从未提到过这一图像表现的就是阿胡拉·马兹达。这一图像自从阿契美尼德王朝以后便逐渐不再使用了，到了萨珊波斯时期彻底消失了踪迹。19世纪以后兴建的寺院和公共建筑物再度兴起了阿契美尼德王朝时代的有翼圆盘图案，但是琐罗亚斯德教徒并不将这一图案称为阿胡拉·马兹达的雕像，多数情况下称为先祖之灵弗拉瓦哈尔（Faravahar）。希罗多德也曾提到过波斯人既不修建寺院也不塑立雕像，因此很难想象阿契美尼德王朝初期究竟如何描绘阿胡拉·马兹达的形象。

琐罗亚斯德教信仰

　　大流士大帝的信仰，在他的碑文中已有极明确的阐述。大流士大帝表明自己虔诚地皈依天地的创造者阿胡拉·马兹达，并且宣称他能够取得王位正是由于阿胡拉·马兹达的恩惠。他愿意弃绝邪恶的虚伪，以实现正义为目标。而这也正是琐罗亚斯德教的核心。在伊朗高原东北部诞生的琐罗亚斯德教于居鲁士大帝时代传入波斯人当中。不过，米底那些接受过专门宗教训练、负责传统祭祀相关事宜的麻葛僧侣，最初是抵制琐罗亚斯德教传播的。希罗多德曾经提到米底的六个部族之一的玛吉人，"玛吉（magi）"的单数形式就是"麻葛（magus）"，麻葛即代表着祭司，也有占梦者的意思。自称巴尔蒂亚的麻葛高墨达曾刻意地破坏"阿雅达纳（Ayadanas）"，大流士大帝又将其重建。阿雅达纳究竟所指为何，我们完全不清楚。从语言学来看，阿雅达纳应该与祈祷有关，可能是指某处宗教建筑物。

　　在帕萨尔加德的郊外，有一处被认为是大流士大帝建造的宗教遗迹——两个用石头堆砌的祭坛。祭坛均在室外，其中一处燃烧圣火，另一处供君王站立，这与大流士大帝墓室浮雕所描绘的祭祀仪式场景完全一致，并且与希罗多德记述的波斯人的室外祭祀风俗相符。帕萨尔加德还遗留着一处被称作"所罗门囚室（Solomon's Prison）"的建筑物，其用途不明且早已残破不堪。不过，它遭到破坏的时期晚于巴尔蒂亚的年代，并且没有重建的痕迹。高墨达既自称是居鲁士大帝正统继承人巴尔蒂亚，应该不会破坏源自居鲁士大帝时的宗教建筑；

在大流士大帝兴建的波斯波利斯中，也没有类似的寺院建筑。从这一点来看，"阿雅达纳"可能并非波斯人所建，也许是与琐罗亚斯德教无关的、自古以来的某种民间传承信仰圣地，大概得益于居鲁士大帝的宗教宽容政策得以保留，但被高墨达破坏，又被大流士大帝重建。

麻葛们一旦接受了琐罗亚斯德教信仰，就会充分利用自己所受的宗教训练，伴随着波斯帝国扩张的步伐，将琐罗亚斯德教广泛地传播到帝国各地——事实证

"奥克瑟斯宝藏"中的黄金薄板，其中的麻葛形象身着米底人服饰，腰佩米底式短剑

明，他们确实为此做出了极大贡献。目前发现的公元前5世纪前后的遗物——"奥克瑟斯宝藏（Oxus Treasure）"，即一组出土于奥克瑟斯河（Oxus River，即现在的阿姆河）附近，迄今不能确定具体属于哪个遗迹的宝藏，其中出土物多是黄金制的精致工艺品。一枚黄金薄板上描绘了身着米底样式短衫和短裤的祭司形象，这大概是一位前往边境地带担任祭司的麻葛。

大流士大帝在波斯波利斯北方的纳库谢·鲁斯塔姆（Naqsh-e Rustam，即波斯帝王谷）岩壁上开凿陵寝。陵寝入口位于岩壁中部，岩体中开凿出三间墓室，每间墓室中都挖掘了被认为是安置棺椁处的墓穴。墓室内部既没有装饰，也没有

碑文。但是在陵墓的入口处，上方雕刻身着正装、手执长弓的波斯王向燃着圣火的祭坛致意的浮雕，下方雕刻支撑着波斯帝国的各种各样的人物形象的浮雕，入口两侧雕刻碑文，整体呈十字形。这样的陵墓形式反复使用于整个阿契美尼德王朝。波斯帝王谷共有四处波斯帝王陵寝，波斯波利斯背后的岩山中部也建有两处同样形式的陵寝。然而这些陵寝中埋葬的是谁？除了波斯之王，还有谁有资格被安置在同一陵寝之中？陵寝当中的遗体究竟是如何处置的呢？这些问题，我们现在都不知道答案。

　　大流士大帝在碑文中宣称自己得到了阿胡拉·马兹达的恩惠，高调宣称自己是雅利安人与非雅利安人之王，是"众王之王"。大流士的碑文与居鲁士大帝的碑文一样，都是用古代波斯语、埃兰语、阿卡德语三种楔形文字写成的。大流士大帝是

大流士大帝陵寝的浮雕

致力于古代波斯语普及的第一人。与仅有短篇碑文传世的居鲁士大帝不同，大流士大帝留下了三大碑文：《贝希斯敦铭文》（镇压叛乱纪念碑文）、波斯波利斯的建筑碑文以及帝王谷陵寝的碑文。除此以外，在埃及和米底等地也有发现。他的碑文的质和量，在同时代的古代波斯语史料中都可名列第一。此后的阿契美尼德历代诸王所遗留下的大量碑文基本上沿袭了大流士的形式，除了些许细节变化外，在文章方面几乎不再有创新。

不过，即使在大流士大帝时代，古波斯语也仅使用于公式文书和碑文中。当时，东方世界的共通语言是巴比伦语和亚述语，波斯帝国内部也使用埃兰语撰写事务性及实用性的文书。这反映出埃兰人向波斯帝国内部的渗透。波斯帝国日后的共通语逐渐被使用拼音文字、更简易的阿拉米语所取代。波斯帝国的共通语言转变为阿拉米语，大概是公元前4世纪初的事情。

希波战争

爱奥尼亚叛乱与希波战争

小亚细亚爱琴海沿岸地区被称为"爱奥尼亚"。从公元前10世纪前后开始，希腊的各个城邦（polis）在此兴建的殖民城邦繁荣了起来。公元前6世纪，吕底亚统一了小亚细亚，这些希腊殖民城邦逐渐形成联合体，并承认了吕底亚的宗主权。当波斯帝国开始统治此地时，萨迪斯的波斯人总督理所当然地继承了吕底亚的宗主权。大流士大帝发动的斯基泰远征以失败告终，曾经支持他的爱奥尼亚诸城邦伺机而动，企图脱离波斯的统治。这场运动的中心是米利都，自称"米利都及其同盟势力"的人们请求希腊的两大势力——雅典与斯巴达给予支援。斯巴达拒绝了这些人的请求，而意在染指小亚细亚与波斯财富的雅典则于公元前498年出兵小亚细亚，将萨迪斯付之一炬。

这场爱奥尼亚叛乱于公元前494年遭到镇压，因雅典介入而震怒的大流士大帝任命其外甥兼女婿的马尔德尼乌斯（Mardonius）为指挥官，于公元前492年出兵希腊。但是这支军队在由海路经过阿托斯海角时遭遇暴风雨，被迫撤退。接着，公元前490年，大流士大帝任命米底人达提斯（Datis）为将领，率领600艘战船组成的舰队进攻雅典。当这支军队在马拉松（Marathon）海岸登陆时，遭到了疾驰而来的1万名雅典公民军和紧急集结的普拉提亚（Plataea）军队出其不意的袭击，战败的波斯军队在雅典已经近在眼前的情况下被迫撤退。两度失利的大流士大帝恼羞成怒，偏偏此时上埃及又发生了叛乱，他只能先平息埃及叛乱，再筹划亲自远征希腊，结果公元前486年大流士便先去世了。

继位的薛西斯一世继承了其父遗志，在公元前480年率大军出征。他的军队总体规模空前庞大，根据希罗多德的说法，陆军由170万人的步兵和10万人的骑兵组成，海军由1207艘舰船组成，仅举行阅兵仪式就花费了一周的时间。经陆路进发的薛西斯一世的军队在温泉关（Hot Gates）隘口与斯巴达王列奥尼达斯（Leonidas）率领的以斯巴达军队为核心的少数希腊联军进行对战。在波斯大军前以一步不退的勇敢迎接悲壮牺牲的斯巴达军队获得了善战的美誉，战后在隘口处竖立了纪念碑。传说这是一场4000人对战300万人的战斗，这个数字被夸大了。薛西斯一世麾下有6位将军，另外还有各自指挥1万人的29名波斯贵族。他自己的"不死队"有1万人，若是设置每一位将军也指挥1万人，则波斯军队合计可达36万之众。若再加上舰队，可能达到50万人，即便如此，这也是一支史上规模空前的军队。

继续进军的薛西斯大军没有遇到抵抗便占领了雅典——市民们早已逃往海上，只留给薛西斯大军一座空城。雅典的舰队将波斯舰队诱入萨拉米斯海湾（Straits of Salamis），限制了波斯舰队的机动能力，从而赢得了奇迹般的胜利。结果，薛西斯一世的主力军唯恐陷入包围之中，便从雅典逃走了。一部分驻留的波斯陆军在帖撒利亚（Thessaly）越冬，翌年，他们在马尔德尼乌斯的率领下与希腊同盟军再度于普拉提亚交战，再次战败。从此以后，波斯帝国打消了侵略希腊的企图。希罗多德在其《历史》一书中，记述并分析了面对令人恐惧的波斯大军的侵略，以雅典为中心的弱小的希腊诸城邦联军如何与之战斗的经过。因为希罗多德的记述，世人在审视希波战争时，一般会将之当作东方专制君主体制的波斯帝国与民主体制的希腊之间的对决，但是现实却不能如此轻易地下定结论。

波斯帝国的希腊人

新兴波斯帝国的存在确实对地中海世界构成了威胁。然而，就如同爱奥尼亚的诸城邦居住着许多希腊人一样，波斯帝国的内部也存在大量的希腊人。参与希腊内部政争失败而流亡的人，为取得波斯帝国的支持复归本邦，常为波斯人出谋划策。再者，因受到战争等影响而逃往波斯的工匠和医生等人，有的也得到了波斯宫廷的重用，他们甚至还拥有一定的发言权。据说波斯帝国第一次命令马尔德尼乌斯出兵希腊本土，就是意图归国的希腊医生德摩凯德斯（Democedes）策划鼓动的；在马拉松登陆的提案，据说是出自企图复归雅典的僭主希庇亚斯（Hippias）的建议。先前已成为波斯领土的色雷斯和马其顿（Macedonia）为波斯军队提供了许多士兵。波斯帝国也陆续派人前往希腊，试图在雅典和斯巴达两城邦之间挑拨离间，通过贿赂赠礼的方式将政局导向有利于波斯人的方向。曾在萨拉米斯海战击败波斯军队的提米斯托克利斯（Themistocles），战后因政争失败而亡命波斯宫廷。希腊人也大量输出雇佣兵。在埃及，希腊雇佣兵甚至成了左右政治动向的重要因素。在小亚细亚的波斯军队中担任雇佣兵队长的希腊人门农（Memnon），曾在亚历山大大帝东征之际给他造成了极大困扰。

薛西斯一世绝非无能的君王。他应该不像悲剧作家埃斯库罗斯（Aeschylus）在《波斯人》（Persians）中描述的那样，是一个因害怕战败而逃回母亲阿托莎身边的人。但可以确定的是，薛西斯一世非常忠实于他的父王，他继续推进波斯波利斯的建设，建筑和陵寝的碑文全部沿袭了其父碑文的形式和文体。尽管薛西斯一世兵败于希腊，但是他的统治却并未因此产生动摇。从波斯波利斯发现的"戴瓦碑文（Daiva

Inscription)"提到，薛西斯一世将崇拜戴瓦（Daiva）之人斥为邪教徒，并予以激烈指责。关于戴瓦是否就是《阿维斯塔》中古老的邪恶之灵"坦厄娲"，目前尚无确凿的定论，但这件事明确反映出薛西斯一世强烈厌恶自己不认可为"正确"的其他信仰。据说当薛西斯进入雅典城时，他觉得以整个世界为家园的神明不宜待在狭隘封闭的建筑物里面，于是放火烧毁了"阿克罗波利斯"（Acropolis，即通常所说的"雅典卫城"）。还有说法称公元前482年巴比伦掀起叛乱之际，不同于大流士大帝，薛西斯将整个巴比伦彻底破坏，还拆除了马尔杜克神像。

希腊人医生科特西阿斯（Ctesias）曾于公元前4世纪时被掳往巴比伦，并且滞留当地达17年之久，回国后他撰写了一部题为《波斯史》（Persica）的庞大著作。他豪迈宣称自己滞留波斯期间，得到了波斯宫廷的充分信任，甚至获许出入波斯王的档案库。但是科特西阿斯书中的记录多与事实相左，谬误颇多，且充满了谣言与虚构，作为史料缺乏可信度。不过，科特西阿斯的著作确实是以实地见闻为基础撰写的，也确实曾在希腊被当作关于波斯的基本文献而阅读。据他的说法，薛西斯晚年时与皇太子大流士之间发生争执，因而被暗杀了。而皇太子大流士也遭人暗杀，其弟阿尔塔薛西斯一世（Artaxerxes Ⅰ）于公元前465年即位。在阿尔塔薛西斯长达近40年的治世之初，埃及获得了雅典的支援而掀起叛乱。阿尔塔薛西斯一世镇压了埃及的叛乱之后，迎接了雅典使者卡利亚斯（Kallias），在经过漫长的交涉后，双方缔结了被称为《卡利亚斯和约》

(The Peace of Kallias)的和平条约。雅典从此以后不再介入埃及问题。阿尔塔薛西斯一世没有像他父亲薛西斯那样率领大军征战,不依赖武力就达成了此次和议。在他治世期间的公元前441年,琐罗亚斯德教的教历(一年360天的太阳历)被引入,不过,此前所使用的巴比伦历仍一起使用。

阿契美尼德王朝的荣耀与崩溃

小居鲁士的叛乱

阿尔塔薛西斯一世的后继者是他与巴比伦妻子诞下的大流士二世,大流士二世于公元前423年—前404年在位。大流士二世的妻子,即其异母妹妹帕瑞莎缇斯(Parysatis)的母亲同样是巴比伦人。这一时期频繁出现有实力的波斯人参与的叛乱,究其背景,恐怕正是出于对轻视波斯血统的王室的不满。而且据巴比伦出土的这一时期的埃兰语文书记载,赋税和贡纳的负担令百姓难以喘息,生活愈加艰苦。此外,这些文书还提到,作为波斯帝国军队核心、保有封地的波斯人和米底人也因为均分继承的习俗而日渐贫困,再没有余裕组建武装整备的军队,所以波斯军队的核心逐渐变成了雇佣兵。更由于介入了雅典与斯巴达之间的伯罗奔尼撒战争,波斯帝国的财政陷入捉襟见肘的境地。大流士二世为了镇压叛乱发动远征,却在前往里海沿岸吉兰的途中病死。

大流士二世与帕瑞莎缇斯育有两个儿子,即阿尔塔薛西斯二世和居鲁士(小居鲁士)。帕瑞莎缇斯偏爱小居鲁士,为此她想废掉身为皇太子的阿尔塔薛西斯二世，让在萨迪斯担任小亚细亚波斯军队总司令的小居鲁士继承王位。然而就在策划期间，大流士二世却病死了。为参加父亲葬礼和兄长即位典礼而被召唤回帕萨尔加德的小居鲁士计划暗杀兄长。据说此事被发觉后，多亏帕瑞莎缇斯的斡旋，小居鲁士才被赦免。小居鲁士主张自己应当继承王位的根据，是他本人才是父王大流士二世继承王位后诞下的王子，依据大流士大帝册立薛西斯一世的旧例，他才是正统的王位继承者。但是，若按照这一主张，小居鲁士在公元前410年前后，即不满15岁的情况下就出任了小亚细亚波斯军队的司令官。如此重要的职务是绝不可能交给如此年幼之人的，因此小居鲁士的说法完全缺少说服力。

回到萨迪斯的小居鲁士并不悔改，继续准备叛乱，当时应募的诸多希腊雇佣兵当中就有苏格拉底（Socrates）的弟子色诺芬（Xenophon）。色诺芬将自己的亲身经历写成了日后被誉为古希腊文学杰作的从军记《远征记》（*Anabasis*），以及在波斯人之间流传甚广的波斯帝国缔造者居鲁士大帝的传记《居鲁士的教育》（*Cyropaedia*）。这两部著作对希腊人乃至日后西方人的波斯观念的形成和居鲁士形象的认知产生了极大的影响。

根据色诺芬的说法，小居鲁士是一位卓越的司令官，他麾下集结了1.3万名希腊雇佣兵，与小亚细亚的波斯正规军合计在一起达到4万人，军队战意高昂。公元前401年，小居鲁士的叛乱军在萨迪斯揭竿而起，一路势如破竹，进攻到巴比伦近郊的库纳克萨（Cunaxa），与拥有十余万大军的阿尔塔薛西斯二世展开对峙。阿尔塔薛西斯二世毫无战意，甚至有人怀疑他一度想临阵脱逃。战斗中，接受小居鲁士挑战的阿尔塔薛西斯二世负伤。希腊雇佣兵十分善战，正当所有人都认为叛军即将胜利之际，核心人物小居鲁士却战死沙场。叛乱军的波斯人在总指挥阵亡之后便投降了，然而问题却集中在希腊雇佣兵方面。希腊雇佣兵被要求解除武装，但是他们提出的保证归国要求却没有得到回应。如此一来，这些希腊雇佣兵就没有理由不与波斯大军继续交战了。而波斯方面也绝对不会允许持有武器的大量希腊雇佣兵在帝国心脏地区自由行动。

就归国问题前去与波斯方面交涉的临时将领们被杀害，于是希腊雇佣兵们集结起来，在没有向导的情况下沿底格里斯河向北方行进。他们翻越冬季的亚美尼亚山地，还要时刻警戒那些从远处包围上来伺机发动进攻的波斯军队。当终于抵达了能够望见黑海的地方时，欣喜的希腊士兵们高声呼叫着"大海、大海"的场面，无疑是《远征记》当中最出众的一笔。

"王的和平"

阿尔塔薛西斯二世总是能逢凶化吉，幸运度过危难。据说他顾虑到母亲会因为小居鲁士之死而悲痛，不仅没有处置小居鲁士的遗体，反而亲自主丧为其举行葬礼仪式。对小居鲁士之死负有责任的人全部遭到了帕瑞莎缇斯的报复。阿尔塔薛西斯二世恐怕是阿契美尼德王朝诸王当中最长寿的君王，其在位时间从公元前404年一直持续到公元前359年。他基本上是一位和平主义者，埃及在小居鲁士掀起叛乱的同时也宣布独立，但阿尔塔薛西斯二世此后却没有出兵前往镇压。埃及再度成为波斯帝国的领土，是在公元前343年，即阿尔塔薛西斯三世时的事情。阿尔塔薛西斯二世努力与希腊修缮关系，于公元前386年和斯巴达的使节缔结条约，通过外交的手段使波斯霸权得到认可，从而实现了"王的和平"。

曾立刻呼应小居鲁士举兵、独立气势高涨的安纳托利亚各地的总督们，见阿尔塔薛西斯二世推行绥靖政策，乘机于公元前364年联合起来提出独立的要求。为了镇压小亚细亚总督们的叛乱，阿尔塔薛西斯二世派阿洛安达斯（Aroandes，亦作：奥龙特斯，Orontes）前往亚美尼亚担任总督。阿洛安达斯也被卷进了叛乱军行列，并成了反叛联盟的首脑。但结果是阿洛安达斯背弃了反叛军，回到了阿尔塔薛西斯二世的身旁，于是大叛乱就此终结。就此而言，阿尔塔薛西斯二世的治世未必是一个真正和平的时代，只能说大体上是长久安定的。作为阿契美尼德王朝代表性的君王，他的名字与居鲁士大帝一同长期留在波斯人的记忆之中。

波斯帝国的宗教在阿尔塔薛西斯二世时代发生了极大的变化。他的碑文形式出现了变化，铭文里不仅刻有先前阿胡拉·马兹达神的名字，还增加了密特拉和阿娜希塔（Anahita）二位神明的名字。密特拉自古以来就是印度人和伊朗人共同的神明，原本是契约之神，后来被赋予了"无所不见，无所不知"的特性，大概在这一时期常被视为与太阳神相同的神明。阿娜希塔是水之女神，在当时被与美索不达米亚的大地母神伊丝塔尔（Ishtar）等同看待，崇拜极为广泛。伊丝塔尔的祭祀仪式属于偶像崇拜。实际上，根据后世撰写《巴比伦尼亚志》

（*Babyloniaka*）的作者贝罗苏斯（Berosus）记述，从阿尔塔薛西斯二世起，波斯王已经着手在各地推进阿娜希塔女神像及其神庙的兴建。希罗多德曾提到的，波斯人没有神庙和神像的简单质朴的信仰已经发生了变化。随着阿娜希塔女神像及其神庙的建设，以琐罗亚斯德教崇拜对象圣火为中心的寺院圣地大量兴建，为了让圣火持续燃烧的圣火寺院制度普及开来。

阿尔塔薛西斯二世时代另一件值得特别一提的事情，就是阿拉米语作为共通语言的普及。在巴比伦和埃及发现的文书以记录日常生活为主，但并非写在黏土板上的楔形文字，而几乎全是写在莎草纸和兽皮上的阿拉米语拼音。作为实用语的埃兰语和通用语的阿卡德语逐渐不再使用，其为阿拉米语所取代之事也象征着埃兰与巴比伦作为古代美索不达米亚先进文明的任务走向终结。伊朗文化与地中海世界直接建立了联系，这也意味着伊朗文化已经成了东方世界的主流文化。

阿契美尼德王朝的灭亡

阿尔塔薛西斯二世与妻子斯塔泰拉（Stateira）生育了三个儿子。长子因发动叛乱被处以死刑，次子因第三子奥克斯（Ochus）的阴谋构陷而被迫自杀。公元前358年奥克斯以阿尔塔薛西斯三世之名即位。据说他将约80名异母兄弟全部杀害，并削弱总督们的权限，试图再现大流士大帝时代的辉煌。

阿尔塔薛西斯三世为恢复对埃及的统治权而发动远征，途中因腓尼基的骚扰，计划受阻，但最后还是于公元前343年征服了埃及。不过，担任埃及远征军司令官的大宦官巴高斯（Bagoas）于公元前338年暗杀了阿尔塔薛西斯三世和他的子嗣。此后，阿尔塔薛西斯三世唯一幸存的王子阿尔塞斯（Arses）被扶植即位，他想除掉巴高斯，反被对方杀害。巴高斯为了扶植新的王位继承人，最终选择了大流士二世的曾孙——当时已经45岁的亚美尼亚总督。此人以大流士三世之名即位，此后先是除掉了扶植自己即位的巴高斯，然后平定了再度叛乱的埃及，企图振兴阿契美尼德王朝。然而，一切都为时已晚，马其顿的亚历山大已登上了王位，不久后开始东征，灭亡了阿契美尼德王朝，改写了东方世界新的秩序。

第五章　地中海-亚细亚的从属

来自美索不达米亚的攻击

北方王国的成立

所罗门王的专制国家表面上看来极为奢华壮丽。他的宫殿中有包括因政治联姻而来的外国女性在内的一千名妻妾。(《列王纪上》11：3)"所罗门每日所用的食物，细面三十歌珥①，粗面六十歌珥，肥牛十只，草场的牛二十只，羊一百只，还有鹿、羚羊、狍子，并肥禽。"(《列王纪上》4：22—23)如此庞大的供应想必包含了分配给所罗门王的妻妾和孩子们的份额。然而，要维持这样的生活，所罗门王必然要向先前以平等立场对待的、生活在沙漠和外国地方的国民征收繁重赋税，

---

①　1歌珥≈230升。

此外还必须驱使他们进行强制劳动。

所罗门王去世时，耶路撒冷以南地区由他的儿子罗波安（Rehoboam）继承。北方迁入的诸部族在所罗门王的政治重压下举起了叛乱的旗帜，选立耶罗波安一世（Jeroboam I）为王，希伯来人的统一王朝就此终结。耶罗波安原本是强制劳动的监督官，因厌恶所罗门王的苛政，曾亡命埃及。由耶罗波安亲自率领的北方王国先辗转以示凯姆（Shechem，圣经中译作"示剑"）和提尔扎（Tirzah，圣经中译作"得撒"）作为都城，另外又选定丹（Dan，圣经中译作"但"）为耶和华神的新圣地。不过，相较于以血统为王位继承原则的南方（犹太）王国，由民众的呼声和预言者的意见选择国王的北方（以色列）王国的王权基础相对薄弱。直到军人出身的奥姆利（Omri，圣经中译作"暗利"，公元前876—前869年在位）登上王位之前，北方王国一直处在不安定的状态之中。

奥姆利一方面与南方王国修缮关系，另一方面采信迦南人的宗教信仰，购置新的土地建设首都撒玛利亚并祭祀迦南人的神祇。这一倾向随着奥姆利为其子亚哈布（Ahab，公元前869—前850年在位，圣经中译作"亚哈"）迎娶推罗之王伊特巴尔（Ittobaal）之女耶洗别（Jezebel）而日益增长。亚哈布将推罗的美刻尔神引入北方王国，并且亲自参与迦南神的崇拜。另外，亚哈布之子在撒玛利亚积极建造以切割石块围造墙壁的建筑，亚哈布聘用腓尼基工匠修建的王宫（即"亚哈布的象牙宫殿"）极为有名。考古发掘出的建筑遗迹和精细象牙工艺品可以清楚反映当时的情况。

撒玛利亚出土的精致象牙工艺品，为撒玛利亚王宫的家具物品之一，出自腓尼基工匠之手，公元前 8 世纪

亚哈布曾与大马士革的阿拉米人对立，与本－哈达德一世围绕亚弗（即现在的因·戈夫）展开会战，最终双方达成和解，转为相互合作。国际形势在这时也发生了重大变化，东方的亚述再兴，自萨尔玛纳赛尔三世开始，亚述军队开始向叙利亚－巴勒斯坦地区发动攻势。

公元前 853 年，双方在奥龙特斯河畔的卡尔卡尔（Qarqar）爆发了会战。当时，叙利亚－巴勒斯坦方面集结了包含哈马、大马士革、以色列在内的 11 国联军，亚哈布率领 2000 辆战车和 1 万名士兵参战。此战虽暂时阻止了亚述进犯叙利亚－巴勒斯坦的脚步，但北方以色列王国内部对奥姆利王朝亲迦南文化立场抱持着不满的人们，借机掀起了叛乱。

耶户政变

一旦脱离了亚述进犯的危机，公元前 845/ 前 844 年，奥姆利王朝的第四代国王约拉姆（Jehoram）和南方犹太王国之王阿哈迦（Ahaziah）再度与大马士革王开战，后在约旦河以东的基列（Gilead）被大马士革王击败。于是，北王国的将军耶户（Jehu）利用这个机会发起叛乱，一度统治了南北两个王国。后来南王国由阿哈迦之子约阿斯（Jehoash，公元前837—前800年在位）复兴了大卫以来的血统。不过，北王国从此一直处在耶户的控制下，事实上成了亚述的属国。

耶户政变的背后存在着两股势力。第一股是反对奥姆利王朝采用迦南宗教信仰的预言家（先知），即耶和华的崇拜者。这些预言家的中心人物是以利沙（Elisha）。他在北方王国内部支持耶户，又前往大马士革教唆廷臣哈扎尔（Hazael）谋杀了卧病在床的本-哈达德一世，然后哈扎尔自立为王。（《列王纪下》8：15）以利沙的思想源自当时希伯来人中仍然恪守沙漠生活的利甲人（Rechabites）。利甲人在王国成立后曾宣称："我们不喝酒，因为我们先祖利甲的儿子约拿达曾吩咐我们，你们与你们的子孙永不可喝酒，也不可盖房、撒种、栽种葡萄园，但一生的年日要住帐篷，使你们的日子在寄居之地得以延长"（《耶利米书》35：6—7）。可见他们是遵守戒律的保守派。耶户依靠这些反对派的支持，断然实行宗教改革，整肃奥姆利王朝的祭祀仪式。他将撒玛利亚的迦南、腓尼基诸神的神庙圣地全部破坏，并将其祭司处刑。

支持耶户政变的第二股势力是亚述派。公元前841年，萨尔玛纳赛尔三世第四次入侵叙利亚，包围了大马士革，尽管亚述军队没有陷城，但是腓尼基诸城市和耶户的北王国竞相向亚述朝贡。在亚述的尼姆鲁德（Nimrud，古名：卡拉夫，Kalkhu）出土的黑色方尖碑，其铭文记载着"从奥姆利家族耶户的贡品中，我得到了白银、黄金、金制器具、金壶、金杯、金提桶、铅制品、王笏、香木"，还刻着耶户亲自在亚述

萨尔玛纳赛尔三世在尼姆鲁德所建的黑色方尖碑局部

王面前伏身行礼模样的浮雕。

结果，萨尔玛纳赛尔三世在公元前838年以前进行了第五次叙利亚远征活动。再者，阿达德-尼拉利三世（Adad-nirari Ⅲ / Adad-narari Ⅲ）于公元前800年攻陷了大马士革。这一时期亚述的军事力量几乎没有受到任何来自叙利亚-巴勒斯坦诸势力的抵抗。先是大马士革的哈扎尔进攻以色列诸城市和外约旦势力，南方犹太王国的约阿斯将这些失地夺回，此后耶户王朝第四代君主耶罗波安二世（Jeroboam Ⅱ，公元前786—前746年在位）在其41年的治世期间，将势力扩展至叙利亚的哈马。

耶户王朝的统治前后达100年（公元前845—前745年），是以色列历史上最长命的王朝。以色列表面上繁荣昌盛，但其内部隐藏的种种社会问题却逃不过预言家（先知）们的眼睛。这一时代，相继出现了阿摩司（Amos）、弥迦（Micah）、何西阿（Hosea）等先知，他们指责上层阶级的奢靡、贫困者的被压迫、压榨剥削与阶级差别，以及耶和华崇拜的形式化等现象，并且预言曾经取得的繁荣会在将来丧失。事实上，这些预言家的危机意识极为敏锐，像这样的批判精神在古代世界也是十分独特的。此外，对耶户王朝感到失望的何西阿甚至提到了唯一神耶和华与以色列人的断绝（《何西阿书》1：9），这可以被视为巴比伦之囚时代神学观念的先驱。

北方以色列王国的灭亡

先知们关于以色列走向没落的预言，在耶户王朝统治的最后一年（公元前745年），随着亚述王提格拉特-帕拉沙尔三世即位而突然拥有了现实意义。提格拉特-帕拉沙尔三世对叙利亚-巴勒斯坦的攻势和政策不同于前代的亚述诸王。他不仅限于武力威胁和课以贡税，其野心是打造一个连通地中海的帝国。

提格拉特-帕拉沙尔三世于公元前740年入侵叙利亚北部，公元前738年占领哈马。当时以色列王梅纳海姆（Menahem）不战而降，并支付了白银1000塔兰托。（《列王纪下》15：19）亚述王继而又占领了巴勒斯坦南部的加沙。针对这一情势，大马士革国王利岑（Rezin）和北方以色列王国的篡夺者比加（Pekah）谋划领导其他诸国，结成反亚述同盟。但当时南方犹太王国之王亚哈斯（Ahaz）拒不加入同盟，奉行亲亚述政策，并且在耶路撒冷设立了亚述主神亚舒尔（Assur/Ashur）的祭坛，为此同盟诸国的军队包围了耶路撒冷。"王的心和百姓的心都跳动，好像林中的树被风吹动一样。"（《以赛亚书》7：2）提格拉特-帕拉沙尔三世以耶路撒冷的宝物为交换条件，方才助亚哈斯解围。亚哈斯的行为遭到先知以赛亚（Isaiah）的指责。

在此期间，提格拉特-帕拉沙尔三世继续征服了加利拉亚（Galilaia，即加利利）和外约旦地区，并在这些地方设立亚述总督进行管辖。在北方以色列王国的首都撒玛利亚，最后一位王何希阿（Hoshea）即位后，以臣属国的身份向亚述纳贡。亚述王又于公元前732年占领大马士革。结果，叙利亚－巴勒斯坦地区分成了被亚述合并进而行省化的今叙利亚和以色列北部，和作为臣属国缴纳贡赋的南（犹太）、北（以色列）王国。

然而，在此后的亚述王萨尔玛纳赛尔五世（Shalmaneser V，公元前727—前722年在位）时代，公元前724年，撒玛利亚的何希阿与埃及联手，拒绝向亚述纳贡。亚述王发兵征讨何希阿，何希阿战败被俘，亚述军队进而攻占了北方以色列王国全部领土，并包围了撒玛利亚。北方以色列王国首都撒玛利亚位于岩山之上，因此亚述军队的围攻持续了三年之久，直到次任亚述王萨尔贡二世即位之初才告陷落，北方以色列王国就此灭亡。根据萨尔贡二世遗留的记录表示："在我统治最初的一年，包围了撒玛利亚，并征服了那里。掳走当地居民27290人，收缴战车50辆作为我国的战力。……我从我的臣下中任命总督治理这些人，让他们像亚述人一样缴纳租税和贡物。"

这些被萨尔贡二世掳走之人大多数被安置在美索不达米亚，居住于上层阶级——来自伊朗高原的米底人所在的街区。而来自叙利亚的哈马和巴比伦之人被安置在了巴勒斯坦。大部分移居的以色列人与后来耶路撒冷陷落时不同，他们完全抹去了与先前居住地有关的历史痕迹。这大概也是北方以色列王国的大卫家族传统薄弱，与其他民族不断融合的结果。

巴比伦之囚

希西家时代

如此一来，叙利亚－巴勒斯坦人的国家就仅剩下以耶路撒冷为都城的南方犹太王国。而且，该国自亚哈斯时代以来，一直是亚述的臣属国。此后即位的希西家（Hezekiah，公元前715—前687年在位）一开始依然臣属于亚述。公元前713年，在埃及援助下，外约旦的以东人（Edom）和摩押人（Moab）、南部海岸城市阿什杜德等一起掀起了反亚述的抗争，但两年后被镇压了。

不过，希西家倾心于先知所说的耶和华的纯粹崇拜。于是在公元前705年萨尔贡二世逝世之际，希西家宣布从亚述独立，整肃耶路撒冷和领地内的亚述和迦南诸神崇拜。他废止了举行迦南祭祀仪式的高地，破坏神圣石柱，将代表阿瑟拉女神像的木柱砍倒。"希西家依赖耶和华以色列的神，在他先后的犹大列王中没有一个及他的。因为他专靠耶和华，总不离开，遵守耶和华吩咐摩西的诫命。耶和华与他同在，他无论往何处去尽都亨通。"（《列王纪下》18：5—7）

希西家的行动不单是出于宗教热忱，他还致力于强化耶路撒冷的防御。希西家的另一项事业是修建了耶路撒冷唯一的涌水池，为了将俄斐勒山的基训泉泉水引入城中的蓄水池，他在岩盘中开凿出水路。当时水路开通的纪念碑文[①]遗存至今

[①] 即西罗亚碑文，Siloam Inscription。

日。"……隧道贯通了。这些是有关隧道如何完成的记述。工人们挥舞着工具，一个接一个，他们彼此之间还有3肘（1肘尺约45厘米）需要开凿。当一个人呼唤他的同伴时，对方可以听到声音，因为从岩石的左右两侧凿有石穴。在隧道完成时，工人们面对面，用斧子相向开掘（岩石）。于是，泉水从源头经1200肘的距离，流入了蓄水池。"（此处的日语原文采用了山我哲雄翻译的《辛那赫里布年代记》）

在希西家巩固防御、作为以色列王进行最初的宗教改革期间，亚述的萨尔贡二世之子辛那赫里布（圣经中译作"西拿基立"）即位。辛那赫里布首先平定了东方的叛乱，然后于公元前701年挥军进入叙利亚－巴勒斯坦。他迫使腓尼基和巴勒斯坦的诸城市，以及外约旦的摩押人和亚扪人从属于亚述。此后亚述王又侵入南方犹太王国，包含拉吉在内的希西家的"46座有城墙的要塞城市，以及周边无数的小城市都被包围，然后被征服。如此一来，希西家自己就如同笼中之鸟一般，在他的都城耶路撒冷闭门不出"（《辛那赫里布年代记》，山我哲雄译）。但是，此时耶路撒冷没有陷落，亚述军队撤退了。

从以赛亚到约西亚

先知以赛亚预言了此番亚述军队的撤退，并且激励了希西家王。一般认为耶路撒冷之围发生在以赛亚生命最后的岁月，因此比起前代先知们，他对以色列灭亡的来临有着更强烈的预感。

按照以赛亚的说法，希伯来人从沙漠中尊奉的神不单纯是部族和民族之神，还是受到阿玛尔纳传统影响的统治全世界的神,"他的荣光充满全地"(《以赛亚书》6∶3)。尽管如此,以色列人却已经忘记了这位神的存在,不再信奉这位神。于是"他(指神)必竖立大旗,招远方的国民……他们的箭快利,弓也上了弦。马蹄算如坚石,车轮好像旋风"(《以赛亚书》5∶26—28)。神对于以色列的不信仰降下了惩罚,以赛亚曾代神言道:"亚述是我怒气的棍,手中拿我恼恨的杖"(《以赛亚书》10∶5)。

然而,通常认为以赛亚最具决定性的预言——关于亚述的再度入侵、关于南方犹太王国覆灭的未来图景,却在此后70年间,随着亚述自身的灭亡朝着意想不到的方向而去。这期间,南方王国继续作为臣属国向亚述进献贡品。希西家的宗教改革被放弃,他的后继者们重新在耶路撒冷的神殿中引入亚述诸神信仰,迦南信仰再次在中央和地方广泛传播。

针对亚述的衰落,曾一度尝试实现希西家改革的是自希西家开始的第四任国王约西亚(Josiah,公元前639—609年在位)。约西亚8岁即位,当他长大成人时,亚述已经走向衰朽,犹太王国独立的机会已经成熟。他于公元前621年下令禁止在耶路撒冷的神殿中举行亚述国家祭祀仪式,并且破坏地方神庙和圣地[比如伯特利(Bethel)和撒玛利亚]的神像。

在推行改革期间,约西亚曾派遣廷臣前去改建神殿,从神殿内发现了律法文书。约西亚王在国民面前宣读了这些文书,表明要将以色列宗教恢复其应有面貌的决心。(《列王纪下》22∶3—23∶7)换言之,以色列人的信仰将回归摩西和约书亚授予的古老律法、古老秩序,回归耶和华一神的信仰。然而实际上,神殿中能保留下来这样的律法文书(卷轴）的可能性微乎其微，因此约西亚时期形成的《申命记》（Deuteronomy）中的律法，大概影响了其宗教改革的理念。

公元前612年，亚述首都尼尼微陷落，亚述帝国灭亡。约西亚眼见复兴大卫王国的目标指日可待，但他自己却在与当时的埃及法老尼科二世（NechoⅡ）作战时，于美吉多郊外战死。至此，以色列历史上最后一位信奉耶和华一神教的国王陨落了。

通向巴比伦之路

亚述帝国倾覆之后，美索不达米亚的统治者是由阿拉米语族群的迦勒底人（Chaldeans）所建立的新巴比伦王国（Neo-Babylonian Empire）。迦勒底人依然沿用了此前巴比伦王国的首都巴比伦城作为首都。攻灭尼尼微的是那波帕拉萨尔之子尼布甲尼撒二世，他在还是皇太子时的公元前605年曾远征叙利亚，在卡赫美士和哈马击败了当时不断入侵此地的埃及军队，确立了新巴比伦王国对叙利亚-巴勒斯坦地方的统治。尽管王国几经兴衰更替，但历代美索不达米亚王国对地中海沿岸地方的统治体制却没有变过。

尼布甲尼撒二世在继承王位后，又曾数次远征叙利亚。公元前597年入侵了南方犹太王国，此时新王约雅斤（Jehoiachin，约西亚之孙）刚刚即位不久。尼布甲尼撒包围并攻陷了耶路撒冷，约雅斤投降。随后，他本人和母亲、妻妾、侍从、国中要人、军人、工匠等悉数被解送巴比伦城。耶路撒冷神殿和宫殿中的宝物被掠夺一空，所罗门王供奉在神殿的黄金器皿也遭破坏。这就是"巴比伦之囚"。

尼布甲尼撒二世另立约雅斤的叔父西底家（Zedekiah）为王，南方犹太王国成了新巴比伦王国的臣属国。公元前589年，西底家发动叛乱，在耶路撒冷独立。尼布甲尼撒二世率大军远征，控制了除耶路撒冷、拉吉、亚西加（Azekah）三座城市以外的南方犹太王国全部领土。拉吉出土的书信陶片记录了当时紧张的局势。由机动部队送给拉吉司令官的书信中如此写道："我们注意到拉吉的信号（狼烟），但是看不到任何来自亚西加的信号。"《耶利米书》也记录了一些当时的情况。（《耶利米书》34：7）发掘结果表明，拉吉在此役之后被焚毁（公元前588年）。

另一方面，耶路撒冷经受了长达三年的围困，终于在公元前587年粮草耗尽，同时城墙也被攻破。尼布甲尼撒二世的军队将耶路撒冷的街道和城墙完全破坏，将神殿中安置的自所罗门时代以来的青铜柱和各种藏品悉数掠走。南犹太国王西底家和权贵者们遭到了残酷处刑。此次远征和稍后的公元前582年，尼布甲尼撒二世都下令将南方犹太王国的上层贵族带回巴比伦。

从巴比伦之囚时代至波斯时代

囚徒们的生活

上层阶级被强制迁徙至巴比伦之后，旧南方犹太王国成了新巴比伦王国的行省，当地人基大利（Gedalia）被立为总督，首府也从耶路撒冷移至米兹帕（Mizpah，又译作"米斯巴",有瞭望塔之意)。被迁往巴比伦的犹太人(旧犹太王国之人)被勒令居住在首都的特定区域,他们不是完全的自由人,而以家族为单位生活,要在长老的指导下独自召开礼拜集会。多数犹太人从事农业耕作,而融入当地社会的犹太人中也不乏从事商业和金融业者。

幼发拉底河畔的大都市巴比伦城,由两重厚实的城墙包围,城市周长约85千米,呈正方形。从壮丽的伊丝塔尔门(Ishtar Gate)进入巴比伦城,连接着的是游行大道,大道周围并列着宁玛(Nin-imma)女神殿和被称为"埃特梅兰基"(Etemenanki,意为"天与地根基的房子")的圣塔(ziggurat),以及被称为"埃萨吉拉"(Esagila)、以马尔杜克为主神的神殿,还有尼布甲尼撒二世为取悦来自米底的爱妃而营造的"空中花园"。希罗多德说圣塔共有八层,是举行"圣婚"仪式的场所。"在最后的一重塔上,建有一座巨大的圣殿,圣堂内部有一张巨大的、铺设得十分华丽的卧床,卧床旁边还有一张黄金的桌子。"(《历史》卷1:181)据说新年祭祀时造访这里的神明,会在这里和其选定的女性举行"圣婚"仪式。而一部分犹太人出于职业上的需要,适应了这种繁华奢靡的都市生活,他们与其他民族的被俘之人融合,逐渐遗忘了自己的故乡与耶和华信仰。

先前南方国王约雅斤的结局,《圣经·旧约》也有记述。尼布甲尼撒二世之子亚美尔－马尔杜克(Amel-Marduk,圣经中称其为"以未米罗达",Evil-Merodach)在约雅斤被掳往巴比伦之后的第37年,"提他出监。又对他说恩言,使他位高过与他一同在巴比伦众王的位,给他脱了囚服。他终身常在巴比伦王面前吃饭。王赐他所需用的食物,日日赐他一分,终身都是这样"(《列王纪下》25：27—30)。此外,尼布甲尼撒二世宫廷仓库调度物品一览表中保留着将油分配给"犹太之王伊拉乌基努"（the king of Judah,Yaukin,即约雅斤）及其子"八名犹太人"的记录。犹太王及其亲族为什么能够得到新巴比伦王国的厚待?他们对故乡之地又抱着怎样的怀念?这些问题现如今我们已不得而知。

然而,从留在犹太之地、后来被带往埃及并于当地去世的先知耶利米（Jeremiah）写给被掳往巴比伦的犹太人的书信[①]来看,当时留在故乡之地的人们应该知晓囚禁之地诸人的生活状况。根据在巴比伦度过了20年囚禁生活的先知以西结（Ezekiel）的书信,反过来亦可知被掳走的囚禁之人同样了解故乡的情况。重要的是,被掳往巴比伦的犹太人多数属于知识阶级,他们维护着基于耶和华崇拜的宗教传统,特别是对圣地耶路撒冷,一直保持着不同于政治独立的别样执着。

《圣经·旧约》的《诗篇》收录着各种时代创作的诗歌作品,其中第137篇（1—6）描绘了被掳往巴比伦的众人对耶路撒冷（即：锡安,Zion）的痛切思念：

> 我们曾在巴比伦的河边坐下,一追想锡安就哭了。
> 我们把琴挂在那里的柳树上。

[①] 《耶利米书》29：4—9。

因为在那里，掳掠我们的要我们唱歌，抢夺我们的要我们作乐，说：给我们唱一首锡安歌吧！

我们怎能在外邦唱耶和华的歌呢？

耶路撒冷啊，我若忘记你，情愿我的右手忘记技巧！

我若不记念你，若不看耶路撒冷过于我所最喜乐的，情愿我的舌头贴于上膛！

回归耶路撒冷

数十年后，在巴比伦东方遥远的伊朗高原上，爆发了足以改变囚徒命运的重大事件，而同样的事情没有发生在公元前721年撒玛利亚陷落之际被掳走之人身上。波斯王居鲁士大帝于公元前546年攻灭吕底亚，又于公元前539年击败了最后一位新巴比伦王那波尼德斯，从而统治了整个地中海-亚细亚。此外，其子冈比西斯二世征服了埃及，成功将该地纳入帝国。

波斯人对待被征服民族的政策明显不同于亚述和新巴比伦的强制迁徙策略。首先，波斯人尊重诸民族原有的生活方式；其次，波斯人对诸民族的宗教信仰持宽容态度。正因如此，公元前538年，居鲁士基于被囚禁的犹太人的陈情，颁布了以下诏命（《以斯拉记》1：2—4）：

耶和华天上的神，已经将天下万国赐给我。又嘱咐我在犹大的耶路撒冷，为他建造殿宇。

在你们中间凡作他子民的，可以上犹大的耶路撒冷，在耶路撒冷重建耶和华以色列神的殿（只有他是神）。愿神与这人同在。

凡剩下的人，无论寄居何处，那地的人要用金银、财物、牲畜帮助他，另外也要为耶路撒冷神的殿甘心献上礼物。

（文中的"犹大"即"犹太"，Judah。）

这一敕令的详细文本于埃克巴坦那发现，其内容不仅包含了重建神殿，还有归还被尼布甲尼撒二世没收的神殿收藏，并下令由波斯国库拨出重建经费。此时距"巴比伦之囚"已过去了半个世纪。

从巴比伦满怀希望归国之人究竟怎样出发回归犹太之地，最终如何抵达故乡，其过程已无从知晓。总而言之，通过先知哈该（Haggai）和撒迦利亚（Zechariah），居鲁士大帝诏书中重建神殿的意图被传递到了犹太之地。大祭司耶书亚（Jeshua）和犹太总督所罗巴伯（Zerubbabel）于公元前520年着手重建，公元前515年，新的神殿最终落成。世人为与所罗门建立的第一圣殿加以区别，故而将此新落成的神殿称为第二圣殿。不过，第一圣殿和第二圣殿的性质存在根本不同。第二圣殿已经不再是以色列人的独立国家的中心圣地，而是犹太人宗教共同体（教团）的礼拜场所。

在犹太人社会复兴过程中发挥了重要作用的有两个人物。其中一位便是波斯国王的廷臣、担任苏萨酒政官的尼希米

（Nehemiah），此人于公元前 445 年赴任犹太总督。在他的主持下，耶路撒冷的城墙在 50 天内完工，城市内人口大增，他还致力于解放债务奴隶等一系列社会改革。在宗教领域，尼希米提出了严守安息日、禁止与异邦人通婚、定期向神殿捐献等规定。公元前 433 年，尼希米返回了巴比伦。

以斯拉的活动与宗教人士

对犹太宗教共同体的形式和秩序加以整合之人正是以斯拉（Ezra）。根据波斯王书简，以斯拉被派往耶路撒冷时被授以"天神的律法书记"的职位，这意味着摩西传承的犹太人律法作为共同体的规范已经获得了波斯帝国的正式认可。波斯方面的意图是保持犹太社会的政治稳定。

以斯拉不仅从波斯国王那里获得了犹太人向耶路撒冷神殿布施的正式许可，还取得了一部分供奉由波斯国库提供补助、全体神职人员免税等特权。另外，以斯拉还着手从宗教层面将神殿的祭祀仪式法典化，将大祭司主导的祭司职业体系化，并重视律法的生活规范，为律法教育培养名为"学者"的阶层，致力于建设研习律法的学校与制度化犹太教会堂（synagogue）礼拜，等等。从此以后，希伯来人的宗教形成了名为犹太教的教派。这一时期，在波斯帝国的官方认可之下，作为犹太地区的行政自治组织，名为"Sanhedrin"的长老会诞生了，这是一种由大祭司以下的神职人员和世俗人员共同参与的政治形式。

犹太教正是在这样的历史环境中诞生的，并成为以后犹太社会的意识形态。其他方面，由于巴比伦之囚事件前，先知和预言者们已敏锐体察或感觉到国家的危机和灭亡，随之而来的信仰昂扬，使以赛亚之后涌现出了大量的宗教人士。

曾经直面巴比伦之囚事件的先知耶利米，与此前以赛亚于亚述入侵时传示耶和华神的意图一样，预言了新巴比伦统治的到来。"要把你们的颈项放在巴比伦王的轭下，服事他和他的百姓，便得存活。……不可听那些先知对你们所说的话。他们说，你们不至服事巴比伦王，其实他们向你们说假预言。"（《耶利米书》27：12—14）耶利米认为，巴比伦之囚是神的意志使然。

不过，这样的命运对于以色列民众而言是极其痛苦的。这一点在《圣经·旧约》的"哀歌"中得到了充分的表现。根据"哀歌"可以看出，巴比伦之囚是神的安排，而其发生是因为以色列种下的"恶"。从今往后，人们必须要忏悔、告白自己的罪过。巴比伦之囚发生以前的先知们（阿摩司、弥迦、以西结等人），在临近结局时曾反复劝导游说，就是为了要世人改过自新。再者，像何西阿那样坚信耶和华的垂爱，像阿摩司和以赛亚那样乞求耶和华垂怜的先知也大有人在。耶利米主张更新与神的契约，在信仰方面应更加重视个人的心灵。倘若将此展开，则跨出了民族宗教的框架，可以看出其暗示的个人宗教与世界宗教的诸多观念。

另一方面，以色列的历史学家们针对古代东方世界诸民族的神话传说（创世神话与洪水传说），将过去的历史划分为创世、诺亚洪水、族长亚伯拉罕、摩西出埃及四个时期。特别是从摩西到巴比伦之囚这一最后时期的历史原理，是以色列人对神的背离。可以说，地中海－亚细亚是世界历史上最早萌发历史意识的地区之一。

伴随着这些新的发展，是对律法的重视，以及对基于律法的祭祀仪式传统的自觉加深，尤其是明确了与神殿断绝联系的民众所应守护的礼节和祭祀仪式，这就推动了巴比伦之囚以后犹太教作为信仰共同体的形成。结果，一方面耶和华作为民族之神，与想要守护民族固有性的意志相结合，成了犹太教之神；另一方面，耶和华神也第一次成了普遍之神，在巴比伦之囚前后，耶和华神已被认为是超越了以色列的存在。

亚历山大大帝的登场

东征的起源

希腊城邦的市民们自从在地中海各地建立殖民城市以来，就一直与内陆地区的异民族保持接触。在此期间，波斯帝国之王大流士大帝（公元前522—前486年在位）于公元前499—前494年曾直接面临安纳托利亚半岛西岸爱奥尼亚地区的希腊人殖民城市叛乱的挑战。波斯帝国的成立夺走了希腊人在埃及市场和黑海沿岸地区的贸易优势，特别是米利都这样的商业城市，蒙受了极大的经济损失。他们对波斯帝国的统治强烈不满，便掀起了叛乱。这场叛乱最终于公元前494年遭到了镇压。

希腊-罗马时代的地中海-亚细亚

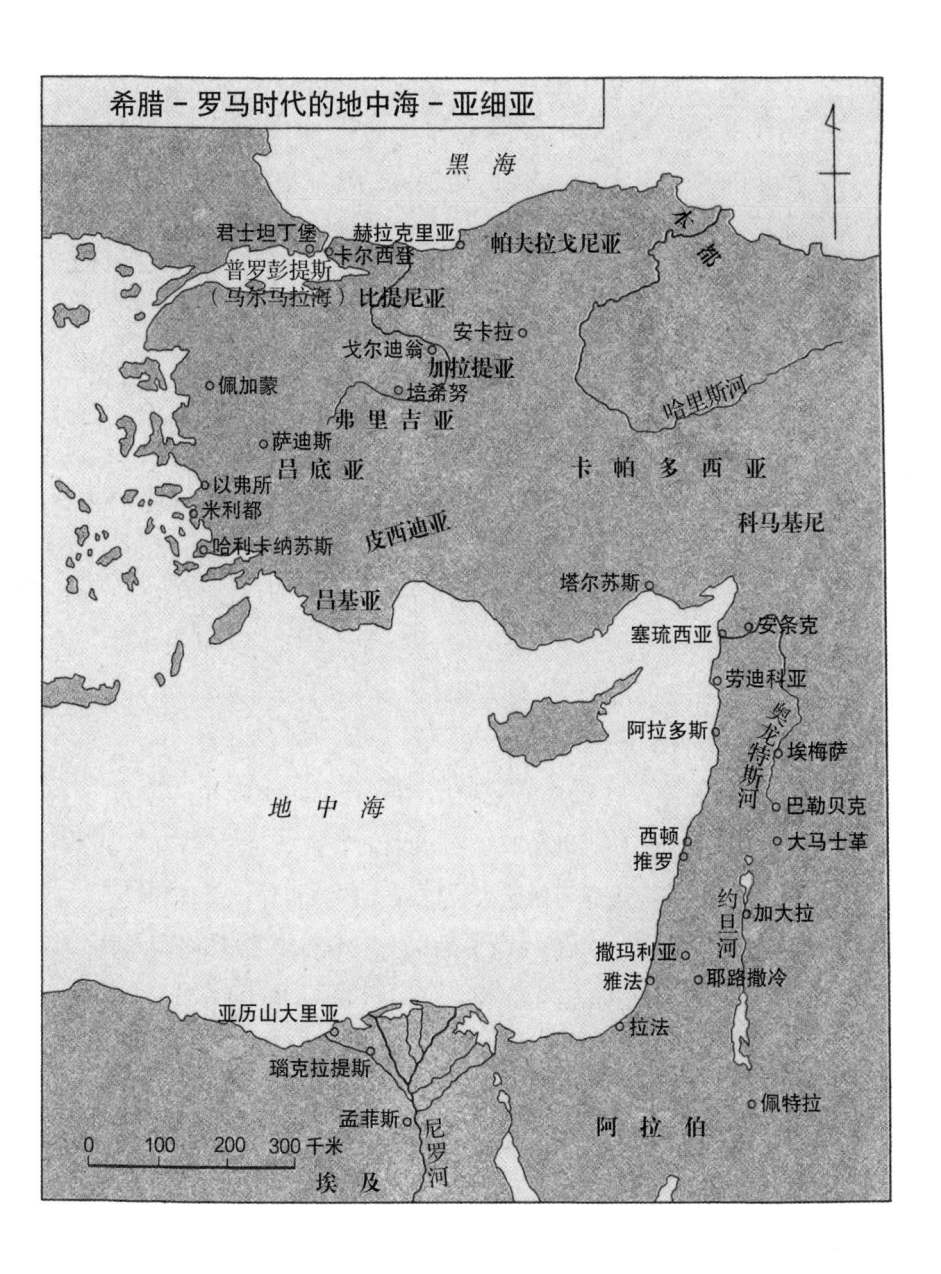

- 黑海
- 君士坦丁堡
- 赫拉克里亚
- 卡尔西登
- 帕夫拉戈尼亚
- 普罗彭提斯（马尔马拉海）
- 比提尼亚
- 戈尔迪翁
- 安卡拉
- 加拉提亚
- 佩加蒙
- 培希努
- 哈里斯河
- 萨迪斯
- 弗里吉亚
- 以弗所
- 吕底亚
- 卡帕多西亚
- 米利都
- 哈利卡纳苏斯
- 皮西迪亚
- 科马基尼
- 吕基亚
- 塔尔苏斯
- 塞琉西亚
- 安条克
- 劳迪科亚
- 阿拉多斯
- 奥龙特斯河
- 埃梅萨
- 巴勒贝克
- 地中海
- 西顿
- 推罗
- 大马士革
- 约旦河
- 加大拉
- 撒玛利亚
- 雅法
- 耶路撒冷
- 拉法
- 亚历山大里亚
- 瑙克拉提斯
- 佩特拉
- 孟菲斯
- 尼罗河
- 阿拉伯
- 埃及

0 100 200 300 千米

不过，大流士大帝对雅典和埃雷特里亚（Eretria）曾派遣援军，伙同爱奥尼亚的希腊人劫掠萨迪斯一事愤恨不已，遂于公元前492年至次年间占领了色雷斯的海岸地区和萨索斯岛（Thasos）。紧接着，公元前490年，波斯大军经海路渡过爱琴海，在马拉松登陆（即马拉松会战）。此后，战争从公元前485年一直延续到前479年。希腊方面在科林斯（Corinth）集结反波斯的诸城邦，结成同盟与之对抗。塞莫皮莱之役（即温泉关之战）希腊方面战败，雅典被占领。不过，公元前480年的萨拉米斯海战和次年（公元前479年）的塞斯托斯（Sestos）包围战均以希腊联军击败波斯军队而告终。此后，希腊方面经常存在着一些想要报复波斯帝国的势力。其中的一位代表人物就是雄辩家伊索克拉底（Isokrates），他于公元前380年前后呼吁希腊各城市大联合、爱奥尼亚等沿海殖民城市的独立，以及解放安纳托利亚地区。

如此一来，针对先前波斯帝国入侵的报复动机不仅没有消失，反而最终在北方马其顿人的征服欲望驱使下得以实现——马其顿人虽同为希腊人，但社会体制相异，而且好战。在喀罗尼亚战役（Battle of Chaeronea）中粉碎了反马其顿势力的腓力二世（Philip II of Macedon），于同年（公元前338年）举行的缔结新科林斯同盟的会议上，取得了对希腊统治权的认可，同时，对波斯展开报复的宣战决议也得以通过。当时，有许多希腊人前往托罗斯山脉以西的安纳托利亚地区，成了新的移民。自公元前386年的议和条约以来，他们处于波斯人的统治下，这些城市都渴望得到解放。

腓力二世花费了 3 年时间准备远征波斯的大业，但是他本人却在公元前 336 年时成了一桩神秘暗杀事件的牺牲者，他年仅 20 岁的儿子亚历山大继承了王位。

亚历山大希望自己像荷马（Homer）叙事诗里面的英雄人物那般，能够成就阿喀琉斯（Achilles）一样的事业。他的优秀才能自幼年时期已经充分显露出来，周围的人也期待他能成大器。年轻的亚历山大性格纯真浪漫，体质略显纤弱，拥有天马行空般的幻想。亚历山大不仅从父亲那里继承了组织能力和军事才能，还从导师亚里士多德（Aristotle）那里均衡地汲取了各类知识。

另一方面，波斯帝国在公元前 5 世纪末时已经呈现出明显的衰退迹象，最后一位波斯王大流士三世（Darius Ⅲ，公元前 336—前 330 年在位）根本无法与亚历山大相提并论。

入侵安纳托利亚

其实马其顿国王腓力二世早在生前，就曾派遣将军帕尔梅尼奥（Parmenion）前往安纳托利亚为即将实施的入侵进行准备活动。亚历山大本人于公元前 334 年春渡过达达尼尔海峡，尽管他此时高举着科林斯会议决议的大义名分，但是他的目标绝不仅仅止步于此。亚历山大的目的是要逐步征服整个地中海–亚细亚。

关于亚历山大远征时最初的兵力，一种说法为步兵 3 万、骑兵 4000，另有一种说法为步兵 4.3 万、骑兵 5000。远征军的核心是被称作"伙友骑兵（Hetairoi）"的马其顿贵族重装骑兵和手执长枪的密集步兵部队。亚历山大首先前往特洛伊，向雅典娜女神献上供奉，洒酒祭奠《荷马史诗》中的英雄们。他还特意为在特洛伊战争中战死的阿喀琉斯的墓碑涂抹圣油，并遵从习俗，头戴花环与友人举行裸体竞走。亚历山大称赞阿喀琉斯的幸福：生前有帕特洛克罗斯（Patroclus）作为挚友，死后又得到了伟大的传颂者（荷马）记述其生平事迹。

亚历山大与波斯军队最初的对决发生在特洛伊附近的、最终注入马尔马拉海的格拉尼库斯河（Granicus River）之畔。波斯王没有亲临战场，而是由将领们率领国内各地集结的大军前来，门农率领的希腊人雇佣兵部队也在渡河地点严阵以待。战前，门农主张避开决战、迅速退却的建议没有被波斯方面采纳。格拉尼库斯河的河道颇深，对岸地势高，波斯军队可居高临下，许多马其顿人对此抱有恐惧。亚历山大亲自率领骑兵飞渡格拉尼库斯河，抵达对岸后立即与波斯人展开白刃战。波斯方面最后仅希腊人雇佣兵部队得以全身而退。此战中波斯军队战死步兵20000人、骑兵2500人，而亚历山大方面战死者仅34人。

格拉尼库斯河之战过后，亚历山大沿安纳托利亚半岛西岸南下，将萨迪斯和以弗所从波斯驻军手中解放出来。此后，又攻下了马格尼西亚和特拉雷斯（Tralles）。亚历山大包围了在米利都和哈利卡纳苏斯（Halicarnassus）负隅顽抗的波斯总督们，最终迫使守军投降。亚历山大又宣布称自己认可了这些城市的自治，要求他们向科林斯同盟交纳贡金。

亚历山大继续向内陆地区挺进，相继征服了潘菲利亚（Pamphylia）、皮西迪亚（Pisidia）、弗里吉亚等地。在弗里吉亚的首府戈尔迪翁，亚历山大看到一辆用坚实的灌木绳结捆缚的战车。当地人传说，凡是能够解开这个绳结的人，命中注定会成为征服全世界的王。年轻的马其顿国王也为解开此结绞尽脑汁，最后挥剑将绳结劈成两半。这个故事充分暗示了亚历山大征服世界的野心。当时，强敌门农已死的消息传来，亚历山大闻讯后立即挥军平定了帕夫拉戈尼亚（Paphlagonia）和卡帕多西亚（Cappadocia），在完成安纳托利亚的征服后便举兵南下，越过奇里乞亚的关口，直抵地中海海岸。

伊苏斯之战

公元前333年11月，亚历山大的军队与波斯军队在奇里乞亚南部、靠近叙利亚海岸的伊苏斯（Issus）爆发了第二次会战。当时波斯王大流士三世亲自率领60万大军从苏萨奔赴战场。而亚历山大本人因为不久前在塔尔苏斯附近的河川中沐浴以致染病，仍处于休养之中。大流士三世将数量惊人的物资和财产、物品留在大马士革，自己率军自奇里乞亚南下，而亚历山大也率军进入叙利亚，由此北上。双方各自小心翼翼地选择对己方有利的战场，终于在伊苏斯的隘路上兵锋相见。相传马其顿国王与波斯之王曾直接当面对决，亚历山大的腿部被短剑砍伤。不过，伊苏斯的地形对于数量少却十分精锐，且富有机动力的希腊军队方面更为有利。是役，波斯军队损失人数达11万，大流士三世丢弓弃车，匆忙逃窜。

现场遗弃的波斯军营，特别是大流士三世的大帐中放置的大量财物让希腊人目瞪口呆。此外，波斯王的母后、妻子和两个女儿也成了俘虏。后来，前往大马士革的将军帕尔梅尼奥及其率领的骑兵部队又获得了丰厚的利益。实际上，大马士革中希腊各城邦的代表早已与亚历山大暗通款曲，直到此时战事结束才被世人发觉。

另一方面，战败逃亡的波斯王曾三度遣使，请求亚历山大归还女眷，提出愿意割让幼发拉底河以西的帝国领土，双方可以缔结友好条约，达成同盟。然而，亚历山大的答复是：迄今为止波斯对希腊傲慢无礼，自己身为总司令正是为了惩罚波斯而来，波斯肯投降则可免去惩罚，俘虏也尽可返还。总之，大流士三世穷途末路的提案被拒绝了，亚历山大的目的显而易见，他要取得波斯的王位，并征服波斯帝国全域。

不过亚历山大并没有立刻追击波斯王，而是为了压制活动于波斯帝国的地中海出海口——叙利亚－巴勒斯坦地带的腓尼基舰队挥师南下。腓尼基各城市的王迅速投降，其中就包含了比布鲁斯和西顿。叙利亚－巴勒斯坦的内陆地区后来被帕尔梅尼奥征服。

从腓尼基到埃及

围攻推罗

以临近大陆的小岛为中心的推罗是腓尼基最古老的城市，它曾是所罗门盛赞的贸易对象，也是当时波斯帝国的海军提供者。推罗对亚历山大进行坚决抵抗。公元前332年的1月至7月，推罗在希腊军队的围攻下坚持了7个月之久。希腊军队从岸边向海岛填海铺路，架起攻城器械攻打城墙，此外还集结了200艘三列桨战舰对推罗的海岛发动攻击。仲夏时节，亚历山大命令大部分历战已久的军队休整，只派出少数士兵继续攻打城墙，干扰守军休息。亚历山大根据预言家的预言，突然鸣响号角，发动士兵冲锋，推罗人战意尽失，城市陷落。平民死者达8000人，3万人被卖为奴隶。

推罗围攻战的直接原因，实际上并不是出于军事目的。亚历山大进军推罗途中，曾对推罗使节提出向该城主神美刻尔献祭的请求。然而，使节严词拒绝了这个请求，双方和谈就此破裂。亚历山大之所以提出要向推罗主神献祭，是因为从很早以前美刻尔就被希伯来人视作强大的神明，起码从公元前10世纪中叶以来就相当有名，希腊人视之为与赫拉克勒斯一样的英雄神。相传亚历山大父系的先祖正是赫拉克勒斯，因此他希望自己能亲自向美刻尔神献上祭品。但使节的拒绝无疑伤害了他的自尊心。

据历史学家阿里安（Arrianus，《亚历山大远征记》的作者）所言，推罗陷落时："那些逃到美刻尔神殿里的人，都是有身份的推罗人，有国王阿泽梅尔科斯（Azemilcus），以及一些遵守旧日习俗、为朝拜赫拉克勒斯而前来母邦的迦太基人，亚历山大将这些人全部赦免。……亚历山大在向美刻尔神殿献祭之后，为表达对这位神明的敬意，命令全军全副武装进行游行，此外又举行了舰队检阅仪式。亚历山大还在神殿庭院中举办了竞技比赛和火炬赛跑。原本推罗人献给美刻尔的圣船,也一并供奉在神殿中。"举行军队检阅仪式和运动祭典都是与英雄神崇拜相符的行为。不过,亚历山大为什么还要将逃入美刻尔神殿的人全部予以赦免呢?

究其原因,该神祇的崇拜还包含在紧急事态下,尤其是生命受到直接威胁时,神殿会向求助者无条件地提供保护的"圣所庇护"[①]制度。"圣所庇护"制度与日本的断缘寺(江户时代,妻子进入并停留一段时间就可以离婚的寺庙)颇为相似,由此可见,在旧大陆的东、西两端,都存在宗教庇护场所,地中海-亚细亚地区"圣所庇护"制度的代表正是美刻尔神殿。美刻尔神以救助人类的英雄形象在神话中流传。据说,他在腓尼基众神历史中属于第五代的神明,自诞生时起,便拥有与后来英雄身份相应的弃子传说。待成年后,美刻尔建立了与古希腊神话英雄赫拉克勒斯同等的功业,关于他的神话中心主题始终围绕着救济人类而展开。到了亚历山大时代,美刻尔神的崇拜已经从腓尼基本土扩展到地中海和地中海-亚细亚全域。

亚历山大素来尊重美刻尔的神话并认可"圣所庇护"这一特权,他甚至亲自担任了美刻尔神的祭司,赦免了推罗人的反抗罪。由此可以看出,亚历山大宗教权威的提高,以及他注重沿袭当地人制度的倾向,而这一倾向最终让他继承了波斯帝国。

---

① 作者在此采用德语"Asyl"的拼写,意为"不可侵犯的避难所"。

从加沙到埃及

加沙是另一座抵抗亚历山大的巴勒斯坦南部海岸城市。相传希腊军队在使用攻城器械攻打加沙城之际，一只飞鸟抓落的土块不偏不倚砸中了亚历山大的肩头，令他负伤。预言者断定此为吉兆，加沙在历时两个月的包围后陷落。亚历山大重视加沙的理由与推罗不同。当时，阿拉伯系民族纳巴泰人在阿拉伯北部到巴勒斯坦南部经营香料贸易，加沙是这条路线在地中海沿岸一侧的终点，市民因此过着丰裕的生活。希腊军队的目标是加沙储备的大量香木和没药。亚历山大将这些物资没收，然后送给远在故国的母后奥林匹娅丝（Olympias）和妹妹。

此后，亚历山大继续南下，进入埃及的首都孟菲斯（Memphis）。他被埃及人视为终结波斯统治的解放者而受到热烈欢迎。从公元前332年至翌年停留在埃及期间，亚历山大为了接受位于尼罗河西方锡瓦绿洲的阿蒙神庙的神谕，曾率大军长途跋涉。阿蒙神对希腊人而言就如同宙斯，后者是珀尔修斯（Perseus）和赫拉克勒斯等神话英雄的父亲。这引发了亚历山大的兴趣，他希望通过神意来了解自己人生的意义。

亚历山大一行首先沿利比亚海岸向西进发，然后转向南方朝内陆前进，在水源严重匮乏、沙暴肆虐的情况下，历经数日终于抵达圣地。他们在途中曾数次迷失道路，不得不依靠蛇和鸟的引导前行。阿蒙神的圣域已是一片圆形废墟，四周约7千米的范围内生长着茂密的橄榄树和棕榈树等植物。亚历山大在此向阿蒙神提问，并从神谕中得到了自己满意的答案，然后返回了孟菲斯。

阿蒙神谕内容包括：第一，关于父王腓力二世谜一样的暗杀事件，答复是所有的凶手都已经得到了应有的惩罚——大仇已报，亚历山大对此感到满足；第二，关于自己征服事业的未来，亚历山大询问自己是否能成为全人类的主宰，也得到了肯定的答复。此外，他还从埃及的神学者处得知，自己作为神之子，必将会成为亚细亚之王。这样的故事暗示了亚历山大对古老的文明之地充满了精神层面的兴趣。

在其他方面，亚历山大热衷于以自己的名字命名那些新建立的人口众多的希腊式都市。在尼罗河三角洲地带最西侧分流处卡诺珀斯（Canopus）的河口，他选定了靠近法罗斯岛（Pharos）的地方，命令建筑师测量并规划城市街道。亚历山大对在这片土地上描绘未来都市的蓝图非常兴奋，他迫不及待地命令众人着手工事。这就是日后亚历山大里亚的起源。在这之后，棋盘式道路网的希腊化城市逐渐扩展到整个亚细亚。有说法认为，亚历山大亲自参与规划了这座新城市的大市场[①]、祭祀希腊与埃及众神——比如伊西斯（Isis）女神的神殿，以及城墙等建筑的位置。

在此之后的亚历山大

亚历山大于公元前331年伊始返回腓尼基，向众神献祭，并且再度举办了盛大的诗歌和悲剧竞赛。当幼发拉底河以西全部收入囊中后，亚历山大于同年6月动身，向率领着100万

[①] agora，亦指"广场"，综合了商业区、政厅、宗教建筑等多种公共机能。

大军的大流士三世进军。最终，亚历山大的征服一直推进到印度。然而年轻的征服者于公元前 323 年 6 月在巴比伦病死，时年 32 岁。他生前并没有给自己打造的帝国制定清晰的未来蓝图，就地中海 – 亚细亚地区而言，亚历山大曾下令在腓尼基和奇里乞亚各地建设港口和造船厂，制造 1000 艘三列桨战舰，用于远征地中海各地；在地中海世界和亚细亚各地，他兴建了诸多的城市，为东西方的民族融合起到了促进作用；传说亚历山大还曾在特洛伊修建了雅典娜女神的大神殿。

亚历山大去世以后，他的将军们各自主张自己拥有继承者的权利，他们凭实力争夺王位，帝国的分裂于是不可避免。首先，以巴比伦的王位代理人佩尔狄卡斯（Perdiccas）为中心召开会议，分配了埃及、叙利亚、安纳托利亚各地的统治者。之后在公元前 321 年，佩尔狄卡斯遇刺身亡，诸将又以安提帕特洛斯（Antipatros）为中心，在叙利亚奥龙特斯河上游的特里帕拉狄苏斯（Triparadisus）达成分割领土的协议。其结果是，埃及归托勒密（Ptolemy），安纳托利亚归安提柯（Antigonus）统辖，巴比伦归塞琉古（Seleucus）。

此后的数十年，是亚历山大诸将野心肆虐的混乱时代。先是独眼老将安提柯贪心不足，扩张势力。诸将遂结成反对同盟，但公元前 306 年，最迟至次年，同盟被彻底放弃。此后，亚历山大的后继者们各自称王。

公元前 301 年，安提柯在弗里吉亚的伊普苏斯战役（Battle of Ipsus）中兵败身死。接下来的 20 年，是安提柯之子德米特里（Demetrius）、老将军利西马科斯（Lysimachos）的时代，不过二人也兵败身死。再接下来是塞琉古的时代。塞琉古作为伊普苏斯之战胜利方的中心人物，获得了美索不达米亚、叙利亚、亚美尼亚，之后又占领了安纳托利亚和色雷斯。正当他意在母邦马其顿时，却于公元前281年被暗杀了。至此，自称亚历山大后继者的诸将悉数死去，统治埃及的托勒密一世则早在公元前283年病死。

值得注意的是，亚历山大的后继者们历时长达数十年的争斗，始终是马其顿同胞间的权力争夺，东方世界的原住民几乎没有参与。这无疑是明智之举，但亚历山大的目的——将希腊文明与东方文明相互融合的理想却被完全遗忘了。不过，随着政局的稳定，希腊人带来的文明——亚历山大征服引发的希腊化后果已经逐渐为世人接纳。

第六章　希腊化时代的人们

托勒密王朝

亚历山大里亚

亚历山大驻足埃及期间，曾下令建设亚历山大里亚。然而，他在有生之年却未能再次目睹此地。割据埃及的托勒密一世及其子孙将这座城市定为首都，城市街区建设急速发展。希腊化的亚历山大里亚拥有垂直相交的道路网，这种规划在此前的埃及不曾出现过。相传托勒密一世将在巴比伦去世的亚历山大的遗体运到了埃及，在孟菲斯修建了葬祭圣殿，又在亚历山大里亚修建了王陵，不过迄今为止尚未发现相关遗址。在整个希腊化时代，希腊的迁入者和埃及人的上层阶级不仅居住在亚历山大里亚城中，还在瑙克拉提斯（Naucratis）、托勒梅斯（Ptolemais）、奥克西林库斯（Oxyrhynchus）、阿尔西诺伊

（Arsinoe）等新兴城市寻找到了宜居之所。

在整个希腊－罗马时代，亚历山大里亚都是最大的城市。托勒密时代该城拥有约 30 万人口，罗马时代拥有约 100 万人口，其中近半数都是希腊系居民，其余则是以犹太人为首的诸民族（例如，吕基亚人、奇里乞亚人、弗里吉亚人等）共同体，这些人拥有相当大程度的自治权。埃及原住民的总人口约为 750 万。

距离本土不远的法罗斯岛是一座细长的海岛，在岛屿东端的基岩上耸立着白色石块堆砌而成的高塔，这座多层高塔本身也被称为"法罗斯"，作为导航的灯塔保障着往来水手的安全。法罗斯灯塔与从大陆延伸出的路吉阿斯海角（Cape Lochias）之间的海域散布着岩礁和浅滩，因此灯塔一类设施就极为必要。驶过这一危险的入口之后便是大湾（Great Harbour，现在称东港，Eastern Harbour），其水深可供大型船舶停泊。法罗斯岛的西端与大陆间的欧诺斯托斯湾（Eunostos，有"安全返航"之意）则易于船只进出，该港湾的内侧还开凿有人工港基博托斯（Kibotos）。大湾与欧诺斯托斯湾之间修筑了一道全长 1225 米的人工堤坝，将海岛与大陆连接起来。

大陆上的城市街区，面向海的北侧长约 5250 米，南北长约 1300 米。市区内所有的道路均可骑马或乘车通行，两条主干大道宽度约 30 米。市区的中心是王宫及附属的大型公共建筑群，占据了市区总面积的四分之一至三分之一。特别值得一提的是，该城的博物馆极负盛名，馆内建有列柱长廊、拱廊，还有座席、餐厅等设施。这座博物馆的地位极高，君王亲自委任的馆长被称为"学问与艺术诸神的祭司"。

另外,路吉阿斯海角处建有一座宫殿。这里的森林中不仅建有宿泊设施,而且还是王室港口的所在地。面向大湾的市区,建有剧场、波塞冬神殿、市场、仓库、船坞等,在罗马时代又兴建了恺撒纪念堂。沿欧诺斯托斯湾一侧的城市街区开凿有连接着市区南侧马留提斯湖(Lake Mareotis)的运河,沿河附近耸立着塞拉匹斯神殿(Serapeum)、半圆形剧场、竞技场等建筑。市区内最华丽的建筑当数体育馆。除上述建筑之外,图书馆、公园、马场、步行街、动物园、浴场、学校等设施也是应有尽有。

亚历山大里亚的地理优势可概括为以下两点。第一,大海、马留提斯湖、运河等充分发挥了水利优势。第二,夏季尼罗河水量大增之际,可以将污浊的空气一扫而空,有利于市区内的健康状况。

希腊化时代的埃及社会

身为亚历山大大帝后继者之一的托勒密一世(Ptolemy I Soter),他的子孙世代沿袭"托勒密"的王号,因此该王朝的诸王通常使用副称加以区别。例如,托勒密一世的副称是"索特(Soter)"。托勒密一世以后的一个世纪里,埃及无论是财富,还是行政和军事,都堪称一流国家,社会十分安定。托勒密二世斐拉德尔福斯(Ptolemy II Philadelphus,公元前283—前246年在位)迎娶其姐阿尔西诺伊(Arsinoe II)为妃,此后二人共治期间,托勒密王朝从塞琉古王朝手中夺取了叙利亚的内陆部分。

此外，当时埃及的海外领地保有塞浦路斯岛、爱琴海海域的一部分、安纳托利亚的西南部和以弗所等地区，呈现出制霸整个地中海东部地区的态势。这种优势的源头是亚历山大大帝为确立海上势力征服了腓尼基，以及在地中海东部兴建了新的海上中心亚历山大里亚。托勒密二世还致力于实现国家垄断生产和商贸的目标，从而为王朝的经济繁荣奠定了基础。继任的托勒密三世尤厄盖特斯（Ptolemy III Euergetes，公元前246—前221年在位）于公元前240年与塞琉古王朝缔结了媾和条约，在他治世初期，埃及的海外统治达到了顶点。

从公元前221年至公元前181年，为托勒密四世斐洛帕托尔（Ptolemy IV Philopator）和托勒密五世埃匹法尼斯（Ptolemy V Epiphanes）统治时期。从这一时期开始，托勒密王朝显示出衰弱的倾向。尽管如此，公元前217年进行的拉菲亚之战（Battle of Raphia）中，托勒密四世斐洛帕托尔依然大胜塞琉古王朝的安条克三世。当时后者的军势阵容大体如下：奇里乞亚的轻装步兵，身披马其顿戎装的叙利亚士兵，波斯弓箭手与投石兵，色雷斯人、阿拉伯人、米底人、克里特人的部队，希腊雇佣兵，利比亚标枪兵，以及正规的重装步兵，以上合计为骑兵6000人、步兵62000人、战象102头。从塞琉古王朝的军阵中可以看到与昔日波斯帝国军队相同的集结规模。另一方的托勒密王朝则拥有步兵70000人、骑兵5000人、战象73头，其中，被动员的原住民部队也为胜利做出了贡献。不过，依赖原住民的力量象征着托勒密王朝自身希腊要素的逐渐淡薄,尼罗河上游原住民的反抗也因此愈演愈烈,亚历山大里亚的宫廷中政变迭起。

在叙利亚,安条克三世转入反击,夺取了托勒密王朝的海外领地。公元前 2 世纪以后的埃及彻底陷入了长久的衰退期之中。托勒密七世尤厄盖特斯①(公元前 150—前 116 年在位)在位时一度恢复了王朝昔日的辉煌,却也终究是昙花一现。托勒密十一世奥勒特斯②(公元前 80—前 51 年在位)的暴政使形势急速恶化。他最终成了罗马侵略政策的牺牲品。

最后,充满野心的女王克利奥帕特拉(Cleopatra Ⅶ Philopator)登上了舞台,她试图借助罗马的力量来实现对整个东方世界的统治。但是此时整个地中海 - 亚细亚已经处于罗马的统治之下,其东方则有帕提亚帝国(Parthian Empire)。克利奥帕特拉最终于公元前 30 年被屋大维(Octavius)——后来的奥古斯都(Augustus)消灭,从此以后埃及成了罗马皇帝的直接统辖地区。

伊西斯和塞拉匹斯

在希腊化时期的埃及,占少数的希腊城市居民与占多数的原住民之间进行了民族融合。在日常生活和军队的接触中,

---

① 此处应为"托勒密八世尤厄盖特斯",即 Ptolemy Ⅷ Euergetes Ⅱ Tryphon,其副称为"斐斯康",故通常英文写作:Ptolemy Ⅷ Physcon,实际在位时间为公元前 145—前 116 年。托勒密七世副称为"小斐洛帕托尔",英文写作 Ptolemy Ⅶ Neos Philopator。托勒密八世谋杀了侄子托勒密七世篡夺王位,鉴于托勒密王朝后期局势动荡,诸王姓名多有无从考证者,此处应系作者未将托勒密七世列入王表。
② 此处应为"托勒密十二世奥勒特斯",即 Ptolemy Ⅻ Auletes。

双方的通婚使希腊人逐渐埃及化。这些埃及化的希腊人大部分都受到了埃及多方面的影响，例如自法老时代以来的古老宗教、神官们的传承和学问，以及希腊化时代最具有代表性的埃及神祇伊西斯和塞拉匹斯（Serapis）崇拜等。埃及从来都是一个封闭的且吸收力极强的世界。在公元前 30 年罗马人征服亚历山大里亚之际，埃及的希腊人已经有了很鲜明的本土化倾向。

托勒密王朝支持传统的诸神殿，对古老的宗教建筑给予保护，诸神殿在很大程度上得到了复兴。例如，丹德拉（Dendera）的哈托尔女神殿（Hathor Temple）、埃德夫（Edfu）的荷鲁斯神殿（Horus Temple）、埃斯纳（Esna）和艾勒芬汀（Elephantine）的克奴姆神殿（Khnum Temple）等，其中最为华丽的当数菲莱岛（Philae）的伊西斯女神殿（Isis Temple），然而这座神殿随着 1974 年阿斯旺大坝（Aswan High Dam）的建设被淹没在水库之下。

不过，纵观整个希腊－罗马时代，起源于埃及的众神之中，最著名的当数伊西斯女神和塞拉匹斯神。伊西斯自古以来就是埃及的大地女神，司掌每年赐予大地复苏的恩惠。相对于伊西斯，塞拉匹斯则是在托勒密一世时期的亚历山大里亚突然现世。根据推测，塞拉匹斯很有可能是古代的冥界与不死之神欧西里斯（Osiris）和公牛之神阿匹斯的合体，但真相如何并不明了。再者，在古埃及神话当中，伊西斯扮演着将遭到杀害的欧西里斯神复活的角色，而塞拉匹斯和伊西斯之间的关系则很模糊。希腊化时代中，伊西斯和塞拉匹斯曾在全地中海世界拥有广泛信仰,但各地不仅设立不同的神殿,与二者相关的神话与教义也各不相同。

亚历山大里亚的塞拉匹斯神殿与耶路撒冷的耶和华神殿属于同一类型的主神庙。塞拉匹斯神殿于托勒密一世时期建成,并从希腊的秘仪圣地厄琉西斯(Eleusis)招来祭司提摩帖俄斯(Timotheos),此人和埃及赫里奥波利斯(Heliopolis)的祭司曼涅托(Manetho)合作,共同创设了秘密的教义。

另一方面,从希腊招募的雕刻家所创作的新神像也与传统的埃及风格迥然相异。伊西斯女神被刻画为近似希腊女神的姿态,令人感觉充满了冥想的母性色彩。塞拉匹斯神则被刻画为表情幽暗深邃、目光充满慈悲的老者,须发丰盈且头戴莫迪乌斯(一种称量谷物的容器)冠冕。391年,罗马皇帝狄奥多西(Theodosius)下令破坏亚历山大里亚的塞拉匹斯神殿,由当时代表基督教徒的亚历山大里亚大主教狄奥菲鲁斯(Theophilus)向塞拉匹斯神像掷出了最初的一击。无论如何,这种新类型的埃及宗教与此前的宗教截然不同,希腊人和罗马人曾经广泛接纳了这一宗教。

伊西斯和塞拉匹斯宗教的埃及要素中,吸引人的地方并不在于神明的观念和神

塞拉匹斯神的大理石头像,3 世纪

学，而在于这种宗教的流动性，被称为"预言者（先知）"的祭司们所传授的教义内容也不固定。另一方面，最能迷惑信仰者的是自古以来就有的仪式和祭祀。通过水浴、烟熏、涂油、食物禁忌等手段追求肉体的洁净，从而逐渐达到清洁心灵的目的；通过参加每日从早到晚的神殿仪式与每年特定日子里举行的祭祀仪式，以达到永生的境地。后者（即追求永生）包含着伊西斯崇拜中的"伊西斯乘船""欧西里斯发现"等盛大的祭祀仪式。对于希腊－罗马时代的人们而言，此类信仰是一种革新。

塞琉古王朝

城市的建设

埃及在被亚历山大大帝征服以后，也基本上是一个农民的世界。原则上，土地归王所有；事实上，则由被束缚在土地上的农民进行耕作。这是自法老时代以来一成不变的传统。而与埃及不同，塞琉古王朝的中心叙利亚地区却是自古以来城市国家的繁荣昌盛之地，当地在亚历山大征服之后依然以城市为中心不断发展。这是与旧日波斯帝国控制下相比最不同的一点。

尤其值得一提的是，塞琉古一世（Seleucus I Nicator）以叙利亚为中心新建或重建了约 60 座城市。此举为人口占少数的希腊人提供了生活场所。从叙利亚是城市化政策的中心地带这一点来看，建设城市的主要目的并不难想象——为了开发东西方交易的中心。当初塞琉古王朝的首都曾设在底格里斯河畔的塞琉西亚（Seleucia）、幼发拉底河畔的杜拉－欧罗普斯（Dura-Europos）、安纳托利亚的劳迪科亚（Laodicea）和阿帕美亚（Apamea），以及叙利亚北部奥龙特斯河畔的安条克、河口处的塞琉西亚·皮埃里亚（Seleucia Pieria）、另一座劳迪科亚、昔日哈马的埃皮法尼亚（Epiphania）、昔日阿勒颇的贝洛雅（Beroea）等地。这些城市多是通过重建古老的都市、合并当地居民的多个村落、退役士兵殖民开发、基于城市计划的新建等方式出现。

城市的领导阶层由富裕商人、高阶神官、高级官吏、退役军人等组成。他们作为城市贵族实现了世袭化，组成了相当于市议会的元老院。原住民的代表也能加入元老院。城中建有市议会、市场、体育场、剧场等希腊风格的公共设施。郊外的农田由市民作为自耕农在各自的份地上耕作。城市里一般通用希腊语和阿拉米语，即使被罗马吞并以后，也依然流行希腊文化。在罗马时代，当基督教从犹太教传统中分离出来后，首先就是在这类叙利亚－巴勒斯坦和安纳托利亚的城市中传播，又将希腊文化吸纳进来。

连通塞琉古王朝领土的主要道路大致如此：沿着东方世界之人早已懂得利用印度洋季风开辟的海上贸易路线，可以直达波斯湾尽头的斯帕西努·查拉克斯（Spasinu Charax）；在这里，自东方而来的陆上丝绸之路主干线汇合进来，之后一直延伸至叙利亚的安条克；再由安条克经托罗斯山脉和奇里乞亚的关口，抵达爱琴海沿岸的以弗所。

经阿拉伯沙漠北上的宝石和香料大动脉到达叙利亚南部，连通着腓尼基的诸多港口城市。围绕这一段路线，托勒密王朝和塞琉古王朝两大强国之间曾爆发了激烈的争夺，这也正是数次叙利亚战争的原因所在。公元前198年以后，叙利亚的内陆部分被塞琉古王朝收入囊中，从此这条贸易路线先是北上去往大马士革，之后连接安条克，为塞琉古王朝带来巨大的利益。

阿拉多斯与安条克

接下来，让我们一窥塞琉古王朝治下的腓尼基北部港口阿拉多斯（Arados），以及位于奥龙特斯河畔的首都安条克建城的情况。

阿拉多斯曾与其他腓尼基城市一样，都处于王政统治之下，自波斯帝国时代以来就被强有力的贵族统治着。该城市建立在距离海岸两千米处的海岛上，这一点与推罗很相似。在亚历山大的大军压境之际，阿拉多斯选择了立即投降。公元前259年，安条克二世（Antiochus Ⅱ）承认了阿拉多斯的自治权。从此以后，阿拉多斯一直与塞琉古王朝保持友好关系。当时，虽然阿拉多斯与周围的四座城市缔结同盟，但其对于塞琉古王朝的从属立场却未曾改变。公元前38年，罗马将军安东尼占领了阿拉多斯城，此地作为东方贸易的重要港口城市继续繁荣着。尽管阿拉多斯为北边邻近的奇里乞亚人提供了海盗活动的基地，但该城却不曾参与协助海盗活动。

阿拉多斯最值得一提的地方，是其所在的海岛之上存在着与推罗同样的"庇护圣所"，即"不可侵犯的避难所"。阿拉多斯利用圣所的庇护权，为参与塞琉古王朝内部纷争失败而如坐针毡的达官显贵们提供保护，从而赢得了受恩惠和被救济之人的好评。作为对恩情的回报，阿拉多斯城界也得以扩张。

塞琉古一世在公元前312年前后，选择将最初的首都设立在底格里斯河畔的塞琉西亚，这是他亲手建立起的众多城市之一。这座城市承担首都的职能仅维持了12年，但此后它依然作为东方世界腹地的希腊文明中心，以及重要的贸易中心延续了繁荣，到了公元1世纪中叶时，这里的人口已经达到了60万。

公元前301年爆发的伊普苏斯战役中，塞琉古一世击败了安提柯，此后塞琉古王朝愈加重视作为其领土中心的叙利亚北部地区，将城市建设的重点转移至此地。第二年（公元前300年）奥龙特斯河附近的四座姐妹城市——安条克、塞琉西亚·皮埃里亚、阿帕美亚、劳迪科亚便展开了建设。当地在公元前307年时已经将安提柯用自己名字冠名的安提柯尼亚（Antigoneia）确立为首都，由此可见，当时此地兴起了一股建设热潮。但塞琉古一世在选择首都时，为什么没有选择以自己名字命名的塞琉西亚·皮埃里亚，而是选择了用其父名字命名的安条克，关于这一点我们已经无从知晓了。

安条克位于距离奥龙特斯河口直线距离约25千米的地方。现在市区附近的奥龙特斯河已经成了排水渠，而当时自海上而来的船舶可以一直航行到河口处。南北走向的河道流经安条克城区（海拔90米）的西侧，河道的左岸（东岸）是西庇乌斯山（Mount Silpius，海拔约400米），山与河之间的狭窄平地上是密集的民居。市区北侧的一部分区域坐落于河流中的岛渚上，后来也修建了宫殿。街市被城墙包围，中央是贯通南北的大道。大道在街市中心的泉水殿分岔、转向，这是安条克市区布局的特点。市区街道如棋盘般整齐有序。

安条克的水源依赖雨水和泉水。当地的年平均降水量约1150毫米，作为一座地中海–亚细亚城市，这样的降水量十分充沛。另外，安条克城南约8千米的达芙妮森林的圣地中涌出了丰富的泉水，这些泉水也被引入市区使用。安条克城市周边借此兴起了丰沃的农业地带。

安条克市民大多数是外来移民。在这些人当中，第一类便是希腊军队的退役士兵，除此之外还有来自塞浦路斯、克里特、阿尔戈斯（Argos）、雅典等地的希腊人。安条克市民的另一构成是迁入这座新城市中的旧安提柯尼亚市民，他们原本是雅典移民。另外，安条克城市中也迁入了许多犹太人和当地的叙利亚原住民。可以说，安条克是塞琉古王朝政策下兴起的典型城市范例。

王朝的盛衰

塞琉古一世死后，王朝诸王不得不应付广阔领土上各地此起彼伏的独立或反叛，王朝看似唯有衰败一途。不过，安条克三世（Antiochus III the Great，公元前223—前187年在位）登位之后，事态有了显著改善。到公元前219年，他平定了美索不达米亚、伊朗高原、巴克特里亚（Bactria）、安纳托利亚等地的反抗势力。公元前217年在对抗埃及的拉菲亚之战中，安条克三世彻底失败了，但他自公元前212年至公元前 206 年，又谋划了东方远征，取得了几乎足以比肩亚历山大大帝的名声。此后，通过公元前 198 年的帕尼翁之战（Battle of Panium），他成功将埃及托勒密王朝的势力逐出了叙利亚 - 巴勒斯坦地区。公元前 198 年，在征服了耶路撒冷的神殿共同体之后，安条克三世认可了当时担任大祭司的义士西蒙（Simeon the Just）提出的"遵循犹太人祖先之法生活"的权利。

安条克三世还不得不直面罗马势力进入东方的这一新事态。他与佩加蒙（Pergamon）、罗得岛（Rhode Island）等地的小君主发生冲突时，这些小君主向罗马寻求援助。罗马以此为借口介入纷争，结果是公元前 190 年在吕底亚的马格尼西亚，塞琉古王朝与罗马展开了一场大决战——马格尼西亚战役（Battle of Magnesia）。从安条克三世的布阵情况来看，塞琉古王朝进行了不逊于此前拉菲亚之战的大规模动员，可知其对于必胜的期待，但最终还是被罗马将军西庇阿（Scipio）兄弟击破。根据公元前 188 年在弗里吉亚的阿帕美亚缔结的协约，塞琉古王朝不得染指托罗斯山脉以西的安纳托利亚地区，严禁与他国缔结同盟、开展敌对行为、使用战象和雇佣兵、捕获俘虏等，而且还必须向罗马支付高额赔偿金。次

安条克三世（大帝）像

年，为了筹集这笔资金，安条克三世在掠夺伊朗高原西南埃兰地区的贝尔神庙（Temple of Bel）时被杀死。

安条克三世的后继者之一是他的第三子——曾作为人质在罗马度过了12年的安条克四世艾比法尼斯（Antiochus IV Epiphanes，公元前175—前163年在位）。这同样是一位极富个性的君主，夸张的品行和矛盾的言行时常令众人惊愕不已。安条克四世一方面身着罗马人外出时的长袍，追求豪华的宫廷生活，另一方面却致力于施行残酷的专制君主政治。另外，他还崇尚希腊文化，奉行伊壁鸠鲁（Epicurus）哲学。公元前168年，安条克四世取得了对埃及战争的胜利，但罗马的干预让他功亏一篑。从此以后，塞琉古王朝时常处于罗马的监视之下。

安条克四世信仰的宗教同样很特殊，他推崇叙利亚的至高主神巴尔夏明对世界的统治，以此来强化自己的统治权力。事实上安条克四世的考量是和筹集资金的目的紧密结合在一起的，他曾经掠夺了耶路撒冷的耶和华神殿，结果这引发马加比（Maccabees）战争和犹太独立，并加速了塞琉古王朝的衰亡。

安条克四世死后，塞琉古王朝的宫廷沦为阴谋、暗杀、叛乱的温床，来自罗马的压力也在不断增加。各城市为谋取独立不断掀起武装暴动，或与叙利亚北部诸城市结成反塞琉古王朝同盟，此类问题层出不穷，而首都的市民们更是对塞琉古王朝诸王充满了嘲笑讥讽。公元前63年，罗马将军庞培（Pompey）来到此地，吞并叙利亚，将其变为罗马的一个行省，塞琉古王朝随之寿终正寝。

安纳托利亚的众多小王国

佩加蒙王国

希腊化时代的安纳托利亚，基本上是过去安纳托利亚历史的反复。原住民神殿共同体由形形色色的外来者统治，叙利亚塞琉古王朝和马其顿的安提柯王朝在此地竞相扩张势力，但最终都被罗马吞并。

亚历山大大帝后继者之一——马其顿将领利西马科斯曾在位于安纳托利亚西北部的圆锥形岩山佩加蒙中构筑要塞，将此地据为己有。佩加蒙被当作藏匿财宝之地，由原本默默无闻的宦官菲莱泰洛斯（Philetaerus）负责看守。菲莱泰洛斯于是成了这座岩山的实际统治者，其一族成员以此为首都，构筑起王国。菲莱泰洛斯有两位兄弟——攸美尼斯（Eumenes）和阿塔罗斯（Attalus），后来先是攸美尼斯之子攸美尼斯一世（Eumenes I，公元前263—前241年在位）成为统治者，并且在萨迪斯击败塞琉古王朝安条克一世，立下了功绩。

继攸美尼斯一世之后，是阿塔罗斯之子阿塔罗斯一世（Attalus I，公元前241—前197年在位）统治佩加蒙王国。他成功击败了入侵安纳托利亚的外来民族，因而获得了原住民和希腊移民们的敬仰。阿塔罗斯一世采取亲罗马、反马其顿的政治立场。其子攸美尼斯二世（Eumenes II）也曾加入罗马一方，在马格尼西亚之战中对阵塞琉古王朝的安条克三世，从而使罗马认可了其对托罗斯山脉以西土地的统治权。另外，攸美尼斯二世还尝试将佩加蒙岩山改造为一座文化都市，在此供奉神庙，创建图书馆。根据现在的遗迹推测，当时的城市规模得到了空前扩大。

佩加蒙王国的领土范围从弗里吉亚直到潘菲利亚，是希腊化时代安纳托利亚地区最强大的国家。不过，佩加蒙王国凭借与罗马人之间的同盟所取得的成功，招致周边邻近国家的憎恨，罗马人也因攸美尼斯二世实力过度增强而感到恐惧，日渐表现出对佩加蒙王国的不信任。攸美尼斯二世凭借杰出的雄辩和旺盛的精力周旋于各个势力之间，使自己得以稳坐于王座之上。然而，接下来的阿塔罗斯三世（Attalus Ⅲ，公元前138—前133年在位）在仅统治了五年之后，于公元前133年临终之际，将希腊系城市以外的全部领土都赠送给罗马，佩加蒙从此成了罗马的行省。阿塔罗斯三世为何会提出这样的遗愿，准确理由至今尚不明确，有观点认为：他是因罗马严苛的干预政策而对佩加蒙王国的未来感到绝望，同时此举也能有效防止佩加蒙王族的统治被倾覆。

事实上，在阿塔罗斯三世死后，一个名叫阿利斯托尼库斯（Aristonicus，亦称攸美尼斯三世，公元前133—前129年在位）的人自称拥有王族身份，为夺取王位发起了叛乱。他在内陆地区纠集奴隶和贫民，向他们允诺自由，他们自称为"太阳的市民"，逐步攻陷各地的要塞。周边国家（比提尼亚、卡帕多西亚、本都等）的诸王唯恐这场变乱波及本国，因此协助罗马进行反攻。罗马方面也对佩加蒙的局势变化高度重视，不仅派出使节和军队，还迅速派遣执政官前往当地。结果，阿利斯托尼库斯遭到逮捕，最终囚死狱中。

比提尼亚王国与加拉提亚人

比提尼亚（Bithynia）同样位于安纳托利亚的西北一隅，原来是指卡尔西登（Chalcedon）半岛一带。色雷斯人——他们与昔日的弗里吉亚人一样，都是从巴尔干半岛迁来的——在欧洲大陆对岸的邻近地方，诸如赫拉克里亚（Heraclea）、帕夫拉戈尼亚、密西亚（Mysia）、普罗彭提斯（Propontis）等地拓展领土。虽然这些地方都是山地，但是萨卡里亚河流域土地肥沃，港口发达。此外，这些地方盛产木材和大理石，也是连接安纳托利亚高原和本都（Pontus）的道路。

最迟从波斯帝国时代开始，色雷斯人已经开始在此地定居。芝普特斯一世（Zipoetes Ⅰ）于公元前298年称王，开创了比提尼亚王朝。芝普特斯之子尼科美德一世（Nicomedes Ⅰ，公元前279—前255年在位）延续了父辈的政策，协助佩加蒙王国，与塞琉古王朝的安条克一世对立，比提尼亚王朝的领土扩张也始于尼科美德一世时期。公元前278—前277年的一段时期内，他还向从欧洲渡过博斯普鲁斯海峡、入侵安纳托利亚的加拉提亚人（Galatians，亦作加拉太人）伸出援手，让他们迁入弗里吉亚。大约在公元前265年，尼科美德一世又兴建了新首都尼科美底亚（Nicomedia），取代了昔日的阿斯塔科斯（Astakos）。尼科美底亚和佩加蒙一样吸收了希腊文化，即使在罗马时代，也作为行省首府持续了繁荣。

尼科美德一世之后，从普鲁希阿斯一世（Prusias Ⅰ，公元前230—前182年在位）到尼科美德二世（Nicomedes Ⅱ，公元前149—前127年在位）约一个世纪的时间里，蛮族出身的色雷斯人通过从事他们原本厌弃的商业活动积累了财富，促成了文明之花的绽放。特别值得一提的是，比提尼亚王朝在普鲁希阿斯一世时期达到了最大版图，并且与佩加蒙王国竞争。

比提尼亚王朝基本上保持着亲罗马的立场。公元前94年即位的尼科美德四世（Nicomedes Ⅳ），在公元前75年末或公元前74年初去世之际，与昔日的佩加蒙国王阿塔罗斯三世一样，决定将自己的王国馈赠给罗马人。至于尼科美德四世为何决定效法近60年前的旧事，现如今已无法知晓原委。不久之后，罗马将军庞培平定了安纳托利亚，将比提尼亚和本都划定为小单位的行政区域，并设立代理官员进行分割统治。罗马皇帝马可·奥勒留（Marcus Aurelius，161—180年在位）统治期间，比提尼亚设立了行省。

另一方面，经比提尼亚人引导进入安纳托利亚的加拉提亚人，在欧洲又被称作凯尔特人（Celts）。他们是以法兰西地区为中心、主要在欧洲西部活动的印欧语系民族，也曾移居意大利北部。公元前279年，加拉提亚人从北方侵入希腊和马其顿地区，并大肆掠夺。第二年，他们在掠夺了拜占庭（Byzantium）之后，大举向弗里吉亚迁徙。

加拉提亚人的社会仍处于部族阶段，没有王，代替王的是17位领导者，其中的两位代表即目前已知的莱昂诺利乌斯（Leonnorius）和卢特利乌斯（Lutarius）。加拉提亚人在安纳托利亚的安吉拉（Ankyra，即今天的安卡拉）建立据点，他们主要的谋生方式之一是凭借自身的武勇充当雇佣兵。公元前190年马格尼西亚之战时，塞琉古王朝军队中就曾活跃着1500名加拉提亚人骑兵的身影。

本都王国和科马基尼王国

本都位于安纳托利亚东北部近海岸线地带,其内陆部分与卡帕多西亚北部地区接壤。虽然海岸附近和河流两侧谷地的土壤肥沃,但本都整体是个山地国家,木材、果树众多,矿产资源(铁、铜、银)和岩盐等储量丰富。这一地区没有兴起城市文明,原住民的古老村落和神庙共同体处在封建领主制统治之下,世代沿袭"米特拉达梯(Mithridates)"名号的本都王室只是这些封建领主中的一员。

关于公元前4世纪下半叶以前的米特拉达梯王室统治顺序和统治情况,大部分已经模糊了。其基本政策和比提尼亚、佩加蒙相同:与邻近的小国家群相互竞争,与罗马保持亲密关系。然而,拥有"高贵者(Eupator)"称号的米特拉达梯六世(Mithridates Ⅵ,公元前120—前63年在位)登基后,形势为之一变。他为人苛刻,却善于见机行事,具有极强的组织能力。他统治的前半期多是按照父辈的政策,向黑海北岸拓展势力,并获益甚多,足以为本都王国供养一支可靠的军事力量。

然而,当米特拉达梯六世着手征服安纳托利亚东部的内陆部分时,却遭到了罗马的干预。

当时,多数的希腊王朝都选择了服从罗马或者向罗马妥协,唯有米特拉达梯六世坚持一贯的反罗马斗争。他抓住罗马元老院派遣至安纳托利亚和

"高贵者"米特拉达梯六世

希腊各地的包税人（publicani）横征暴敛一事，煽动民怨。公元前88年，他决定与罗马展开军事对决，此举得到民众的广泛支持。据说一日之内，在安纳托利亚、爱琴海、罗得岛等地有八万名罗马人被杀害（史称"亚洲晚祷"）。这就是三次米特拉达梯战争的开端。然而，战争的结局是公元前66年罗马将领庞培胜利占领尼科波利斯（Nicopolis）[①]，米特拉达梯六世逃往克里米亚（Crimea）。不久之后，其子法尔纳西斯（Pharnaces）发动叛乱，米特达拉梯六世被迫自杀。法尔纳西斯试图复兴父亲的王国，但公元前47年在本都的泽拉（Zela）被恺撒（Caesar）击败。当时恺撒向罗马元老院传递的捷报，就是那句著名的"我来，我见，我征服"。

科马基尼（Commagene）于公元前162年获得独立，该王国位于叙利亚的北端。王国的开创者原本是塞琉古王朝在当地的代理人（总督）托勒密欧斯（Ptolemaeus），后来发动叛乱独立。不过，此后科马基尼王室和本都王室一样，都以与塞琉古王朝通过政治联姻形成的血缘为荣，同时他们还坚称自己是波斯大流士大帝的末裔。在阿卡德语的碑文中，科马基尼曾以"Kummuh"出现，是一个历史非常古老的地方。

科马基尼王国留存后世最大的遗迹，当数第四代国王安条克一世（Antiochus I Theos，公元前69—前34年在位）生前在荒凉的内姆鲁特山（Mount Nemrut，"圣山"）为自己营造的灵庙和高大的希腊语碑文。在内姆鲁特山东侧的山顶上，矗

[①] 含有"胜利之城"的意思。

立着五具端坐在王座之上的巨大雕像。这五尊雕像分别是密特拉（太阳神阿波罗）、科马基尼的守护女神、阿胡拉·马兹达（主神宙斯）、安条克一世本人、阿尔塔格涅斯（Artagnes，战神阿瑞斯），代表着国王和他笃信的波斯神明。五尊雕像的两侧是狮子和鹰鹫的雕像。

在这些雕像背后的墙壁上是以诗文体的希腊语雕刻的碑文，据此可以确定国王的祖

科马基尼王国的安条克一世和赫拉克勒斯（乌鲁斯拉格纳）的雕像

先、宗教信仰、王死后举行祭典仪式的日期（诞生日和即位日），以及负责守护灵庙的祭司组织。在内姆鲁特山西侧的山顶上，雕刻着描绘诸神的浮雕和国王诞生日的星位图。内姆鲁特山遗迹充分展示了希腊化时代地中海－亚细亚人的精神状况。

马加比战争

希腊化时代初期的犹太人

有关科马基尼人实际的社会动向和宗教活动，由于史料限制已经难以详细阐明。与此相反，从巴比伦之囚时代直到波斯帝国时代，在巴比伦和耶路撒冷建立的犹太人新社会却留下

了数量众多的史料。耶路撒冷存在与安纳托利亚的神殿共同体十分相似的、以大祭司为首的自治团体，凡事皆以恪守摩西律法的宗教生活优先。超越民族宗教范畴的普世神观念与基于个人层面树立的信念和道德，全部保存在这一共同体所持有的神圣典籍中，流传于后世。

亚历山大大帝很可能没有实际目睹这些犹太人的生活情况。公元前301年，亚历山大大帝的后继者们在伊普苏斯的一番鏖战，令巴勒斯坦和腓尼基一同成了埃及托勒密王朝的领地。在这之后，希腊文化同样传播进巴勒斯坦，令当地的生活方式和思维观念产生了变化。

首先，巴勒斯坦地区也兴建起了希腊化的城市。费拉德尔菲亚（Philadelphia，即现在约旦首都安曼，Amman）、托勒梅斯（Ptolemais，即现在的阿克，Acre）、锡索波利斯（Scythopolis，即现在的贝特谢安）等地，都是在自古以来原住民城市的基础之上，按照棋盘网格状的城市规划蓝图重新兴建的城市。其次，犹太人社会的上层和祭司阶级对希腊文化保持欢迎的态度，他们并不认为希腊文化与传统的律法宗教相悖。后来，持有这一立场的人被称为"撒都该教派（Sadducees）"。与撒都该派相对，主张希腊文化——希腊思想和希腊式的生活——有违律法和先知教导之人结成了"哈西德教派（Hasid，即敬虔派）"，后来以这些人为中心，又衍生出了"法利赛派（Pharisees）"和"艾塞尼派（Essenes）"。

再次，希腊化也得到了身处非巴勒斯坦之地（此处指"离散的移民社群"，diaspora）犹太人的欢迎。起初，这些人为了和当政者保持密切接触而四处活动。例如，塞琉古王朝的安条克三世在远征东方的途中察觉到弗里吉亚和吕底亚存在不稳定状况时，立即采取对策，将两千名美索不达米亚的犹太人迁入这些地区，给予移居者家宅、田地、葡萄园，并免除他们10年的赋税。安条克三世这样做的理由是：信奉神明者必会保守信用。

犹太人换上了希腊风格的名字，进出城市中的圆形剧场和体育场，学习理解从希腊传来的文学和哲学。外地的犹太人会前往耶路撒冷朝觐巡礼，亚历山大里亚的犹太人社会还把《圣经·旧约》翻译成了希腊语。这得益于托勒密二世的助力，在他的命令下，70位学者在70天中完成了翻译工作，因此最终成果被称为"七十贤士译本（Septuagint）"。从此以后，希腊语译本的《圣经·旧约》在巴勒斯坦地区以外不通晓希伯来语的犹太人中间流行开来。至此，犹太教和希腊哲学开始了逐渐结合的尝试。

塞琉古王朝与犹太人

安条克三世于公元前198年的帕尼翁战役中击败了托勒密五世埃匹法尼斯，从托勒密王朝手中夺取了巴勒斯坦和腓尼基地区。当时，耶路撒冷教团加入了塞琉古王朝一方，因而得到了王家授予的自治权，得到了国库对祭祀牺牲品的资助，祭祀用的木材可以免税，神职人员、长老、学者以及耶路撒冷的市民免税三年等优待。不过，塞琉古王室自从马格尼西亚之战败北以来，为了向罗马支付巨额赔偿金而陷入了经济上的窘境，更因军事方面的兵源减少而苦恼。恰逢此时，耶路撒冷圣殿中积蓄着大量财富的传言不胫而走，塞琉古王室也听闻了此事。塞琉古四世（Seleucus Ⅳ Philopator，公元前187—前175年在位）为此派出调查团了解实际情况。

塞琉古四世被暗杀之后，其弟安条克四世即位。然而，他在即位之初就卷入了犹太纷争。自托勒密王朝时代开始，深深扎根于费拉德尔菲亚的大地主托比亚兹家族（Tobiads）就与耶路撒冷的祭司阶级血脉相连，并且对耶路撒冷的大祭司一职具有影响力。大祭司欧尼阿斯三世（Onias Ⅲ）和他那位得到托比亚兹家族支持的弟弟耶逊（Jason）之间的矛盾，发展成在安条克四世面前上演的陈情战，结果希腊派的耶逊被认可，获得了大祭司职务和耶路撒冷的城市自治权。随后，耶路撒冷出现了希腊风格的政治组织和体育馆。

公元前172年，托比亚兹家族的梅内劳斯（Menelaus）前往安条克城，向塞琉古国王送出大量贿赂，从而取得了大祭司的职位。大概是在塞琉古国王的要求下，梅内劳斯开始动手侵吞神殿财产，一度导致当地犹太人的抵抗，不过这些内乱最终还是被平定了。此外，安条克四世本人在远征埃及（公元前169年）的归途中，曾在耶路撒冷停留，他效法父王在埃克巴坦那和埃兰的行为，大肆掠夺神殿。当时掠走的物品中包含黄金祭坛、灯具、圣饼供奉台、圣油壶、各类杯具器皿、香炉、纱幔、头冠、黄金饰品、金银容器等。

翌年，安条克四世受到罗马将军盖乌斯·波皮利乌斯·莱纳斯（Gaius Popillius Laenas）的传召前往埃及。据记载，安条克四世被勒令站在海滩上事先画好的圆圈中，在发誓不再干预埃及事务前禁止踏出圈外。饱经屈辱和掠夺的犹太人对安条克四世的不服情绪逐渐高涨，而安条克四世再次前往耶路撒冷，在此大开杀戒，此后更是将耶路撒冷由自治城市降格为军队驻地，禁止犹太人的安息日和割礼，将耶和华神殿改为供奉宙斯及奥林匹斯众神之所。

马加比家族的叛乱

从公元前 166 年开始，犹太地区进入了全面叛乱的时代。不论资产多少的市民阶层、低级的祭司阶层、从事预言占卜的宗教人士悉数加入叛乱中，而耶路撒冷的祭司家族和受希腊化影响的贵族阶层仍然保持着亲塞琉古王朝的立场。当安条克四世远征东方期间委任的总督利西阿斯（Lysias）下令向宙斯供献祭品时，叛乱便从特拉维夫东方的莫迪因（Modi'in）爆发了。当地祭司玛他提亚（Mattathias）杀死异教徒和支持异教徒的犹太人，随后率领其家族、同志，以及哈西德教派成员一同逃至荒野，展开了游击战。

玛他提亚的后继者，其第三子犹大·马加比（Judas Maccabeus，"马加比"有"铁锤"之意）选择与塞琉古王朝军队进行正面对决。他先是在以马忤斯（Emmaus）击败了塞琉古将领哥尔基亚（Gorgias），又于公元前 165 年在贝特－祖尔（Beth-Zur）战胜利西阿斯。在该年年底，马加比率军攻入耶路撒冷，将塞琉古王朝军队封锁在一座名为阿库拉（Acra）的小要塞中。同年 12 月 25 日，他在耶和华神殿中重新进行献祭。

这便是犹太教"哈努卡节（Hanukkah，有洁净圣殿之意）"的起源。此后，犹大·马加比等人厉行摩西律法，保护哈西德派的立场，将接受希腊化的祭司驱除。此外，他还派遣次兄西蒙（Simon）前往加利利，自己与末弟约拿单（Jonathan）一同远征外约旦和以土买（Idumea）。

安条克四世死后，犹太方面与塞琉古王朝之间的抗争维持着一进一退的胶着态势。次任国王安条克五世（Antiochus V Eupator，公元前163—前162年在位）统治时，利西阿斯卷土重来，甚至一度包围了耶路撒冷。塞琉古王朝的德米特里一世（Demetrius I Soter，公元前162—前150年在位）统治期间，双方保持了和平。然而，此时在犹太方面，以大祭司阿尔息穆斯（Alcimus）为中心希望维持现状的一派和主张完全独立的马加比（即犹大·马加比）一族产生了对立。面对阿尔息穆斯依赖的塞琉古王朝军队，犹大在耶路撒冷近郊的战斗中两次战胜对方，但公元前160年的艾拉撒之战（Battle of Elasa），犹大在对阵塞琉古将军巴奇底（Bacchides）时兵败身死。犹大之弟约拿单继之成为叛军首领，并且再度展开游击战。后来塞琉古王朝爆发内部纷争，叛乱军方面的局势方才转危为安。

阿尔息穆斯死后（公元前159年）大祭司一直虚悬，公元前152年，约拿单就任了这个职位。为了弥补自己并非传统祭司家系出身的弱点，约拿单转换了以往马加比家的立场，推行亲塞琉古政策。约拿单从逐渐式微的塞琉古诸王那里接受了"将军""共治者"等称号，不断给予耶路撒冷教团各类特别的优待。约拿单之后，由其次兄西蒙继任为首领，西蒙也得到了"伟大的大祭司""将军""犹太人的领袖"等称号。公元前142年，西蒙见塞琉古王朝的军队完全撤退，于是着手强化圣殿山的城墙，在国内多处设置要塞，占领海港雅法（Jaffa），与罗马建立外交关系，又在公元前143年或公元前142年时发行了标刻有哈斯摩王室（Hasmonean，马加比王室的别称）元年铭文的货币。通过推行种种措施，犹太地方俨然已经呈现出独立国家的样子。

此后塞琉古王朝进一步衰弱，直到公元前63年罗马将领庞培入侵前的这段时间里，哈斯摩王室扩张势力的妨碍都被消除了。许尔湛一世（Hyrcanus I，公元前134—前104年在位）使用雇佣兵征服了外约旦和以土买，阿里斯托布鲁斯一世（Aristobulus I，公元前103—前102年在位）自称为王。亚历山大·詹尼亚斯（Alexander Jannaeus，公元前102—前76年在位）为了扩大领土而持续征战。从阿里斯托布鲁斯一世到阿里斯托布鲁斯二世（Aristobulus II，公元前66—前63年在位）的40年间，哈斯摩王室获得了足以和大卫－所罗门王国匹敌的领土。由于哈斯摩王室转向接受希腊化政策，逐渐失去了最初的宗教色彩，最终游离于犹太人社会之外。

纳巴泰王国的形成

游牧的纳巴泰人

根据公元前5世纪希腊历史学家希罗多德的记叙，"关于阿拉伯……从那里吹过来的是甘美得出奇的气味"（《历史》

卷3：113）。"阿拉伯，这是一切有人居住的地方当中最南面的。而且只有这一个地方生产乳香、没药、桂皮、肉桂和树胶。"（《历史》卷3：107）而且，希罗多德还认为"阿拉伯人是比世界上其他任何民族都尊重信谊的"（《历史》卷3：8）。

按照希罗多德的描述，我们可以勾勒出的阿拉伯人物肖像大致是一副重信守义的香料商人姿态，此处的"阿拉伯（Arabia，阿拉比亚）"是指阿拉伯半岛临近印度洋一侧的部分。亚述帝国的碑文和浮雕显示，早在公元前8世纪前后，阿拉伯系诸民族就不仅局限于阿拉伯半岛，也在叙利亚周边一带出没。出现在地中海－亚细亚历史上的纳巴泰人同样属于阿拉伯系民族，他们使用阿拉米语，通过接纳希腊化而参与到国际化中。

纳巴泰人最初在历史记录中登场，是在公元前312年。根据记载，纳巴泰人的生计之一与邻近的阿拉伯系部族相同，也是在沙漠牧场饲育骆驼和山羊。狄奥多罗斯（Diodorus）撰写的史书中如是记载："纳巴泰人捍卫自由。为此，没有外敌可以汲水的河流和泉源的荒原被他们视为家园，在那里，他们风餐露宿。纳巴泰人不播种谷物、不栽培果树、不饮酒、不建设房屋。他们将此视为铁律，如果有人胆敢违背，就要被处以死刑。"狄奥多罗斯笔下纳巴泰人的生活方式与《圣经·旧约》中描述的利甲人特有的生活方式相吻合（《耶利米书》35：8—10），展示的是一种与国家统治和文明开化背道而驰的社会形态。

当时，亚历山大大帝后继者之一的安提柯，在进军埃及途中曾经派遣讨伐军攻打外约旦地区的纳巴泰人，而这支讨伐军的指挥官正是安提柯之子德米特里。纳巴泰人在沙漠中与希腊军队激战一番之后，于翌日派出使节向希腊军队统帅送上口信："德米特里殿下，王上究竟想得到什么呢？又是为了什么一定要与我等交战呢？我等在沙漠中风餐露宿，既没有水，也没有谷物，更没有酒，一言蔽之，贵方在我等这里将得不到任何有价值的东西。"（引自狄奥多罗斯的记载）纳巴泰人的人口当时约有一万人，他们在沙漠中挖掘了秘密蓄水池，以备外敌的入侵。当时的纳巴泰人中仍没有王，由长老们率领行动。

纳巴泰人的生活与其他游牧民族的不同，在于前者拥有岩山中的中心——佩特拉（Petra）。佩特拉唯一的入口是现在被称作"西克峡谷（Siq）"的岩壁间的狭道，穿过这条通道，就是岩山中沿干涸河床兴建的街市区域。不过，希腊化时代的佩特拉还没什么设施，只是被用于非常时期藏匿老人和妇孺的场所。纳巴泰人很可能在关于佩特拉的事情上刻意进行了隐瞒。实际上，纳巴泰人在岩山中藏匿了用于交易的乳香和没药等香料，以及500塔兰特的银块。这些物品恐怕足以与此前不久亚历山大大帝在加沙获得的香料相匹敌。

纳巴泰王国的建立

历史学家狄奥多罗斯如此描述："纳巴泰人的财富远超其他部族。据说，他们当中的许多人都从事着将香料、没药等名贵物品贩运到地中海一带的工作，这些物品由纳巴泰人从被称作'幸福阿拉伯'的地方运来，然后转卖给人们。"而这种商队贸易在持续了100多年以后，其结果是，纳巴泰人在公元前2世纪时以佩特拉为首都建立了自己的王国。

纳巴泰最早的国王阿雷塔斯一世（AretasⅠ）早在公元前169年马加比战争之前就已经出现过。此后，大约在公元前100年，阿雷塔斯一世的后继者们看到塞琉古王朝日渐衰落，于是趁机向叙利亚南部的哈乌兰（Hauran）地区以及佩特拉和地中海海岸之间的内盖夫沙漠扩大势力。值得一提的是，纳巴泰人从这一时期开始在内盖夫沙漠中建立的商队城市阿夫达特（Avdat）和卢海巴（Ruheiba），其遗迹保存至今。曾经与犹太的哈斯摩王朝展开对决并取得胜利的第五代纳巴泰国王奥波达斯一世（ObodasⅠ，公元前96—前87年在位），其战功在纳巴泰人之间享有极高的评价，因而被尊奉为神明。他的名字出现在阿夫达特的遗迹中，当地建有祭祀他的神殿。公元前96年，哈斯摩王朝的亚历山大·詹尼亚斯攻击加沙之际，纳巴泰国王阿雷塔斯二世（AretasⅡ）站在了加沙市民阵营中。

另外，纳巴泰人曾经围绕红海的贸易权，与埃及的托勒密王朝在亚喀巴湾（Gulf of Aqaba）及其沿岸一带展开争夺。纳巴泰人操纵轻便的小艇袭击托勒密王朝的大型船只，阻挠托勒密王朝与南阿拉伯地区的贸易。亚喀巴湾附近的纳巴泰部落占据了海岸线和内陆的许多土地，人口"熙熙攘攘"，家畜数量更是多到"令人难以置信"。不久以后，纳巴泰人就迁入了位于北阿拉伯地区的商队贸易中心黑格拉（Hegra，现在的玛甸·沙勒，Mada'in Saleh），并在此地建设城市。

内盖夫沙漠中央，岩石山地上建造的古代城市阿夫达特。纳巴泰人创建的这座城市，直到拜占庭帝国时期，一直作为当地的基督教中心而繁荣，并建有教堂和修道院

公元前86年至翌年，塞琉古王朝的安条克十二世（Antiochus XII）垂涎纳巴泰人不断增加的财富，发动对南方的侵略，却被阿雷塔斯三世（Aretas III，公元前87—前62年在位）击败。此后，阿雷塔斯三世击败了哈斯摩王朝的亚历山大·詹尼亚斯，通过大马士革商人成为叙利亚内陆地区的统治者。这样一来，纳巴泰人的领土不仅仅局限在外约旦和内盖夫地区，更从哈乌兰一直延伸到大马士革。公元前63年庞培进入耶路撒冷之前，这座城市刚经历了阿雷塔斯三世的包围，纳巴泰人军队的骑兵和步兵合计约五万人，大概纳巴泰人的人口数量已经从公元前312年的一万人增长到数十万之众。佩特拉的宫殿也是兴起于阿雷塔斯三世时期，这一时期纳巴泰人还铸造了最初的货币。至此，纳巴泰人的王国业已形成。

佩特拉的纳巴泰人

然而，纳巴泰王国最繁荣的阶段还是阿雷塔斯四世（Aretas IV，公元前9年—公元40年在位）治世时期。在佩特拉，人们用石头搭建房屋，喜欢饮酒。国土日益肥沃，除了橄榄以外的任何作物都可以种植。佩特拉的纳巴泰人平和且讲规矩，即便上至君王，生活中也不会使用奴隶。他们勤勉认真，热心于经济事业，拥有强烈的共同意识，君王的私生活也会受到监察，市民们协作互助。纳巴泰的君王经常在宫殿中设置可以招待 13 位客人共同进餐的宴会，席间会有两位女性歌手服侍，饮用酒水的数量限制在 11 杯。这种 13 人的宴席，极有可能是某种形式的长老会。

另外，佩特拉居住着许多外国人，他们也曾与佩特拉市民之间发生诉讼。由此可见，佩特拉俨然已成了国际化的商队贸易城市，王与市民专注于城市生活，昔日游牧时代朴实刚健的风气已经烟消云散。

进入岩山中的佩特拉的通路由阿拉伯（东南）方向延伸而来。从汉志（Hejaz）地区出发，途经黑格拉和玛恩（Ma'an）的商队会在今天的阿尔吉村（Al Qa'）稍事休息，有时也会在此地卸下商品便原路返回。

佩特拉葬祭殿，是当时统治佩特拉的纳巴泰王族安葬之地

要前往佩特拉的人们将继续向西行进。道路逐渐变得崎岖险峻，最先进入视线的是一处开凿在两侧岩山正面的装饰宏伟的墓葬群，其正面上方是被称为"鸦雀歇宿之所"的阶梯式装饰，由四根方形尖顶石柱组成。从这里开始，旅行者终于踏入

了陡峭绝壁间的干涸河床。两侧岩壁高达 70—100 米，而这条被称为"西克"的干涸河床宽度不过 2—6 米。这条在雨季可能突然泛起浊流的危险河床，正是通往佩特拉街市唯一的入口。沿着这条通路，两侧岩壁搭设了陶制的通水管道，纳巴泰人在水利方面的造诣可见一斑。

穿过这条沙地上的岩间隘路（长度约 2000 米），一片广场突然映入眼帘，广场一侧的崖壁上是正面有两层雕刻的纪念碑，附近的贝都因人（Bedouins）将之称为"法老的宝库"（即卡兹尼神殿），堪称佩特拉最著名的建筑（高度达 30 米）。这里岩石的表面色泽会随着阳光照射而呈现变化，基本上为玫瑰色。在天气晴朗的日子里，上午 10 点至 11 点是这座遗迹最美丽的时刻。从一层的入口进入遗迹，内部是四边形的岩室，岩壁上还凿有壁龛样式的小室。从具有神殿风格的遗迹正面和此处的雕饰中，都能看到的伊西斯女神，可以判断这里是一处神殿。不过，根据遗迹二层中央的骨灰瓮雕刻和推测是用来收纳骨灰瓮实物的壁龛来看，又可以推测这里是一座坟墓。

在佩特拉的其他地方，诸如冠有 Deir（修道院）、Florentinus（华丽风格）、Palace（宫殿）、Urn（骨灰瓮）、Corinthian（科林斯式）、Turkmanian（土耳其风格）等名字的建筑，均是相似的崖壁遗迹，且全部是双层结构。实际上，这些遗迹建筑全部是葬祭殿，在安葬死者的同时，将死者的灵魂奉为神明并加以祭祀。长眠在"法老的宝库"中的大概就是纳巴泰人的君王及王族。从"法老的宝库"继续前行到街市区域，先后会经过在岩山中开凿的剧场、列柱大道、三重拱门等遗迹，最后将抵达佩特拉唯一一处完全用石块堆砌的建筑——"法老女儿的宫殿"（Palace of Pharao's Daughter，即卡斯尔遗迹，Qasr al-Bint）。这里供奉的是纳巴泰人的主神杜撒拉（Dushara），或是女神阿拉特（Allat）。

第七章　帕提亚王朝——第二伊朗王朝

希腊化与伊朗

希腊化

公元前323年，亚历山大大帝于巴比伦英年早逝。在此之前，这位年轻的征服者曾经在从中亚到印度的广大东方世界纵横驰骋。亚历山大大帝的征服事业是在极为短暂的时间内达成的，其帝国范围之广阔令世人震撼。亚历山大所征服的地域，与大流士大帝统治时期的阿契美尼德王朝最大版图实际上大致相当，二者的不同在于，大流士大帝始终未能统治希腊本土。亚历山大大帝及其后继的希腊人王朝（塞琉古王朝）带来的希腊化文化，在此后的数个世纪里，对伊朗、印度乃至远东地区都产生了极大的影响。

亚历山大的远征队伍中有许多商人和学者。在占领各地之后，往往会建立名为"亚历山大里亚"的城市，并且留下部分希腊军队在当地屯驻。尽管这些城市按照希腊风格建造，但未必具有希腊式城邦的自治和自由的概念。根据普鲁塔克（Plutarchos）的描述，以"亚历山大里亚"命名的城市有70余座，其中城市规模达到一定程度的大概有20至30座。可以十分肯定的是，各地建立的亚历山大里亚在希腊文化的传播和发展过程中扮演了极为重要的角色。各地的希腊军队屯驻点充分利用了阿契美尼德王朝时期整备的邮驿体制，彼此之间用希腊语进行沟通联络。而此前东方世界一直将阿拉米语作为通行语言，不仅商人和旅者使用，日常生活中阿拉米语的使用也已经十分普遍。然而，自亚历山大以后，公务文件诸如外交文书等则使用希腊语。这一变化不仅影响了小亚细亚和地中海沿岸地区，连伊朗高原东部也深受其影响。除此以外，希腊度量衡也获得一定程度的普及，贵金属的称呼、技术词汇和学术词汇等方面的希腊语也逐渐被广泛采用。

在远征初期，亚历山大采取了将所有波斯总督替换为希腊人的政策。不过，公元前331年，在与大流士三世之间的最终决战——高加米拉战役（Battle of Gaugamela）之后，年轻的征服者很明显地转向了任用当地人的政策，向投降的波斯总督承诺保证其地位。军队方面的政策则是在当地征召的士兵逐渐占据了多数。

阿契美尼德王朝时期的货币流通极为有限，而自亚历山大以降，即使是遥远的东部地区货币流通也已经十分普及，货币名称使用了颇具希腊风格的"德拉克马（drachm）"和"第纳尔（denarius）"。货币在各地铸造，不过铸币技术掌握在希腊人手里，因此当时的货币上常常铸刻希腊众神的形象和希腊语铭文。希腊人原本就在宗教方面奉行折中主义，在古典时期，希腊人一般会将其他民族信仰的神灵与自己信奉的希腊众神置换，用这种方式来理解其他民族的宗教。就这一点而言，希腊人与波斯人同样都不曾将自己的信仰强加于其他民族。尽管如此，通过铸造希腊风格货币、以精湛的技艺建造神殿庙宇并将神像安置其中等方式，希腊人的图像技术在非希腊人中间得到了广泛欢迎。

波斯人同样将希腊众神与自己信仰的众神以相互重叠的形式加以理解。宗教的混淆在当时十分普遍，一尊神像同时拥有希腊名和波斯名并非罕事。比如，当时的伊朗人会将宙斯视为阿胡拉·马兹达，将阿波罗和赫尔墨斯视为密特拉，将赫拉克勒斯视为胜利之神乌鲁斯拉格纳（Verethragna）。这类

内姆鲁特·达格神庙全景

宗教混淆最明显的例子，是公元前 1 世纪时盛行于小亚细亚地区科马基尼王朝的神庙——内姆鲁特·达格（Nemrut Dagi）。另外，在阿富汗与伊朗两国交界处发现的库黑·伏瓦贾遗迹（Kuh-e Khuaja），一些壁画中描绘的诸神尽管身着典型的伊朗人服饰，但是这些服饰的表现手法完全采用了希腊的图像绘画技艺。

亚历山大自征服波斯帝国以来，便吸纳了波斯风格的规章和礼仪。然而，此举遭到了那些习惯于民主主义理念的希腊人强烈反对。亚历山大在去世后被神格化的现象，尽管可以用波斯化的影响来加以解释，但事实上与波斯式君王的神格化截然不同。在波斯风俗中，君王被视为绝对的存在，希腊人则是借赋予君王神格来提升君王的权威，这大概也是为了应对亚历山大死后混乱局势所采取的一种手段。亚历山大起用非希腊人正是基于东西方融合的政策。追随亚历山大东征的希腊与马其顿将士们，有的将妻女留在马其顿，有的则是单身。亚历山大在巴比伦为这些人和波斯或当地女性举办了盛大的集体婚礼，这无疑也是推行上述政策的结果之一。亚历山大本人也与粟特（索格底亚纳）王女联姻。这种联姻未必会带来幸福美满的家庭生活，然而亚历山大的部将塞琉古却是一个成功的例外，他与巴克特里亚人妻子诞下了嫡子安条克。塞琉古后来在底格里斯河畔兴建塞琉西亚，作为其辖下东半部分领土的首都，并且委任安条克为当地守护。父子实行共同统治，这大概也是考虑了安条克的东方血统更有利于维持对东方的统治。

语言上的共通、图像技艺的相互理解、优秀技术的传播，以及由货币流通引发的经济圈扩大和东西贸易的发展，为此后的世界带来了极其深远的影响。不仅如此，各地的希腊人与当地人通过行政和税收等活动产生了频繁接触，从而使双方在日常生活领域的交流不断深化。

伊朗人自身传承的亚历山大（即伊斯坎达尔，Iskandar）形象，并非通常世人所熟悉的理想化君王姿态。亚历山大纵火焚毁波斯波利斯，将贵重的宗教典籍付之一炬（据说，用黄金书写在小牛皮上的《阿维斯塔》在大火中遗失，导致这一时期《阿维斯塔》的成书情况成为谜题），杀害宗教知识丰富的祭司，因而被伊朗人视为最大的破坏者。伊斯坎达尔造成的破坏相当巨大，直至3世纪萨珊波斯王朝登场之际都未得到恢复。不过，伊斯坎达尔作为"破坏者"的传说，表明对伊朗人来说亚历山大非我族类，而帕提亚王朝是其后继者，只有萨珊王朝才是阿契美尼德王朝的直系后继者，这强烈地反映出后世的历史观。实际上帕提亚王朝是继承并发展了伊朗传统文化的纯正伊朗王朝，不过，它并没有留下太多关于自身历史的文献记录。

阿尔萨克斯王朝的建立

帕提亚的情况

帕提亚位于伊朗高原的东北部，阿契美尼德王朝时代称之为"帕沙瓦（Parthava）"，当地与索格底亚纳（粟特）被划入同一个总督辖区。帕提亚地区经常有中亚游牧民族南下，因此应对游牧民族的流动成了当地一个常常出现的问题。阿契美尼德王朝的碑文频繁出现有关伊朗系萨卡人①这个游牧民族的记录，他们与希腊史料中记载的诸如斯基泰人等游牧民族之间的关系现如今已无从知晓。大概阿契美尼德王朝时期的碑文中提到的"海那边的萨卡人"是指斯基泰人，"戴尖帽的萨卡人"是指活动在里海与咸海之间的人，"守护神圣植物豪摩的萨卡人"是指生活在更东方的人。这些萨卡人部族周边生活着达赫族（Dahae）②的强大部族帕尼人（Parni）。帕尼人是当时刚刚开始定居生活阶段的游牧民族。

进入公元前3世纪，继亚历山大帝国之后，地中海沿岸以东的旧波斯帝国版图被塞琉古王朝纳入统治下。塞琉古一世将公元前312年，即自己入主巴比伦、奠定王朝基业的这一年，作为亚历山大纪元的起始之年，以此为基准计算年代的纪元概念在历史上当属首创。随着塞琉古王朝逐渐将关注重心转移到西方，东方各地的总督中有人企图独立。首先在公元前256年左右，巴克特里亚总督狄奥多托斯（Diodotos，亦作Theodotus，即狄奥多托斯一世，希腊-巴克特里亚王国建立者）实现独立。其后在公元前248/前247年，帕提亚总督安德拉戈拉斯（Andragoras）独立。安德拉戈拉斯的独立与当时统率帕尼人的阿尔萨克斯（Arsaces）及其弟提利达特斯（Tiridates）有着莫大关系。据说，阿尔萨克斯曾效仿塞琉古一世，以公元前247年为起始年创立了阿尔萨克斯纪元。

---

① Saka，中国的史料中称其为"塞"。
② 中国古代史书称之为"大益"。

阿尔萨克斯王朝的建立

阿尔萨克斯击败安德拉戈拉斯以后，在名为阿萨卡（Asaak）的帕提亚城市即位称王，当时为公元前238年左右。阿尔萨克斯的独立给塞琉古二世（Seleucus Ⅱ Callinicus Pogon，公元前246—前225年在位）带来了严重的危机感，后者于公元前231年派遣远征军试图遏制独立的局势，但却被击退了。

阿尔萨克斯王朝使用的帕提亚语属于东北伊朗语，但与同属伊朗语的古波斯语之间差异很大。作为语言，帕提亚语更接近古老的阿维斯塔语，但二者在语法上多有不同。帕提亚语使用的不是楔形文字，而是阿拉米文字，并且大量汲取了阿拉米语词汇。帕提亚语写成的文书仅有部分残片遗留至今。在帕提亚初期首都之一的尼萨（Nisa），当地大型墓地中出土了许多帕提亚语刻写的陶片档案，是酒库的记录。此外，还有墓碑与浮雕上残留的铭文、货币上的铭文等记录，但大部分十分简短，且磨损严重，已难以辨读。换言之，现存关于帕提亚自身的记录和历史信息极为有限。

另外，与阿尔萨克斯王朝相关的记录，也曾出现在与之敌对的塞琉古王朝及罗马人的战争记录当中，二者分别用古希腊语和拉丁语写成。这些记录中有题为"帕提亚史"的篇章，然而令人感到遗憾的是，它们充其量只是一些零散琐碎的片段。从本质上来讲，这些异邦记录很难正确反映帕提亚的政治和社会状况。因此就目前而言，想要确切把握有关阿尔萨克斯王朝初期的历史十分困难。

阿尔萨克斯王朝的历代君王全部与初代君王使用相同的名字——阿尔萨克斯（阿尔夏克）。由此可见，带有"英雄"意味的"阿尔夏克"，并非个人名字，而是象征君王的一般性名词。这样一来，与阿尔萨克斯一同开始独立运动的提利达特斯（阿尔萨克斯之弟），也许和第一代阿尔萨克斯是同一人物。事实上，相较于生平和事迹难以判明的第一代阿尔萨克斯，其弟提利达特斯的事迹——参与与塞琉古王朝的纷争、增强军队实力、建设要塞、加强城市、兴建新城等——反而更加具体。不过，根据尼萨发现的陶片记录，第四代阿尔萨克斯——提利达特斯之孙普利阿帕提乌斯（Priapatius）确实是第一代阿尔萨克斯的侄孙，因此现在应可以确定第一代阿尔萨克斯是真实存在的。

帝国的建立

公元前171年即位的阿尔萨克斯王朝第六代君主米特拉达梯一世（Mithridates I）在位时大举扩张版图，甚至直接侵入塞琉古王朝在伊朗的最强要塞米底，于公元前148/前147年攻陷埃克巴坦那。米特拉达梯一世是真正意义上的帕提亚帝国缔造者。公元前141年，他攻入巴比伦尼亚，占领塞琉西亚；公元前139年，又击败并俘虏了试图夺回巴比伦尼亚和米底的塞琉古王德米特里二世（Demetrius II），并将自己的女儿嫁给了德米特里二世。此外，米特拉达梯一世还与强大的希腊系王朝巴克特里亚（当时统治者为梅纳多洛斯，Menandros，即米林达，Milinda，公元前155—前130年在位）缔结友好关系，并发行了帕提亚最早的独立货币。另一方面，塞琉古王朝的安条克七世（Antiochus Ⅶ Sidetes，公元前138—前129年在位）一度从帕提亚人手中夺回了米底，却不能长久保持。结果，塞琉古王朝对伊朗高原的统治走向了终结。随着罗马的崛起，塞琉古王朝逐渐收缩在叙利亚，仅为一地方势力，再也不能对阿尔萨克斯王朝构成威胁。

公元前2世纪末期，第九代君王米特拉达梯二世（Mithridates Ⅱ）将帝国的中心向西方移动，由此实现了阿尔萨克斯王朝的最大版图。米特拉达梯二世为自己冠上"众王之王"的称号，将亚美尼亚纳入帝国统治之下，扣押亚美尼亚王子提格兰二世（Tigranes Ⅱ，即后来的"提格兰大帝"，Tigranes the Great）为人质，又于公元前96年与罗马将军苏拉（Sulla）交涉，并协定以幼发拉底河为两国国界。对于从东北再度南下的游牧民族萨卡人（这次为萨卡 – 拉乌卡族，Saka-Rauka），米特拉达梯二世将他们迁移至帕提亚的南方——现在的锡斯坦（Sistan）地区定居。"锡斯坦"一词源于萨迦斯坦（Sakastana），意指"萨卡之国（land of the Sakas）"。日后锡斯坦成为支持帕提亚王权的重要地域。

伊朗文化的复兴和继承

伊朗的传统

尽管阿尔萨克斯王朝持续近500年之久，这段时期却被视为伊朗历史中的异类——这一看法形成于后世的萨珊王朝时

货币背面铸有赫拉克勒斯神和铭文"ΦΙΛΕΛΛΗΝΟΣ（Philhellene，意为'热爱希腊'或'希腊之友'）"

代。尽管萨珊王朝的文化和历史全部继承自阿尔萨克斯王朝，但是它却有意强调自身对同样出身于波斯（今法尔斯地区）的阿契美尼德王朝传统的继承。在今日看来，与其说阿尔萨克斯王朝深受希腊文化荼毒、微不足道，倒不如说阿尔萨克斯王朝为伊朗文化的发展做出了杰出贡献。诚然，阿尔萨克斯王朝特别是在初期，不可否认地受到了希腊文化的影响。譬如，首次踏入塞琉西亚的米特拉达梯一世在其发行的货币上赫然铭刻着"Philhellene"（热爱希腊）的字样。不过，倘若充分考虑到当时的货币铸造技术完全由希腊人掌控，米特拉达梯一世此举自然是不足为奇。政治权力交替的形式各异，但人类生活和文化传统却不可能在一夜之间发生改变，希腊化的影响依然出现在有意识地隔绝与阿尔萨克斯王朝关系的萨珊王朝身上。实际上希腊文化具有压倒性的传播力，不单是亚历山大大帝征服以后的东方，它们周边世界的全部地域也都被希腊文化波及。甚至在今天的日本，我们也能惊讶地发现受到希腊化影响的残留痕迹。

阿尔萨克斯王朝的体制

阿尔萨克斯王朝基本上是一个保留了强烈游牧民族气质的军事国家，王的宫廷时常处于移动中。王权神授的观念基于印度－伊朗的传统，王权十分强大，但阿尔萨克斯王朝没有形成中央集权制度。中央的官职徒有虚名，无法发挥实际功能。王的财政基础是直辖领地的收入，除了贡物，无法从直辖地以外的地方征收赋税。在王位继承问题上，与王之间存在姻亲关系的大贵族们的意见是不能被忽视的。阿尔萨克斯王朝内部所谓的"七大贵族"，既是大贵族，也是大领主。各地的领主独立经营自己的领地，宫廷几乎无法干涉。宫廷在任命总督时，倾向于将总督辖地细分化，缩小其规模。

王拥有军队的统帅权，一旦战争爆发，各地方领主将各自整顿相应规模的部队，聚集到王的身边任凭驱使。阿尔萨克斯王朝的军队主要由骑马军团组成，利用重装枪骑兵和装备弓矢的轻骑兵，与以步兵为中心的塞琉古、罗马军队作战。阿尔萨克斯王朝军队的作战方式极具机动性，在疾驰战马上回身向后射箭的帕提亚骑射令人战栗不已。

为了确保军队移动畅通，驿站制度的维护、整备必不可少。当时的道路通行比较自由且相对安全，从而带来了东西贸易的空前繁荣。情报信息传达时必须要用到帕提亚语、阿拉米语、希腊语三种语言，石碑铭文等内容也会使用三种语言一并记载。在记录手段上，逐渐不再使用便于刻写楔形文字的黏土板，代之以莎草纸或羊皮卷，日常生活中的记录则更多使用陶片。陶片即使被弃置也不会轻易破碎，而莎草纸和羊皮卷即使埋藏在墓葬内也几乎无法完整保存下来。阿尔萨克斯王朝不重视留存记录，有意识书写的文件没能留存下来。

阿尔萨克斯王朝的文化

前文中曾经提到，自萨珊王朝以降，阿尔萨克斯王朝便被视为非正统的伊朗王朝，这一时代的变化与发展也被打上了非伊朗的烙印。诚然，阿尔萨克斯王朝初期并没有主张自身对阿契美尼德王朝的继承，王的名字也没有效仿阿契美尼德王朝的王名，甚至不曾效法阿契美尼德王朝特有的服饰。阿尔萨克斯王朝之人通常穿着便于骑马的米底风格服装。

文字记录不被重视，文学和宗教要通过口诵传承，游吟诗人在各地都会受到尊重。诸如《王书》（*Khwadaynamag*）一类的历史叙事长诗和《维斯与拉明》（*Vis o Ramin*）一类的爱情诗篇被世代吟唱。

在美术方面，阿契美尼德王朝的影响逐渐消失了。在图像的表达上，最具有阿契美尼德王朝特征的精密宫廷风格被线条自然流畅的希腊形式取代，雕像与浮雕上的诸神形象以人类的姿态呈现，壁画中这类情况已经普遍存在。这些图像从最初开始就被视为希腊众神，并带有相应的希腊名字。然而，我们不能就此认为当时的人们会将这些形象当作希腊众神进行崇拜。例如，贝希斯敦岩壁上刻着赫拉克勒斯卧像和公元前149年的铭文。这尊雕像的姿态颇为不同，比起希腊风格，更像是属于粗犷的帕提亚风格。它被放置在一座祈祷旅途平安的祭坛中。伊朗人是将这尊赫拉克勒斯像当作伊朗的旅行和胜利之神乌鲁斯拉格纳加以祈祷、供奉。与此类似的例子，在科马基尼等西方地区，以及巴克特里亚和贵霜（Kushan）等东方国度分布十分广泛。

泰西封的建设

阿尔萨克斯王朝脱离希腊化的倾向大约出现在公元前 1 世纪。那时的帕提亚已经取得了巴比伦尼亚的统治权,阿尔萨克斯之王对希腊城市塞琉西亚感到不满,于是在底格里斯河对岸的泰西封(Ctesiphon,亦作"忒息丰")驻扎军队。帕提亚人原来的首都被希腊人称为赫卡通皮洛斯[Hecatompylos,意为"百门之城",汉代称为"和椟城",大概是现在夏哈勒·昆米思(Sahr-e Qumis)的遗迹],随着泰西封建设完备并修筑起坚固的城墙,首都的机能也转移到此地。至公元前 1 世纪中叶的奥罗德斯二世(Orodes Ⅱ,公元前 57—前 37 年在位)时代,赫卡通皮洛斯完全遭到废弃。弃置建筑物内部被悉数拆除并掩埋起来。虽然这里还出土了文字资料,但也无法确定这座城市在当时的帕提亚语名字。

随着泰西封的重要性上升,自古以来作为美索不达米亚中心的巴比伦逐渐丧失了地位,退化成荒僻村镇,从历史舞台上消失了踪影。美索不达米亚和波斯的文化传统转移到泰西封的帕提亚人、美索不达米亚人手上,商业和货币铸造技术的中心则转移到塞琉西亚的希腊人手上。公元 1 世纪时,帕提亚的沃洛加西斯一世(Vologases Ⅰ)

萨珊王朝的宫殿,泰西封遗迹

试图在塞琉西亚附近的沃洛贾希思尔达（Valakhshgerd，以沃洛加西斯之名建造的城市）建设新的首都，但这是一次失败的尝试，泰西封在此后的近500年时间里始终维持着首都的地位。

琐罗亚斯德教的变化

在亚历山大大帝的征服下，琐罗亚斯德教几乎被消灭殆尽。诚然，这个时代的伊朗吸收了与其传统截然不同的希腊图像学表达技艺，以希腊人的姿态描绘伊朗众神，但这不能证明伊朗当时已经接纳了希腊众神。希腊人的折中主义也表现为对他人信仰的宽容，当时的希腊地理学家斯特拉博（Strabo）在其著作《地理学》（*Geographica*）中曾明确记载，各地的伊朗人中间依然残留着琐罗亚斯德教信仰。斯特拉博于1世纪时在小亚细亚曾亲眼看见过无疑是琐罗亚斯德教的祭祀仪式。此外，希腊人旅行家查拉克斯的伊西多尔（Isidore of Charax）在其《帕提亚驿程志》（*The Parthian Stations*）一书中言及：第一代阿尔萨克斯即位时的城市阿萨卡一直延续着王朝之火。从这些状况中，可以断定阿尔萨克斯王朝历代诸王全部是琐罗亚斯德教信徒。更何况从史料中的伊朗人名来分析，这些人名多数取自琐罗亚斯德教众神之名。

亚历山大征服给琐罗亚斯德教带来了最沉重的打击，波斯波利斯遭到焚毁的同时，大批琐罗亚斯德教祭司被杀害。后世普遍认为，琐罗亚斯德教圣典《阿维斯塔》的原本在这次浩劫中被毁。不过，亚历山大在杀死堪称琐罗亚斯德教知识活宝库的祭司的同时，无疑也切断了此前积累的琐罗亚斯德教传统。一直被认为是在帝国保护下建立了中央集权式教会制度的琐罗亚斯德教，从此以后迈入了在各地独立发展的阶段。

1世纪下半叶的沃洛加西斯一世时代，货币上的铭文从希腊语变为使用阿拉米文字的帕提亚语。我们从这一时代可以看到阿尔萨克斯王朝开始有意识地推行伊朗化。城市的名字开始用帕提亚语标记，雕塑壁画中描绘的众神形象也愈发具有明显的伊朗气息。除此以外，沃洛加西斯（具体为几世情况不明）下令将散佚的琐罗亚斯德教传承重新汇集起来。可以说，萨珊王朝时代实行的波斯文化复兴，其实早在公元前后的阿尔萨克斯王朝时就已初见端倪。

帕提亚与罗马

亚美尼亚的归属问题

塞琉古王朝在美索不达米亚地区逐渐丧失控制权的公元前2至公元前1世纪，正是罗马稳步掌握地中海世界的时代。将势力延伸至叙利亚、安纳托利亚的罗马和将美索不达米亚纳入手中的帕提亚，一度决定以幼发拉底河作为边界，但这并不意味着双方会就此收敛。围绕亚美尼亚的归属问题，两国发生了新的碰撞。阿契美尼德王朝崩溃瓦解之后，亚美尼亚一直处于零星分散的地方小政权统治之下。公元前1世纪时，帕提亚的米特拉达梯二世曾将亚美尼亚收入囊中。当时被送至米特拉达梯二世处充当人质的是亚美尼亚王子提格兰，他归国即位后（公元前95？—前55年在位），将自己的女儿嫁给米特拉达梯二世，而他自己则迎娶了对抗罗马的本都之王米特拉达梯六世的女儿。通过与两强缔结联姻关系，提格兰成功地将亚美尼亚打造为强国。趁罗马内部纷争和米特拉达梯二世死后帕提亚势力弱化的间隙，提格兰将统治领域延伸至叙利亚和米底，并在尼西比斯（Nisibis）附近建造新的首都提格兰诺凯尔德（Tigranocerta，以提格兰之名建造的都城），从而被冠以"大帝"的称号。

不过，本都的米特拉达梯六世与罗马的对战失败，穷追不舍的罗马将军卢库鲁斯（Lucullus）挥军包围了提格兰诺凯尔德，提格兰不得不放弃该城。意图废弃与帕提亚之间的条约，继而向帕提亚开战的卢库鲁斯，因遭到军队的反对而返回罗马。提格兰终于摆脱了危机，但是已不复往昔之势，而且晚年又遭其子小提格兰（younger Tigranes）勾结帕提亚发动叛乱。尽管叛乱最终被镇压，但是亚美尼亚的版图已大幅缩小，自此以后亚美尼亚的归属问题成了诱发罗马和帕提亚两大势力相争的一个重要原因。

帕提亚王位继承的混乱

公元前53年的卡莱之役（Battle of Carrhae），奥罗德斯二世治下的帕提亚军队与率领四倍以上规模罗马军队的克拉苏（Crassus）对阵，取得了压倒性胜利。当时统领帕提亚军队的将军正是出身于"七大贵族"之一的苏雷纳（Suren）家族。他的名字现在已无从知晓，但是他在这次战役中立下的功劳即使在罗马也人尽皆知，10世纪时创作的大型叙事史诗《诸

《王之书》①的核心英雄人物罗斯塔姆（Rostam）的原型就是他。苏雷纳家族是起家自锡斯坦的大贵族，而罗斯塔姆恰恰也出身于锡斯坦地区。

奥罗德斯二世的长子帕科卢斯一世（Pacorus Ⅰ）是一位出众的将领。然而，帕提亚帝国向叙利亚拓展领土的过程中，帕科卢斯却在攻打安条克时战死。奥罗德斯二世因长子去世悲痛而死，也有说法称他是被次子弗拉特斯四世（Phraates Ⅳ）谋杀。总而言之，弗拉特斯于公元前39/前38年即位，随后他立即残忍地处决了觊觎自己王位的兄弟，并流放了他们的追随者。这些被流放之人向罗马将军马克·安东尼（Marcus Antonius，即"后三头"之一）寻求援助，后者遂发动对帕提亚的战争。尽管马克·安东尼率领十万大军攻打帕提亚，但是依然无法取得胜利。弗拉特斯四世曾被提利达特斯二世（Tiridates Ⅱ，约公元前30—前25年在位）赶下王位，但很快又借助斯基泰人的力量卷土重来，并且成功复位。此后，弗拉特斯四世与罗马最高当权者奥古斯都达成媾和协议，奥古斯都将一名意大利女奴提亚·穆萨（Thea Musa）赠予弗拉特斯四世。弗拉特斯四世为了让自己与提亚·穆萨所生之子即未来的弗拉特斯五世（Phraates Ⅴ）成为继承人，于是将碍事的前妻与前妻的四名子嗣送往罗马，让他们成为奥古斯都的"宾客"。然而，最终结局却是弗拉特斯四世被穆萨毒杀，后者继

---

① *Shahnameh*，亦作《王书》，由前代游吟诗人传唱的《王书》（*Khwadaynamag*）整理而成。

而扶植自己的儿子弗拉特斯五世即位，而提亚·穆萨又成了自己儿子的配偶。当时发行的帕提亚货币上铸造着男女二人的肖像，正是穆萨和弗拉特斯五世。

穆萨和弗拉特斯五世的治世时间极短。弗拉特斯五世母子得不到帕提亚贵族们的支持，相反，贵族们将被送往罗马的弗拉特斯四世之子沃诺奈斯一世（Vonones Ⅰ）召回立为新君。然而，沃诺奈斯深受罗马影响，他被帕提亚人视为与罗马之间的纽带而备受厌恶，沃诺奈斯不得不选择逃亡。此后，沃诺奈斯一度成为亚美尼亚之王，但不久便遭到驱逐。沃诺奈斯最终在逃亡至奇里乞亚时被杀死。驱逐了沃诺奈斯的阿特罗帕特尼（Atropatene，即阿塞拜疆）之王阿尔塔班努斯三世（Artabanus Ⅲ）[①]在泰西封即位，是为第十九代阿尔萨克斯。阿尔塔班努斯三世强化对亚美尼亚的统治权，并与罗马对立；结果，他的过度强大招致了掌握阿尔萨克斯王朝实权的贵族与宦官的忌惮，最终被逐下王位。然而，贵族与宦官试图从罗马召回的弗拉特斯四世的子孙不是身死，就是不得人心，最终阿尔塔班努斯三世得以复位。不过，阿尔塔班努斯三世死后，其子嗣继续与弗拉特斯四世的孙子围绕王位进行争夺。

帕提亚的王位继承纷争在米底王沃诺奈斯（沃诺奈斯二世，Vonones Ⅱ）和其子沃洛加西斯一世成为王位继承者之后方才归于沉寂。沃洛加西斯一世任命其弟提利达特斯一世

---

① 此处作者参考的应是旧王家世表，新的研究认定该王应系阿尔塔班努斯二世，此处遵照作者原文，下同。

（Tiridates Ⅰ）担任亚美尼亚之王，从而引发与罗马皇帝尼禄的对立，后者视亚美尼亚为罗马的直辖地。在经历一番迂回曲折之后，提利达特斯承认了尼禄的宗主权并前往罗马参加臣服仪式，各方这才在亚美尼亚问题上达成妥协。通常认为，沃洛加西斯一世是最先在帕提亚着手恢复伊朗传统的君王。货币设计转变为伊朗风格，由于沃洛加西斯一世与琐罗亚斯德教的复兴关系密切，因此他的名字得以在后世广泛流传。

帕提亚贵族铜像，萨米（Shami）寺院遗址出土，公元前后

在这之后，帕提亚和罗马之间维持了比较良好的关系，因此涉及帕提亚的信息也逐渐增多。从塞琉西亚发现的货币可以推断，阿尔萨克斯王朝的广大领土被一分为二，东方的伊朗高原和西方的巴比伦尼亚分别由一位王统治。以亚美尼亚问题为契机，罗马皇帝图拉真曾多次率军侵入巴比伦尼亚，掠夺泰西封、塞琉西亚和沃洛贾希思尔达。但罗马的势力从未达到伊朗高原，帕提亚的势力也未能进入叙利亚，双方大致以幼发拉底河为边境陈兵守御。在亚美尼亚，阿尔萨克斯一族出身的君王在罗马庇护下维系着统治。

尽管与西方的罗马、东方的贵霜王朝之间存在着冲突对立，阿尔萨克斯王朝时代的东西方贸易依然繁荣，与罗马之间往来的交汇点尼西比斯、杜拉－欧罗普斯、帕尔米拉（Palmyra）等贸易城市一派欣欣向荣。东西方贸易的繁荣也带来了恶劣的影响，2世纪时于贵霜王朝肆虐近十年的天花沿着这条东西交通路线传入罗马，使罗马损失了近四分之一的人口。

第八章　罗马向东方的发展

犹太的罗马化及其前夜

犹太文化

在希腊化时代的犹太社会，启发了之后古代犹太教的种种文化现象产生了。首先，宗教文学领域确立了新的形式。一种被称为"智慧文学（Wisdom Literature）"的新形式兴起于市民阶层中，表现了对人生进行知性探究的精神。犹太人受希腊思想的影响，不再拘泥于律法，而是直视人与社会的实际状况。例如，在《圣经·旧约》(《传道书》部分)中表达了对遵从律法生活的现世智慧的怀疑，遵从律法完成的现世遭到以下"言语"的否定。

传道者说，虚空的虚空，虚空的虚空。凡事都是虚空。

　　人一切的劳碌，就是他在日光下的劳碌，有什么益处呢？

　　一代过去，一代又来。地却永远长存。

　　(《传道书》1：2—4)

　　我心里议论，说，我得了大智慧，胜过我以前在耶路撒冷的众人。而且我心中多经历智慧，和知识的事。

　　我又专心察明智慧、狂妄和愚昧。乃知这也是捕风。

　　(《传道书》1：16—17)

针对这些疑问，耶稣基督的教训给出了一种解答。除此以外，已知的智慧文学体裁还包括《便西拉智训》《托比特书》《所罗门的智慧》等世人所谓的《旧约》外典。

此外，这一时期还出现了被称作"启示文学"的新形式。在希腊化时代，犹太预言者们受希腊思想启发，尝试将对世界的本质和末日、救世主再临等问题的思考结果，通过比喻形式的文学表达出来。这种对恪守律法生活中无法直接看到的、隐蔽着真实的暗示，给现实生活中精神和物质受到压抑的人们带来了希望。启示文学的思想特征在于吸收了波斯琐罗亚斯德教中的二元论，光明与黑暗、天使与恶魔、现在与未来成为主题。

《圣经·旧约》的《但以理书》描绘了新巴比伦王国最后一位君王伯沙撒（Belshazzar）举办盛大酒宴的场景。然而，就在这有1000名宾客列席的盛宴上，"当时，忽有人的指头显出,在王宫与灯台相对的粉墙上写字。王看见写字的指头,就变了脸色,心意惶恐,腰骨好像脱节,双膝彼此相碰"(《但以理书》5:5—6)。于是,先知但以理被传唤至王的御座前解惑,结果伯沙撒王却被告知这些谜一样的文字意味着王国即将灭亡。被隐藏的真实经圣人解读浮出水面。后文中将会提及的"死海文书"同样属于启示文学的范畴。

在律法研究方面,认为律法规定着日常生活的所有领域以及人生方方面面的信念,在当时的学者和被称为"拉比(Rabbi)"的宗教指导者中广泛接受。为了明确律法和传说中禁止和许可的事项,由拉比负责的经典释义,即《米德拉什》(Midrash,本意为"探求之物""解读")便产生了。对犹太教经典释义的编辑大致始于1世纪末的拉比亚基瓦(Rabbi Akiva),并在2世纪完成。最终编辑完成的文本被称为《密西拿》(Mishnah)。

在历史文学方面,对同时代的强烈关注,最终孕育出《马加比书》(Maccabees,其中,《马加比一书》成书于公元前1世纪初期,《马加比二书》成书于公元前60年前后)等文本。

诸教派的确立

作为一神教的犹太教没有为犹太人社会带来统一和安定。耶路撒冷成了一神教教徒彼此对立抗争的场所。随着时间的推移,撒都该派、法利赛派、艾塞尼派、奋锐党(Zealot)、基督教徒等形形色色的教派纷纷倡导各自不同的一神教信仰,社会陷入分裂。一神教也不认可多神教大国对犹太地区的统治。

犹太人拒不向塞琉古王朝或罗马征服者妥协,在犹太神殿遭到掠夺前,双方的战斗一直持续着。

撒都该派和法利赛派最迟在马加比王朝的许尔湛一世以前就已经出现,并结党行动。撒都该派是以耶路撒冷神殿的世袭上层祭司阶级为中心的派系,他们认同《圣经·旧约》中已成为社会文化的摩西律法,徒留形式、保守地遵守其内容;在社会生活领域,他们接纳自外部传入的希腊文化。因此,撒都该派与当初反对希腊化的马加比家族产生了对立,随着马加比王朝在世俗化过程中逐渐认同希腊文化,撒都该派的观点逐渐成了王朝意识形态的主流。这一倾向同样存在于大希律王（Herod the Great）改筑耶路撒冷神殿时代,撒都该派多为祭司阶级和长老会重要成员。不过,撒都该派在宗教上的保守立场日后与耶稣基督发生了对立。

法利赛派源自敬虔派,他们以未曾被希腊化污染的口传律法和律法释义为基础,规制日常生活。正因如此,法利赛派与学者们的关系密切。"法利赛"一词意味着分离主义,以示自己与积极主张从中央的希腊化犹太教中分离出来的马加比家族的联合。也有一种说法认为,"法利赛"是周围的人们对这些热衷于口传律法实践者的称谓。无论如何,法利赛派在哈斯摩王朝世俗化过程中,与该王朝分道扬镳了。早在巴比伦之囚以前,预言者（先知）们就已经对现实之王失望了,他们希冀着神派遣的理想之王的降临;这一期望在法利赛派中转化成对救世主的期待,并且与波斯传来的终末思想和死者复活的思想相互结合。在这一点上,法利赛派与耶稣基督存在共通之处,不过法利赛派对律法过于形式化的态度也被耶稣基督批评为"假冒为善者"(《马太福音》23)。而在法利赛派看来,耶稣基督则是污蔑律法之徒。法利赛派作为犹太教的一支流传至后世。

撒都该派和法利赛派都将耶路撒冷神殿作为活动中心,而艾塞尼派却从这一时期开始逐渐切断了自己与祭司阶级的联系。有关艾塞尼派的教谕情况,圣经中很少提及,不过与之同时代的著述家们[例如,亚历山大里亚的斐洛(Philo of Alexandria)、弗拉维乌斯·约瑟夫斯(Flavius Josephus)、老普林尼(Pliny the Elder)等人]留下了可信度相当高的记录。

艾塞尼派避开耶路撒冷等城市地区,栖身在大大小小的村落中,而这些村落大多分布在死海附近。艾塞尼派认为城市生活会给人的心灵带来有害影响。他们在各地经营着排他性的共同体,并且十分注重禁欲。不允许有妻室,也不许拥有奴隶。艾塞尼派成员只能独立生活,彼此之间相互扶持。如果想加入这一禁欲共同体,必须要经历三年的见习期,然后才能列席共同的餐桌成为正式会员。艾塞尼派热衷于研究律法,信仰灵魂不灭与死后复活,这些与法利赛派存在共通之处。按照记录显示,耶稣基督时代的法利赛派成员数量达到了7000人,相对的艾塞尼派成员数量在4000人以上。

罗马对犹太地区的征服

公元前66年,罗马将领庞培完成了对安纳托利亚地区的征服,于翌年派遣其副将马尔库斯·埃米利乌斯·司考卢斯

（Marcus Aemilius Scaurus）前往叙利亚，迫使安条克十三世退位，塞琉古王朝灭亡。当时先后担任大祭司的哈斯摩家族两兄弟许尔湛（即许尔湛二世，Hyrcanus Ⅱ）和阿里斯托布鲁斯（即阿里斯托布鲁斯二世），以及法利赛派等势力竞相向庞培进献贡品。

阿里斯托布鲁斯送出了大量礼物。公元前63年，许尔湛也得到了出身于阿什凯隆的以土买人（阿拉伯民族之一）政治商人安提帕特洛斯（Antipatros）的拥护。当时庞培亲自率军进攻耶路撒冷，围困了已是要塞的圣殿山三个月后方才将其占领。庞培于安息日进入神殿中的至圣之所，当他看到其中堆积如山的宝物后，便要求犹太人向罗马进贡。阿里斯托布鲁斯此前已经向罗马军队投降，后来被押送至罗马。大祭司一职由许尔湛取而代之。

此后，犹太成了叙利亚行省的一部分。法利赛派认为，犹太受到外国的统治是神下达的审判。除犹太地区以外，大祭司还将以土买、加利利以及约旦河东岸的佩里亚（Peraea）纳入自己的领地，并且取得了罗马方面的承认。不过，这并不意味着"独立"，而是神殿共同体获得了自治的许可。庞培在征服安纳托利亚期间，曾经对科马纳（Comana）供奉月亮女神玛（Ma）的神殿共同体采用过相同的策略。此外，约旦河流域的十座希腊化城市〔费拉德尔菲亚、格拉萨（Gerasa）、佩拉（Pella）、加大拉（Gadara）、希珀斯（Hippos）、贝特谢安等〕结成"十城市联盟（Dekapolis）"，不受犹太大祭司的统治。公元前4世纪末至公元前3世纪，从耶路撒冷教团独立出

安曼（古名为费拉德尔菲亚）的半圆形剧场，罗马帝国时代建筑

来的撒玛利亚人，在示凯姆附近的基利心山（Mount Gerizim）建起独立圣所，他们坚信摩西五书（即《圣经·旧约》最初的五篇）方为正典，并维持自己的信仰，他们也被划入单独的行政区域中。

公元前57年，叙利亚总督奥卢斯·加比尼乌斯（Aulus Gabinius）剥夺了犹太大祭司的一切政治权限，仅保留了其在宗教礼拜上的职务。不过，犹太长老会有关圣俗的权限得以存续，依然作为犹太人的最高法庭负责司法事务。公元前53年，罗马"前三头"政治家之一的克拉苏于美索不达米亚北部的卡莱对战帕提亚军队，最终落得兵败身死的下场。早在此战爆发之前，克拉苏曾命令耶路撒冷神殿提供大量的金银财物。公元前48年，恺撒与庞培之间爆发了法萨卢斯战役（Battle of Pharsalus），当时犹太的许尔湛和安提帕特洛斯选择支持恺撒一方。结果，恺撒在翌年赋予许尔湛"世袭大祭司"兼"民族领袖"的称号，而赋予安提帕特洛斯"罗马公民"兼"犹太至高统治者"的称号，以土买人也由此构筑起统治犹太人的基础。

大希律王与耶稣基督

希律王朝

安提帕特洛斯与佩特拉的纳巴泰商业贵族之女塞浦露丝（Cypros）育有二子。安提帕特洛斯借自己被赋予"犹太至高统治者"称号的机会，分别任命长子法撒勒（Phasael）担任犹太与佩里亚的统治者，次子希律为加利利的统治者。公元前44年，恺撒遇刺之后，凶手之一的盖乌斯·卡西乌斯·朗基努斯（Gaius Cassius Longinus）担任了叙利亚总督。安提帕特洛斯与卡西乌斯串通一气，后来因为在犹太地区征敛重税一事而遭到暗杀。

尽管希律兄弟就此失去了父亲，但是随着恺撒的余党于公元前43年[①]在马其顿的腓力比战役（Battle of Philippi）取得胜利，希律兄弟立即顺势投靠了马克·安东尼，并因此获得"犹太分封统治者"的称号。

希律崛起的真正机会，始于日后的国际危机。公元前40年，帕提亚王帕科卢斯侵入叙利亚，阿里斯托布鲁斯之子安提戈努斯（Antigonus Ⅱ）追随帕提亚一方，进攻耶路撒冷。在战乱当中，大祭司许尔湛和法撒勒双双毙命，安提戈努斯遂取

---

① 应为公元前42年。

而代之，成为犹太之王兼大祭司。为应对这一事态，希律直接奔赴罗马，取得马克·安东尼和屋大维的支持。与此同时，罗马元老院也宣布希律为犹太之王（King of Judea）。希律于公元前38年返回故土，在罗马军队的协助下镇压了犹太、撒玛利亚、加利利、以土买等地。公元前37年，希律与叙利亚总督盖乌斯·索西乌斯（Gaius Sosius）一同攻陷耶路撒冷。安提戈努斯被罗马军队处刑，希律正式登上王位。在此之前，希律已与哈斯摩家族的末裔玛丽安梅（Mariamne）结婚，但他原本出身于阿拉伯民族，因此在犹太人的眼中，他只不过是一名外国暴发户。

当时大希律王最大的竞争对手是安东尼的情妇克利奥帕特拉，后者企图统治整个东方。她从安东尼手中得到了耶利哥和巴勒斯坦海岸地区，进而谋取整个巴勒斯坦和阿拉伯。公元前31年的亚克兴海战（Battle of Actium），克利奥帕特拉不仅直接介入其中，更是让大希律王感到自己此前获得的权力已经毫无意义。于是，善于把握机会的大希律王直接向屋大维宣誓效忠，并且与屋大维最仰仗的部下玛尔库斯·维普撒尼乌斯·阿格里帕（Marcus Vipsanius Agrippa）交往甚密。此时，大希律王不仅获得了巴勒斯坦全部领土，还被赠予了除"十城市联盟"以外的外约旦土地，从而一跃成了足以与昔日大卫王国相匹敌的领土统治者。大希律王身为罗马的同盟者，不仅不需要纳贡，而且在内政方面也享有自由。世间流传的逸闻多数是描绘大希律王的残酷无情，不过，对大希律王治世期间主要发生的事件进行分析研究后会发现，实际上大希律王在位期间既没有发生内乱,也不曾遭受到外敌的入侵,而且国内经济处于持续繁荣状态。他的财源丰富,足以支撑领地内的城市建设活动,尤其是耶路撒冷神殿的大规模改建工程,更是其财力雄厚的佐证。

在犹太教诸派别当中,大希律王支持撒都该派,法利赛派和艾塞尼派则保持沉默。另外,《圣经·新约》(《马太福音》2:1—18)中提到了大希律王治世期间耶稣基督降生的报告。

大希律王于公元前4年去世,其辖下领土经罗马的裁定由三个儿子瓜分。但罗马并不认可大希律王的三个儿子具备王的资格,仅给予他们地方领主的身份。希律·阿凯洛斯(Herod Archelaus,圣经中称其为希律·亚基老)得到了犹太和撒玛利亚,后来罗马皇帝奥古斯都以无能和暴虐为由迫使其退位(6年)。希律·安提帕斯(Herod Antipas,圣经中称其为希律·安提帕)得到了加利利和佩里亚,他的统治一直持续到39年。希律·腓力普斯(Herod Philippos,圣经中称其为希律·腓力)得到了叙利亚最南部地区,后来因为内部纷争和叛乱的嫌疑,在罗马皇帝卡里古拉(Caligula)的逼迫下退位(34年)。大希律王的血统在1世纪中叶以前全部消失,此后希律王朝的领土转变为罗马帝国行政区。

耶稣基督

进入希律时代以后,犹太人中间的两股宗教潮流依旧极其强势。其中一股是法利赛派传统,作为教派指导者的拉比们推进经典的释义,将涉及犹太人生活的方方面面全部置于律法的规制之下。尽管希律构筑了王国，但是自巴比伦之囚到返回后的宗教共同体的理想却始终不曾改变。

另一股宗教潮流，随着对救世主即将到来的期待而不断高涨，最终与从罗马统治下解放的愿景同一化，并在大希律王死后与反罗马的独立运动相结合。耶稣基督的出现，正源自这股潮流。

基督（Christ）本名耶稣（Jesus；希伯来语：Yeshua，约书亚），他在死后被弟子们认为是受膏（基督的原意为"受膏者"）的救世主。相传耶稣基督是耶路撒冷南方伯利恒（Bethlehem）的玛利亚诞下的神之子，不过这是为了迎合圣经中的预言所制造的传说。实际上，耶稣基督本人在稍微早于公元元年时，降生在加利利的拿撒勒（Nazareth）的一个木匠家中。当时加利利地区为大希律王之子希律·安提帕斯辖下领土。耶稣在故乡从事家业，每年逾越节时随父母前往耶路撒冷巡礼朝拜，这激发了他对宗教活动的热心。（《路加福音》2：41）他对犹太教也格外关注，并加以研究。例如，他在12岁时，曾坐在耶路撒冷神殿的众多学者中，专注聆听他们的讲话并提出疑问，以致自己和双亲走散。（《路加福音》2：42—51）

不过，耶稣最终放下木匠的工作，投身于传教生活，是在28年前后。当时，像艾塞尼派那样离开耶路撒冷并投身禁欲生活的教徒"施洗者"约翰，倡导救世主降临与世界末日临近之说，为此他用清水为世人施以洗礼。"施洗者"约翰的教谕，主要是为了唤起那些既不遵守律法也不参加神殿祭祀的贫苦之人的终末意识。耶稣基督也对贫弱的社会下级阶层持有同情心,后来他曾教导这些人有关迎接末日的方法和思想准备。耶稣基督前往约旦河畔,接受"施洗者"约翰的洗礼。约翰本人后来被当作潜在的引发叛乱之徒而遭到逮捕和杀害。耶稣基督自觉世界的终结已临近,随即返回故乡加利利,向穷人、罪犯、税吏、妓女等饱受虐待的社会弱势阶层传布教诲,并与渔夫彼得以下12人组成教团。依照耶稣基督的观点,法利赛派和学者们的律法释义只能劝诫现世,在末日临近的时代毫无用处,根据律法确立的生活规定于神的恩惠前形同虚设。

耶稣基督死后

耶稣基督传道布教历时三年,当他于30年启程前往耶路撒冷时,事态开始急速发展。耶稣基督对当时尚未完工的大希律王第二神殿改建工程发出了质疑:"将来在这里没有一块石头留在石头上、不被拆毁了",预言了这座尚在营建中的神殿的灭亡。(《马可福音》13:1—27)耶稣基督被罗马当局视为反对罗马统治并企图煽动叛乱之人,犹太人视他为无视律法者,还将他当作亵渎神殿者告发。于是耶稣基督遭到逮捕,经过审判后被处刑。他死后出现的一连串奇迹,使他的弟子们坚信他就是神之子兼救世主。耶稣基督的弟子们将教团中心设在耶路撒冷,继续进行传教。

耶路撒冷的教会存在两类信徒。一类是在神殿中心的犹太教世界所培养之人,迄今为止一直遵守安息日等律法和割礼风俗的保守派。此类信徒的代表便是耶稣基督的首席门徒彼得和耶稣基督的弟弟雅各(Jacob)。这类信徒因62年的迫害,逃亡至佩拉避难。后来一部分人返回耶路撒冷，70年耶路撒冷陷落时，他们与其共存亡。在佩拉，剩余的信徒后来形成了一支零散的分派。

另一类信徒是希腊化的犹太人，作为从埃及和叙利亚等地返回之人，他们认可耶稣基督所提倡的不受律法和神殿约束的观念。这一类信徒在司提反（Stephen，亦译：斯德望）于34年殉教之后，纷纷离开耶路撒冷，逃往撒玛利亚、腓尼基、塞浦路斯、叙利亚等地。

特别需要一提的是，这些逃亡的希腊化犹太基督信徒后来将叙利亚的安条克作为传教基地，安条克当局在40年时将他们称为"基督徒（Christian）"，这是基督教在历史上最早被认可为独立宗教集团。

耶路撒冷最早的基督教会由长老管理。这一制度为早期各地的希腊化教会所保留下来，后来又制定了主教与助祭的职务。若是没有教会会堂，有实力的信徒会提供自己的私邸作为集会场所。像这样在集会场展开的信仰生活，其核心是由基督生前举行的最后晚宴演化而来的神圣进餐仪式，即圣餐仪式，在该仪式中会使用面包和葡萄酒。尽管基督教奉行这种进餐仪式，但仪式中缺少当时其他秘仪宗教中普遍存在的对丰饶女神的崇拜。居于天国的父神（圣父）、降临在世间的子神基督（圣子），以及维系二者关联的圣灵共同构成了神的世界，救赎并非来自丰饶的馈赠。按照使徒保罗（Paul）的强烈主张，基督为人类赎罪而死，带来了真正救赎。相对于古代末期地中海–亚细亚诸宗派而言，这恰恰是基督教的特色所在。

安纳托利亚西南海岸附近塔尔苏斯出身的原法利赛派犹太人保罗在希腊派传统中崭露头角，之后成了基督教传教的中心人物。保罗用希腊语解释基督教谕的相关传说，并将自己的解释以书信的形式送往各地的教会。保罗本人曾三次前往安纳托利亚各地和希腊，尝试开展传道之旅（47 年，49—52 年，53—56 年）。由于保罗的活动，基督教于 1 世纪结束以前得以在地中海－亚细亚地区确立。这期间，耶稣基督的传记（福音书）也编纂完成。

神圣之所

大希律王的耶路撒冷

大希律王和平治世的特点之一，在于其规模宏大的建筑活动。大希律王先是在耶利哥附近修筑了法撒利斯堡（Phasaelis）和塞浦露丝堡（Cypros）两座要塞，又在伯利恒东南新建了希律堡（Herodium）。此外，大希律王还将希腊化时代的西顿人（Sidonians）占据的斯特拉顿塔（Stratonos Pyrgos）建设成海港城市，并命名为恺撒利亚（Caesarea）。对于自古以来的巴勒斯坦城市，大希律王仿照奥古斯都的希腊语名字，将昔日北王国的首都撒玛利亚改为赛巴斯托（Sebastos），并将此地打造为一座希腊化城市。他又用父亲的名字，将特拉维夫以东的亚弗重新命名为安提帕底，并予以重建。大希律王还在耶利哥郊外位于死海西海岸的马萨达修筑了宏丽的离宫。

不仅在巴勒斯坦地区，在叙利亚、腓尼基、安纳托利亚的诸多城市，大希律王修建了体育馆、剧场、赛马场、浴场、列柱大道、神殿等公共设施，促进了希腊化地区的城市化。他在宗教上没有一贯性，为希伯仑的亚伯拉罕之墓和幔利（Mamre）的亚伯拉罕圣所建设了坚固的围墙，在巴尼亚斯（Banias/Paneas）、撒玛利亚、恺撒利亚建立了纪念罗马皇帝奥古斯都的神庙。

不过，大希律王建筑事业中最负盛名的当数耶路撒冷的圣殿山和宫殿。现如今圣殿山周围修建有坚固的石墙。圣殿山东侧石墙紧临汲沦谷（Kidron Valley），长度为460米；北侧石墙长度为307米；西侧石墙长度为480米；南侧石墙最短，为276米。

大希律王改建的圣殿就曾伫立在这片土地上。现如今受到圆顶清真寺（The Dome of the Rock）和阿克萨清真寺（Aqsa Mosque）等伊斯兰教圣地位置的限制，无法直接进行考古发掘。因此，问题的焦点在于如何在这些目前仍在使用、无法进行发掘的建筑中，弄清所罗门和希律时代圣殿山的情况。1967年"六日战争"后，以色列占领了包含圣殿山在内的东耶路撒冷全部区域。此后一直持续进行的圣殿山西墙和南墙的外侧发掘工作，为这一问题指明了一个方向。

圣殿山的西墙曾经与耶路撒冷旧城外墙连在一起。发掘圣殿山西南角区域时触及了城墙的基底部分，露出了24段符合希律时代特征的切割石块。当时西墙外侧的下方是宽阔的石铺道路，一直延伸至南墙下方并转向，直通南墙中央跨度达

64 米的巨大阶梯。这一阶梯将行人引入南墙上被称为"胡尔达门（Huldah Gates）"的两处城门，进入城门后，经过地下通道便可通向圣殿山的中庭。在这个地下通道的上方，即相当于圣殿山南端的部分，是大希律王修建的东西长 208 米、南北宽 38 米的皇家列柱长廊。这是一座四柱并列、合计拥有 162 根列柱的巴西利卡式（Basilica，大型柱廊式）建筑，2 世纪以后广泛出现的柱廊式犹太教徒集会所大概正是以此为原型。

皇家列柱长廊西端是一个小型中庭，穿过它可抵达西墙的城门。经此门而出，向下的台阶架设在一座横跨西墙下方道路的拱桥上，这段台阶在中途折向南方，余下部分由同样的十孔拱桥结构支撑，一直下降至与路面相连。从圣殿山西南角的道路上，发现了从上面掉下来的各种建材和物品。例如，柱头与天井的局部、墙面镶嵌物与带有科林斯式柱头的立柱、石制日晷、刻有希伯来语铭文"吹响号角之处"的切割石块。铭文所言的内容，与安息日前后祭司在圣殿山上吹响的标志性号角有关。

现如今，在耶路撒冷旧城区西部的雅法之门（Jaffa Gate）附近，还发现了大希律王建造的法撒勒塔（Phasael Tower）与宫殿的遗迹，但细节部分损坏严重。

库姆兰遗迹

基尔贝特·库姆兰（Khirbet Qumran，即库姆兰废墟）及其周围的洞窟群，位于死海西北岸的绝壁之上。在此地发现的遗迹和文书是哈斯摩王朝至第一次叛乱之间百余年的产物，在此地进行宗教活动是当时犹太教和正处于发生期的基督教的重要背景，发掘调查和文书解读已经证明了上述观点。以基尔贝特·库姆兰为中心展开活动的宗教团体正是库姆兰宗团（Qumran community）。

库姆兰遗迹的发现完全是一次偶然事件。1947年春，基尔贝特·库姆兰以北1300米处，一名牧羊少年发现一只山羊消失在断崖的洞窟中，他随后也进入洞窟，发现了许多密封的圆筒形陶罐，罐中存放着用亚麻布包裹的毛皮写本卷轴。这一发现令附近游牧民和研究机构围绕古书卷展开了竞争。

结果，截至1956年，先后共对11处洞窟展开过调查。其中，第1、2、3、6、11号洞窟出土了书卷和书卷残片，第3洞窟还出土了铜版书卷。这些书卷的内容已判明为《圣经·旧约》及其相关文书，也由此引发了这些书卷与断崖台地上方的基尔贝特·库姆兰存在关联的推测。库姆兰废墟的发掘调查始于1951年，由法国考古学家罗兰·德·富（Roland de Vaux，1903—1971年）主持，至1956年为止，前后共进行了6次调查发掘活动。

遗迹中心是一处带有内室的长37米、宽30米的四边形建筑，其西北角是一座二层塔楼，塔楼的厚实墙壁由切割石材堆砌成。这座塔楼长9.2米，宽8米，布局接近方形。塔下还可以看到几间房屋。它们并非通常的住所，而是用于公共生活，比如食堂兼集会室、附属的餐具间和厨房、写经室，以及阶梯式大型的蓄水槽，等等。此外，在中心建筑的周围有制陶设备、储藏室、几处蓄水槽和水道、沐浴用的水槽等。这些水利设施从遗迹西侧的库姆兰河（间歇河）的瀑布引水，通过崖边铺设的输水管道，将河水引入蓄水槽中。

库姆兰遗迹的年代，即库姆兰宗教团体的年代大致分为两个阶段：第一期从公元前2世纪末马加比王朝的许尔湛统治时期至公元前31年的大地震，第二期从公元元年的复兴至68年罗马军队对这一地区的占领。在这期间，大约有200名库姆兰教团的成员活跃于此，他们居住在帐篷之中，在建筑物中专心进行集体祷告、共同进餐（圣餐）、沐浴（洗礼）。

洞窟中出土的"死海文书（Dead Sea Scrolls）"包含《圣经·旧约》及其注解、库姆兰教团的独立文献《宗规要览》（Community Rule）、《光之子与暗之子交战法则》（The War of the Sons of Light Against the Sons of Darkness）、《圣歌集》（The Rule of the Blessing）等。根据"死海文书"的记载，库姆兰教团的创始者是被称为"义师"的救世主。"义师"号召人们离开耶路撒冷，来到库姆兰之地严守律法，成员必须保持禁欲，在兄弟般的友爱中等待末日降临。很多研究者认为，库姆兰教团应是艾塞尼派的一支。

巴勒贝克

大希律王时大规模的建筑活动一视同仁地对待一神教和多神教。对此，犹太人在大希律王治世期间几乎没有掀起反抗，这堪称是一个"幸运"的奇迹。将时间稍稍向后推迟至2—3世纪，黎巴嫩山间肥沃平原贝卡（Bekaa Valley，即贝卡河谷）中的宗教城市巴勒贝克（Baalbek），开始建造巨大的神殿。现如今的巴勒贝克只是一座不起眼的小型城镇，但在当时却被称为"赫利欧波利斯"（Heliopolis，即太阳之城），拥有至少六处神殿建筑。而这六座神殿中，只遗留下朱庇特神殿（Temple of Jupiter）和巴克斯神殿（Temple of Bacchus）的废墟，维纳斯神殿（Temple of Venus）仅可辨认其圆形的布局痕迹。

巴勒贝克的巴克斯神殿遗址

至于众神殿背后曾有过怎样的信仰形式，遗憾的是，没有与之相关的文献记录保留下来。大概朱庇特原型可以追溯到阿拉伯人信奉的雷神哈达德，甚至赫梯－胡里安人信奉的天气神泰舒卜。然而，像巴勒贝克这样古老的圣地，为何会在罗马帝政时期兴建如此巨大的神殿呢？实际上，这座圣城在历史上的登场，与以土利亚人（Itureans）——希腊化时代的一支阿拉伯系民族——在叙利亚的定居和建国有密切的关系。以土利亚人在公元前1世纪初突然出现在黎巴嫩和叙利亚山地一带。

以土利亚人与纳巴泰人同样属于活动在沙漠周边区域的商队民族，随着纳巴泰人的势力北上，不断侵入哈乌兰地区，以土利亚人被逼进黎巴嫩山区地带。他们在此建立了冠以希腊风格名字的首都卡尔基斯（Chalcis），塞琉古王朝分封的"王"托勒密乌斯（Ptolemaeus）率先建立了统治。值得注意的是，托勒密乌斯同时还兼任本国宗教圣地巴勒贝克的祭司。罗马将领庞培在进驻叙利亚时，承认了以土利亚人领地的存在。然而，经过几番曲折之后，这个小王国终究还是在公元前24年落入了罗马人手中，其领地的南半部分先后由大希律王和其子希律·腓力普斯统治。大概正是这个时期，在大希律王的建筑政策引导下巴勒贝克开始兴建巨大神殿。

巴勒贝克的朱庇特神殿伫立在填土而成的基座上，主殿四周是科林斯式立柱构成的回廊。然而，高约20米的立柱现如今只有6根尚存。若将两个前室计算在内，该神殿全长约390米。与朱庇特神殿相比，巴克斯神殿则要小很多，填土而成的基座上是二层式的主殿（全长68.6米）。主殿四周环绕着42根科林斯式立柱。巴克斯神殿是地中海-亚细亚地区保存状态最为完好的神殿。

反抗的犹太人

第一次叛乱

大希律王的孙子希律·阿格里帕（Herod Agrippa，41—44年在位）死后，他生前所拥有的犹太和撒玛利亚领地被并入罗马行省，耶路撒冷由恺撒利亚的代理人统治。随之而来的是犹太人直接对抗罗马人的政策，危机愈演愈烈。首先，当第一任罗马代理人普布利乌斯·苏尔比基乌斯·库里尼乌斯（Publius Sulpicius Quirinius）为了征收赋税而展开人口调查时，在犹太人中间形成了名为奋锐党（即"热诚者"）的组织。奋锐党在遵守律法与期待救世主等观点上与法利赛派和艾塞尼派保持一致，但他们的目的是以武力实现从罗马统治下的解放，并拒绝向罗马人纳税。他们采取当初的游击战术，志同道合者逐渐增加，进而发展为公然反抗。在罗马代理人马库斯·安东尼·菲利克斯（Marcus Antonius Felix，52—60年在职）时代，奋锐党的内部又出现了更为激进的"短剑党（Sicarii）"，他们暗杀那些对罗马持稳健态度的犹太人。1世纪60年代中叶，罗马人和犹太人间的关系高度紧张。最后酿成大混乱的导火索，是罗马代理人杰西斯·弗洛吕斯（Gessius Florus，64—66年在职）强夺耶路撒冷神殿的宝藏。愤怒的大祭司之子以利亚撒·本·哈纳尼亚（Eleazar ben Hanania）率众蜂起，攻击稳健派和罗马守备队，并且纵火焚烧宫殿、安东尼亚要塞、大祭司宅邸。叛乱波及范围极广，大希律王建造的马萨达离宫和希律堡要塞也被叛乱者占领。与此相呼应的是各地方城市的犹太人市民和非犹太人市民之间也爆发了激烈冲突。例如，在恺撒利亚有两万犹太人被杀死。

针对严重事态，在罗马驻叙利亚总督克斯提乌斯·加卢斯（Cestius Gallus）派兵前往镇压失败以后，当时的罗马皇帝尼禄立即派遣将军韦帕芗（Vespasianus）率领三个军团前往犹太地区。韦帕芗先在67年的春至秋季平定了整个加利利地区。当时吉斯卡拉的约翰（John of Giscala）率领奋锐党逃亡耶路撒冷，但是他与游击战领导者西门·巴尔·吉欧拉（Simon bar Giora）争夺势力，双方持续血战。到了68年的春天，海岸平原、佩雷亚、约旦丘陵、以土买、撒玛利亚等地相继被平定，仅余耶路撒冷孤城一息尚存，而此时尼禄皇帝的死讯突然传来。在罗马国内围绕帝位问题经历过一段时间混乱之后，韦帕芗于69年7月成了罗马帝国新任皇帝。

公元70年，韦帕芗之子提图斯（Titus）率领五个军团包围了耶路撒冷。提图斯在耶路撒冷近郊的司考帕斯山（Mount Scopus）设下阵地，使用攻城槌对耶路撒冷发起攻击。围攻从5月开始，一日不曾停歇，城内陷入粮食不足和疫病蔓延的惨境；8月，耶路撒冷神殿发生大火，此时距64年改建工程竣工仅过去七年时间；9月，耶路撒冷全城落入罗马人手中，地方要塞希律堡和马卡鲁斯堡（Machaerus）也相继陷落。坚守在马萨达的奋锐党人则在以利亚撒·本·雅尔（Eleazar ben Yair）的指挥下，从72年夏至73年春进行了绝望的抵抗。

相传，耶路撒冷围攻战共有97000人成为俘虏，110万人死亡。提图斯于71年将耶路撒冷神殿内的宝物运回罗马，并举行凯旋式。有关当时的情景，可以从今天罗马市的提图斯凯旋门浮雕中一睹究竟。

第二次叛乱

耶路撒冷的陷落导致神殿复兴之路最终断绝，自统一王国以来，拥有1000年历史的祭司制度失去了存在意义。从此以后，神殿中不再举行耶和华祭祀仪式，巡礼活动也随之废止。取而代之的是散布各地、可进行圣书朗诵与研究、祈祷等活动的集会所。在集会所中，法利赛派专注于研究律法的学者们取代祭司，成为具有宗教权威的一方，而上层祭司家族出身者居多的撒都该派失去了存在意义。

此外，拉比希勒尔（Rabbi Hillel，即大希勒尔）的弟子约哈南·本·扎卡伊（Yohanan ben Zakkai）从被围困的耶路撒冷逃脱后，取得罗马许可，在雅法以南的亚弗尼（Yavne）开设学校，自己担任校长，传授与圣经相关的学问。当地还保留着仅由法利赛派律法学者组成的长老会，作为处理宗教问题的专门机构。艾塞尼派因为一部分成员参与了暴动，他们随着奋锐党一同消失了踪影。这样一来，第一次叛乱以后，犹太教转向由法利赛派体系主导了。

然而，犹太人对罗马人和其他民族的不满在此后依然持续。例如，在图拉真（Trajan，98—117年在位）皇帝时期，昔兰尼（Cyrene）、亚历山大里亚、塞浦路斯、美索不达米亚等地的犹太人曾群起叛乱，此后哈德良（Hadrian，117—138年在位）皇帝治世时期犹太地区再度掀起叛乱。第二次犹太叛乱被冠以首谋者之名，史称巴尔·科赫巴之乱。

关于这个人物的出现，以及他在叛乱中具体战斗的史料极为匮乏。曾和他一起行动的律法学者拉比亚基瓦，用《圣经·旧约》的一句话"有星要出于雅各"（《民数记》24：17）揭示了巴尔·科赫巴的名字意味着"星之子"，并指出他正是作为圣经中预言的救世主而出现的。尽管巴尔·科赫巴发动武装叛乱的背后始终是末日思想的影响，然而，引发叛乱的直接原因则是哈德良皇帝禁止犹太人行割礼，并意图在耶路撒冷仿照罗马城卡比托利欧山（Capitoline Hill）的朱庇特神殿修建新的神殿。

巴尔·科赫巴控制了耶路撒冷和整个犹太地区，并发行带有铭文的货币。可以肯定的是，在132年至135年期间，他在当地确立了自己的统治。在其发行的货币铭文中,他不仅称呼自己为"以色列之王",还自称为"祭司以利亚撒(Eleazar the Priest)",这意味着他想复兴祭司制度。罗马将军塞克斯都·尤利乌斯·塞维鲁(Sextus Julius Severus)从首府耶路撒冷开始,将暴徒的据点一一包围,采用消耗战术静待对方的兵粮耗尽。最后,仅余耶路撒冷以西10千米处的贝塔尔(Betar)要塞仍然负隅抵抗。最终,巴尔·科赫巴在贝塔尔防御战中身死,拉比亚基瓦也遭处刑。叛乱过后,耶路撒冷改称"埃利亚·卡皮托利纳(Aelia Capitolina)",成为罗马的殖民城市,旧神殿遗址和基利心山顶仿照卡比托利欧山修建了朱庇特神殿,而犹太人则被禁止进入耶路撒冷。

自此以后,犹太教的律法中心继续在地方和外国发展。2世纪下半叶,拉比犹大(Judah)着手编成了律法释义的总集《密西拿》,后世出现的《巴勒斯坦塔木德》(Palestinian Talmud,即 Jerusalem Talmud,3—4世纪成书)和《巴比伦塔木德》(Babylonian Talmud,5世纪成书)均属律法研究的集大成之作。

马萨达与纳哈尔·赫维尔

马萨达是第一次叛乱期间犹太人最后坚守的据点,坐落于死海西岸高390米的岩石山顶上。不过,马萨达原本并非军事据点,而是大希律王在公元前36年—前30年修筑的离宫。他在台地上修建了夹层式城墙(casemate wall)和防御塔楼,城墙的内侧设置仓库、大型蓄水池、浴场、兵营、武器库以及宫殿。此外，马萨达还设有神圣浴室（Ritual Bath）和犹太教集会所等宗教设施。

宫殿遗迹分为高地西侧中央和北侧突出的三层阶梯式台地两部分。后者可以将邻近荒野和死海的绝妙景色尽收眼底，台地的阴面则能够有效阻隔太阳光线的热量。北端最下层台地后方垂直的岩体表面装饰着壁画，前方则伫立着科林斯式立柱和列柱。这层中央是兼具冷水室、温水室和热水室于一体的浴场。大希律王曾在此休养，举行宴会，与亲近之人肆意欢娱。中层台地现如今仅遗留一处由二重同心圆结构的墙壁围成的圆形空间。这里应是一座亭式建筑，供大希律王进行饮食娱乐等活动。最上层台地被认为是居住区，地面铺设了马赛克，建筑被一处半圆形的游廊环绕。

这些大希律王时代遗留下来的建筑，在数十年之后又增添了犹太叛乱者曾经盘踞于此地的痕迹。其中，北侧宫殿发现的一枚刻有 11 个人名的陶片最为著名。历史学家约瑟夫斯宣称，这枚陶片上铭刻的是马萨达陷落之际坚持到最后一刻的以利亚撒·本·雅尔和 10 名奋锐党人的名字，他们决定以抽签的方式按照顺序自尽。

自 1963 年至 1965 年，以色列考古学家 Y. 亚丁率领发掘队对马萨达展开调查。之前在 1960 年，也是他的团队对马萨达以北隐基底附近的纳哈尔·赫维尔（Nahal Hever）间歇河进行了调查，并在临河的绝壁洞窟中展开发掘作业。亚丁在河床北侧绝壁上发现了一处巨大的洞窟，并从中出土了第二次叛乱的领导者巴尔·科赫巴的书信。这处信札洞窟上方的台地

马萨达全景

马萨达的大希律王宫殿北侧的中部和下部

曾是进攻的罗马军队营地,亚丁首先对其进行了调查。营地用石块堆砌壁垒,与台地的其他部分隔开,内侧紧临绝壁,司令部、军旗悬挂处、帐篷兵营、仓库、瞭望台、炊事所等依然可辨。罗马军队共设立了两处这样的营地,严密监视着逃入绝壁洞窟中抵抗的反叛者动向。

信札洞窟全长150米,内部分成几个较大的空间,最深处分为二室。洞内的各个空间都发现了青铜器、玻璃器皿、染有颜色的衣料和毛毯等物品,巴尔·科赫巴的一捆书信埋藏在最深处。书信一共15封,全部写在莎草纸上,其内容为巴尔·科赫巴向各据点的司令官发出的简短指示。其中一封致隐基底地区人们的信中,满是巴尔·科赫巴的批评责难之词:"汝等只知坐享其成,挥霍享用以色列的共有财富,却毫不关心你们的同胞!"

帕尔米拉女王芝诺比娅

帕尔米拉的兴亡

罗马帝国时期，帕尔米拉人与纳巴泰人、以土买人、以土利亚人并列为叙利亚－巴勒斯坦地区阿拉伯系民族的代表。不过，帕尔米拉人的根据地帕尔米拉拥有相当悠久的历史。作为叙利亚沙漠中央的绿洲城市，帕尔米拉在联结周边文明的商队路线上占据着最重要的位置。"帕尔米拉"一词出自希腊语，希腊化时代以前，这座城市在阿拉米语中被称为"塔德莫尔（Tadmor）"。

自古以来，帕尔米拉就是迦南人的居住之地。公元前20世纪初，阿摩利人大举侵入美索不达米亚之际，帕尔米拉曾经是他们的一处据点。公元前12世纪，阿拉米人的商业文化侵入新月沃地（Fertile Crescent），为后日的商队城市帕尔米拉奠定了基础。公元前1世纪，帕尔米拉作为希腊化城市开始繁荣，其时它的人口构成以新近定居的阿拉伯民族移民占首位，宗教方面则以阿拉米人和迦南人信仰的众神占据着统治地位。阿拉米语和阿拉米文字在帕尔米拉广泛使用。

从幼发拉底河岸边出发，穿越沙漠地带来到帕尔米拉所在的绿洲，由此向西延伸的道路在中途一分二，向北可到达埃梅萨（Emesa，今霍姆斯，Homs），向南可通大马士革，这便是帕尔米拉人控制的商队路线。大马士革位于帕尔米拉人和阿拉伯人商队路线的结合点，自106年罗马人吞并纳巴泰王国后，帕尔米拉人的商队路线日益重要。他们经常与罗马人携手合作，同时，出于商队警备的目的，仍维持着独立的骑兵队。此外，针对往来的商旅活动，帕尔米拉的市政议会（由商业贵族组成的元老院）于137年颁布了关税法案，对所有商品征收税金。

帕尔米拉先是从罗马皇帝塞普蒂米乌斯·塞维鲁（Septimius Severus，193—211年在位）手中获得了"罗马殖民城市"的称号。250年，帕尔米拉市政议会的议员塞普蒂米乌斯·哈伊兰（Septimius Hairan）被罗马元老院接纳，而其子奥登纳图斯（Odaenathus）成了帕尔米拉的执政官。260年，罗马皇帝瓦莱里安（Valerianus，253—260年在位）在埃德萨（Edessa）对阵萨珊波斯皇帝沙普尔一世（Shapur I）时兵败被俘，后来奥登纳图斯亲自率军击败沙普尔一世，瓦莱里安的皇位继任者伽利埃努斯（Gallienus，253—268年在位，早年与其父瓦莱里安共治）授予奥登纳图斯"全东方的收复者"的称号。自262年以后的数年之间，奥登纳图斯不仅挥军攻入美索不达米亚，还镇压了叙利亚的奎埃托斯（Quietus）叛乱，从而成为罗马东方军队的"总司令官"。

不过，奥登纳图斯的后妻芝诺比娅（Zenobia）却反对丈夫亲罗马的政策。她暗杀了奥登纳图斯和其前妻之子，扶植自己的儿子瓦巴拉图斯（Vaballathus）登上王位，不仅为其子冠上"全东方的收复者"称号，还自称为"众王之王"。公元269年，芝诺比娅率领帕尔米拉人将埃及和安纳托利亚中部地区收入囊中，成功构筑了一个商队帝国。

罗马皇帝奥勒良（Aurelianus，270—275年在位）在治世初期默许了芝诺比娅母子的存在，放任对方自称"元老、王、总司令、总督"等名号。270年，年龄不足10岁的瓦巴拉图斯僭称"皇帝"，母子二人企图从罗马治下完全独立。奥勒良亲自率军取道安纳托利亚攻打帕尔米拉，并在安条克附近击败帕尔米拉将军扎布达斯（Zabdas），而意图逃亡波斯的芝诺比娅女王最后在幼发拉底河附近被罗马军队俘虏。此后，芝诺比娅被押解至罗马，并在城郊疗养地提布尔（Tibur）度过余生。她的子嗣则下落不明。

帕尔米拉的遗迹与宗教

穿过城外墓区进入帕尔米拉城门的商队和旅人，会看到一条自西北向东南延伸的柱廊大道。这条主干街道全长约1200米，中央铺石路面宽度约11米，两侧的列柱廊（边道）宽度约6米。列柱廊外侧紧临商店和公共建筑。与其他希腊化城市不同，帕尔米拉的这条城市大道在经过城市中心时并没有与另一条主路垂直相交。此外，帕尔米拉的城市大道在经过城市中心地带时曾两次变更方向，反映出帕尔米拉城市规划的特色，这大约是因为在公元前1世纪下半叶时市区曾经出现过急速发展。城市大道第一次改变方向的位置上建有"四面门"，说明这里曾是一个交叉点；大道从四面门继续向东南延伸一段距离后会再度改变方向，自三面门一路通向贝尔神殿。

帕尔米拉的柱廊大道不仅与城内的无数条小路纵横交织，道路沿途还设置有罗马皇帝戴克里先（Diocletian，284—305

年在位）的军营、市议会、半圆形剧场、浴场、泉水殿、纳布神殿（Temple of Nabu）等公共建筑。柱廊大道的石柱柱头为科林斯式，柱高9.5米，直径95厘米。每根石柱中间再往上一点的位置，都有一个伸向中央路面的小型石制台座，曾经承载着知名市民的雕像。柱廊大道于2世纪时最终完成。大概正是建筑年代上的差异，才造成了它与公元前1世纪下半叶初具原型的贝尔神殿在方向角度上的不一致。

帕尔米拉人是讲阿拉米语的阿拉伯人，其宗教信仰混杂着闪米特语族的众多神明。首先，是由巴比伦的主神马尔杜克演变而来的天神贝尔，以及追随贝尔的玛拉克贝尔（Malak-Bel）、雅希波尔（Yarhibol）、阿格利波尔（Aglibol）等日月神。其次，是阿拉伯系诸神，天空女神阿拉特以及由其显现的阿齐兹（Aziz，即"晨星"）、谢伊·阿尔－夸姆（Shay al-Qawm，即"不饮酒者"）等众神。最后是叙利亚的天神巴尔夏明和大地女神阿塔迦蒂斯，从2世纪初开始，以巴尔夏明的名号命名就意味着"此人之名被永远祝福"，反映出当时存在着受到高度推崇的神灵观念。

帕尔米拉市区内分别建有供奉阿拉特和巴尔夏明的神殿，贝尔作为该城主神受到的推崇最为盛大，这一点从柱廊大道尽头宏伟壮观的贝尔神殿遗迹就可以得到证明。贝尔神殿大致呈正方形，东西相距210米，南北相距205米，西侧中央是宽35米的台阶。登上台阶，八根石柱伫立在神殿正门的前方。穿过正门三个并排的入口便是神殿内庭，四周围有石墙，墙壁内侧的西边为一排立柱，其他三边为双排立柱长廊。正殿的位置大致是神殿内庭中央，位于一个长方形基坛上，基坛西侧为台阶。沿台阶向上，先是装饰着葡萄藤蔓纹样的玄关，玄关与环绕正殿的列柱廊相连。玄关向内再经过一段距离才是正殿的入口。正殿之内，安置着贝尔、雅希波尔、阿格利波尔三神的神像和贝尔神的神体（大概是岩块）。

帕尔米拉的贝尔神殿

神殿的一切活动都由大祭司组织，信众之间也结成讲社。每当举行圣餐等祭祀仪式时，会召集多数市民参加。祭司们在神殿屋顶上焚香礼拜，类似的情况也曾经在乌加里特出现过。

日本在帕尔米拉墓葬区域展开的发掘

与其他古代都市相同，帕尔米拉城外也分布着供市民的坟墓使用的土地，即墓区。帕尔米拉市区的北侧、西南侧、东南侧均分布着墓区，西南侧的墓区被称作"墓葬谷"。帕尔米拉的坟墓存在三种类型。其中最古老的一种是塔形墓，为希腊化传统的延续。这种坟墓类型的代表是位于墓葬谷的扬布里科斯（Iamblichus）塔墓和埃拉贝尔（Elahbel）塔墓。塔形墓内各层的内壁上均有壁龛式墓穴，以供各家族安葬死者，并用雕刻着逝者肖像的石板封盖。第二种坟墓类型是屋形墓，坟墓中央内庭周围和地下设置墓穴。第三种坟墓类型数量最多，即在岩盘中开凿的地下坟墓，墓室内的十字形或T字形回廊两侧设置穴室，上下穴室之间用土板隔断。此类型的坟墓自2世纪上半叶以来普及范围最广。

伴随着石油输送管道的铺设，叙利亚考古部门在帕尔米拉城外东南方向意外发现了大量的地下墓室。1990年以来，日本考古队也在这片区域积极活动。日本考古队调查活动的发端，是1988年在日本奈良县召开的"奈良·丝绸之路博览会"。奈良县获得了在帕尔米拉展开考古发掘的许可，并为此组成了专门的负责机构——"奈良·丝绸之路博览会纪念国际交流财团"，由该机构所属的丝绸之路学术研究中心派遣考古发掘队伍前往帕尔米拉展开实际调查工作。

日本考古队在帕尔米拉展开作业的第一年（1990年），先是使用地下探测装置对市区东南方向的墓区进行电磁波扫描，以此确定坟墓是否存在。真正的发掘作业自1991年开始。最先出土的是A号墓和C号墓。A号墓推定为屋形墓，在对该墓的地下发掘中先后发现16处安葬遗体的穴室，但地上构造即屋室部分，和也许曾存在过的墓室则完全被毁弃了。

C号墓为地下坟墓，有7个墓室，出土物除了雕塑和刻有建造年代的石碑、陶制的灯台和玻璃器皿等陪葬品以外，还确认了61具人骨。通往墓室的台阶开凿在岩盘上，共21级。入口处有2.5米高、20厘米厚的石灰岩墓门，其门轴为青铜制。墓门内侧仍有数段台阶，右侧有竖井，内部为T字形回廊。根据墓中的碑文记录，C号墓在109年由雅尔哈伊（Yarhai）建造，他本人也安葬于此地。与C号墓邻接的是F号墓，其调查工作始于1994年，该墓是一处带有十字形回廊的地下坟墓。墓室雕刻相对于 C 号墓更加丰富，除了几处墓穴绘制了宴饮场景的图案以外，还有拱门、立柱等建筑要素，以及叶蓟（Acanthus）纹样、球与剑交替搭配的饰物、其他植物纹样等丰富内容。

第九章　萨珊波斯的兴衰

阿尔达希尔的统一

伊朗传统的回归

　　构筑了极为辽阔的疆域的帕提亚帝国大约在1世纪时走向衰落，进而失去了向心力。当旨在回归伊朗人原本传统的"伊朗化（Iranism）"潮流兴起时，帕提亚人甚至不曾尝试抵抗这一倾向。这期间宗教发挥了重要作用。此前，在希腊化影响下，帕提亚人对各地方宗教采取宽容调和的态度。而在进入叙利亚沿海地带的过程中，他们接触了信奉极具排他性的一神教且注重自身同一性的犹太教信徒，这无疑对帕提亚人产生了划时代的影响。巴比伦和亚美尼亚地区有大量的犹太人定居，最初这些犹太人既没有强行要求其他民族尊崇自己的唯一神信仰，也不曾干涉其他民族遵守各自的信仰。但在与罗马帝国相接的巴勒斯坦地区，罗马化以相当具有攻击性的方式展开，对此十分反感的犹太教信徒于是将唯一神信仰作为抵抗罗马化的意识形态力量。此外，基督教的出现和迅速发展无疑也让犹太教等古老的宗教感受到了威胁。这也让犹太教变得更加激进。

阿尔萨克斯王朝以宗教为基础，公然回归伊朗传统之际，那些以继承了阿契美尼德王朝的血缘和传统作为自身统治正统性依据的各地方诸侯，纷纷主张自己拥有比阿尔萨克斯王家更深厚的传统。

在阿契美尼德王朝的发源地法尔斯遗存有波斯波利斯、纳库谢·鲁斯塔姆等众多宏伟壮观的遗迹，同时也残留着阿契美尼德王朝的强烈印记，因此当地十分强调自己拥有的伊朗"传统"。此外，临近波斯波利斯的城镇伊斯塔赫尔（Istakhr）坐落着巨大的阿娜希塔女神寺院，该寺院是人民信仰朝觐的中心。早在公元前3世纪，波斯人以伊斯塔赫尔为中心建立了王朝，该王朝从塞琉古王朝获得自治，得到"弗拉塔拉卡（Frataraka，有先行者或总督之意）"的称号，独立发行货币。当塞琉古王朝的统治衰落之后，该王朝转而投向帕提亚，承认帕提亚的宗主权。不过，无论处在哪个政权统治之下，位于边境的法尔斯重要性都很低，几乎不受到宫廷的干涉。

当时法尔斯地区发行的货币，无论是工艺或铭文都已脱离了当初希腊风格的影响。到公元前1世纪时，"弗拉塔拉卡"也被带有"王"意味的波斯语称号"shah"所取代。货币的背面多数描绘着面向一座高塔状独特建筑物、高举右手进行礼拜的国王形象。与阿契美尼德王朝宫廷样式中使用清晰线条描绘浮雕的做法不同,这种雕刻方式模糊不清,很难清楚辨别。通常认为货币上描绘的建筑物原型很有可能是卡巴耶·扎托什特(Ka'ba-ye Zartosht,意为"琐罗亚斯德方塔"),它坐落于纳库谢·鲁斯塔姆的阿契美尼德王朝列王墓葬群前方。不过,这座被称为"卡巴(Ka'ba)"的塔式建筑物的原本用途不明,究竟是坟墓、宝藏库,还是寺院等,众说纷纭。倘若是作为宝藏库,这座方塔的空间未免太过狭小,且距离宫廷过远;如果是用作供奉圣火的寺院,那么缺少了狭小空间燃火时所必要的通气口。如果说是坟墓,但这里不是阿契美尼德王朝任何一位王的陵墓,那么围绕究竟是何人安葬于此又将产生新的疑问。不过,当地毁坏的建筑中存在着与此方塔几乎同样的建筑,且其建造年代也能明确追溯至阿契美尼德王朝初期。萨珊王朝也在这座古老建筑中留下了碑文,可知这里对于萨珊王朝也是一座重要的建筑物。只可惜它在当时的重要意义,现如今已经无从知晓。我们只能根据货币背面描绘的王的姿态,推测这座方塔应与宗教活动相关。

圣火祭坛

公元前1世纪时,法尔斯地区铸造的货币背面描绘着圣火祭坛。不过,这种圣火祭坛与阿契美尼德王朝大流士大帝的陵墓浮雕所描绘的圣火祭坛并不相似。萨珊波斯的建立者阿尔达希尔一世(Ardashir I)所发行的货币,其背面描绘的是在三层基座上深钵状容器内装载着圣火的祭坛。支撑的基座为狮足样式,上方的深钵状容器内圣火熊熊燃烧。根据阿尔达希尔

阿尔达希尔一世发行的货币，正面印着阿尔达希尔一世的肖像，背面印着圣火祭坛

沙普尔一世发行的货币，背面印着的圣火祭坛是萨珊王朝独有的创意

和阿娜希塔寺院之间的密切关系，我们大致可以推测出，这种祭坛应该是阿娜希塔寺院中供奉圣火的祭坛（这个圣火应被称为阿娜希塔圣火）。不过，一般认为这种圣火祭坛是用金属制的，所以没有作为遗物遗留下来。

萨珊王朝的建立

根据传说，萨珊王朝的开创者阿尔达希尔是帕帕克（Papak）之子，而帕帕克本人也是一位王。不过，据说萨珊王家的先祖萨珊（Sasan）并非出身王侯，此人究竟是何方神圣，现今已无从知晓。关于萨珊本人的事迹存在着各种各样的传说。依据萨珊王朝时期撰写的《阿尔达希尔行传》记载，萨珊拥有阿契美尼德王室血统，他曾为伊斯塔赫尔之王帕帕克牧羊。某天，帕帕克梦见萨珊成了世界之王，于是将自己的女儿下嫁给萨珊，后来萨珊夫妇诞下了阿尔达希尔。不过，这样一来，阿尔达希尔应该是帕帕克的孙子，而不是儿子。况且帕帕克本有一个名叫沙普尔的儿子，应该不会为了后继者问题而考虑将女儿的儿子立为自己的养子。

伊斯兰时代的历史学家们也曾提出种种说法，却无一与现实相符。其中一种说法认为，萨珊是伊斯塔赫尔寺院的祭司，他与当时的法尔斯王巴兹兰基（Bazrangi）家族的高奇尔（Gochihr）之女结婚，后来其子帕帕克推翻了高奇尔，建立了新的王朝。另一种说法认为，萨珊出身于法尔斯王族，帕帕克是其子，阿尔达希尔是其孙。6世纪时的罗马人阿加西阿斯（Agathias）认为，帕帕克原本是一名占星术师，当士兵萨珊在他家中停留时，帕帕克感觉萨珊形貌不凡，于是将自己的妻子送给萨珊，后来诞下一子便是阿尔达希尔。然而，以上说法无一不存在问题与疑点。大概萨珊是帕帕克的远祖。若非远祖，也可以认为萨珊是帕帕克的女婿，因萨珊英年早逝，其子阿尔达希尔便成为帕帕克的养子。而帕帕克的正统后继者沙普尔在即位后不久便死于事故，于是阿尔达希尔继承了帕帕克的王位。

帕帕克于208年前后掌握了法尔斯的统治权，随即从帕提亚控制下独立。正因如此，萨珊王朝以此年作为王朝纪元的起始之年。不过，当时帕帕克在与阿尔萨克斯王朝的沃洛加西斯四世（或沃洛加西斯五世）的交战中落败。帕帕克虽然保住了王位，但不得不承认帕提亚的宗主权。224年，阿尔达希尔一世继承帕帕克之位。即位后不久，阿尔达希尔一世就在伊斯法罕北方的霍尔米兹德平原（Hormozdgan Plain）战胜阿尔塔班努斯五世（Artabanus V），从而取代阿尔萨克斯王朝，号称伊朗人的"王中之王"。

不过，阿尔达希尔一世此刻的胜利并不意味着他已经将伊朗全部领土的统治权掌握在自己手中。随着阿尔萨克斯王朝走向崩溃，尽管以苏雷纳家族为首的帕提亚大贵族纷纷归顺阿尔达希尔，但是出身阿尔萨克斯王家的亚美尼亚国王，以及阿尔萨克斯王朝的亲族贵霜国王也与阿尔达希尔展开激烈对抗。除此以外，早在阿尔萨克斯王朝时期已经处于半独立状态的其他地方领主和王族的抵抗也十分顽强。不过，阿尔达希尔一世还是通过武力和劝说，将这些势力成功地纳入自己的统治之下。

226年前后，阿尔达希尔一世攻陷泰西封，掌握了米底。他用"阿尔达希尔的荣耀"或"阿尔达希尔的胜利"为夺取的城市命名。由此可见，阿尔达希尔一世大概希望用这种形式向世人展示自己是阿契美尼德王朝的正统后继者。"阿尔达希尔（Ardashir）"是古波斯语"阿尔塔薛西斯（Artaxerxes）"的中古波斯语形式，因此阿尔达希尔一世强烈主张自己的名字继承自阿契美尼德王室之名。此外，他要求原属于阿尔萨克斯王朝治下的各地领主，将依然遵守琐罗亚斯德教传统的旧王族以及家族之火扑灭，重新建立起他自己的权威。如此一来，他将光荣的阿契美尼德王朝后继者、传统信仰守护者的大义名分牢牢地掌握在自己手中。

230年，阿尔达希尔一世将统治扩展至美索不达米亚全域，并且包围尼西比斯，首次与罗马军队对峙。此后，又挥师进攻叙利亚和卡帕多西亚，于239/240年占领了位于幼发拉底河上游、沟通东西方的要地——商旅城市哈特拉（Hatra）。通常认为，当时波斯军队由阿尔达希尔亲自指挥。但不久后他便去世了，由当时同样参加了哈特拉作战的长子沙普尔一世继位。

萨珊王朝的体制

埃德萨之战

沙普尔一世即位后，自称伊朗人和非伊朗人的"王中之王"。在他的统治下，萨珊王朝确立了帝国体制。

面对着打倒了罗马宿敌帕提亚的新兴萨珊王朝，唯恐萨珊人乘势进入地中海的罗马皇帝戈尔迪安三世（Gordian Ⅲ，238—244年在位）于243年亲自率军守御叙利亚核心地区安条克，夺回卡莱和尼西比斯。不过，次年（244年）泰西封附近的米西赫（Misiche）一役，戈尔迪安三世在对阵沙普尔一世时兵败身死。此后继位的罗马皇帝是素有"阿拉伯人"之称的菲利普（Philip the Arab，244—249年在位）。新皇帝菲利普以支付50万第纳尔赔偿金为代价，与萨珊波斯缔结和平条约。大约十年后，沙普尔一世再度击破号称六万之众的罗马大军（巴巴利苏斯之战，Battle of Barbalissos），占领杜拉－欧罗普斯和安条克，将大量俘虏押运回波斯本土。260年爆发的埃德萨之战中，沙普尔一世俘虏罗马皇帝瓦莱里安，令罗马帝国颜面扫地。

埃德萨之战对沙普尔一世而言是一场文字无法描述的伟大胜利。在阿契美尼德王家陵墓所在的山麓上雕凿了宏伟的浮雕：他本人威风凛凛地骑坐在骏马之上，而罗马皇帝瓦莱里安则在他面前屈膝下跪，乞求饶命。此外，沙普尔一世还在纳库谢·鲁斯塔姆的卡巴耶·扎托什特的基座上,用帕提亚语、中古波斯语(即巴列维语,Pahlavi)和希腊语三种语言刻写了巨大碑文。通过解读碑文,能够一定程度上了解萨珊王朝初期的版图和

纳库谢·鲁斯塔姆的浮雕,罗马皇帝瓦莱里安向马上的沙普尔一世乞求饶命

体制。沙普尔一世所统治的领域,东边由呼罗珊延伸至锡斯坦,北边由亚美尼亚直至高加索山脉,西边则凭借与罗马军队交战所取得的巨大胜利,将安条克至安纳托利亚的一部分土地纳入囊中。

那尔塞的即位

沙普尔一世让自己的四个儿子:霍尔米兹德-阿尔达希尔(Hormizd-Ardashir)、沙普尔(Shapur Meshanshah,与沙普尔一世同名)、巴赫拉姆(Bahram)、那尔塞(Narseh)分别担任亚美尼亚、梅山(Meshan)、吉兰、萨卡的王,此外,他还认可了父亲阿尔达希尔一世授予自己兄弟的各地王位。这些萨珊王朝的王族成员,与帕提亚时代以来以苏雷纳家族为代表的"七大贵族"共同担当波斯王的枢密院成员。沙普尔一世大力整顿波斯王直属的官僚制度,选拔原本相当于军队指挥官的"千夫长(Hazarbed)"担任宰相、书记长官以及税务长官一类的职务。

萨珊王朝的王位继承问题受到王族、大贵族、官僚、祭

司等势力的干预而变得错综复杂，有时罗马人也会介入其中，因此继承绝非平稳进行。270年，沙普尔一世去世后，王位由长子霍尔米兹德一世（Hormizd I，即霍尔米兹德－阿尔达希尔）继承，但霍尔米兹德一世不久后死去，其弟巴赫拉姆一世（Bahram I）继位。但是在沙普尔一世的碑文中，并没有将巴赫拉姆一世与其兄霍尔米兹德一世、其弟那尔塞并列，这大概是因为巴赫拉姆一世的母亲出身低微。尽管如此，巴赫拉姆一世继位似乎并没有引发异议，之后他的儿子和孙子更是先后继承王位，才轮到那尔塞即位为王。

那尔塞的即位为何不受欢迎，我们不得而知。那尔塞作为亚美尼亚之王，在统治上并不算失败，即使是登上萨珊王位以后，他在与罗马的对决中仍大体上保持着优势，甚至一度从罗马手中夺回亚美尼亚和美索不达米亚的统治权。双方最终于298年缔结《尼西比斯条约》，此后约40年间维持了和平。这位有才能的年轻王者极有可能遭到为所欲为的贵族和官僚的厌恶。事实上，在那尔塞赶回泰西封即位的途中，前来位于扎格罗斯山中的帕依库里（Paikuli）迎接他的人几乎无一是有实力者。不过，感到不安的那尔塞大概对前来迎接的人们还是抱有深深的感谢，作为纪念，他命人将当时的情景记录在碑文上。

那尔塞的后继者霍尔米兹德二世（Hormizd II）有五个儿子。霍尔米兹德二世死后，诸子卷入了亲罗马势力和贵族的纷争之中。309年，神奇的事情发生了——尚未出生的沙普尔二世（Shapur II）继承了王位。在整个萨珊王朝，他的治世时间最长。沙普尔二世幼年时，政治实权由大贵族们掌握，他成人后便亲自掌权。有关沙普尔二世的传说颇多，诸如：苏萨发生叛乱之际，他曾放出象群，彻底毁坏了整座城市；对不承认自己权威的阿拉伯人，沙普尔二世穷追不舍直至阿拉伯腹地，掩埋水井，最终迫使对方降服。

沙普尔二世治世期间，萨珊王朝与罗马之间再度围绕尼西比斯展开攻防战。363 年，罗马皇帝朱利安（Julianus，360—363 年在位）亲自率军渡过幼发拉底河，却在逼近泰西封之际阵亡。至此，沙普尔二世与罗马军队缔结和平协议，在确保尼西比斯归属萨珊波斯为前提的基础上，双方瓜分亚美尼亚。

沙普尔二世同时也完成了萨珊王朝初期的中央集权制度的构建。他在美索不达米亚使用俘虏的罗马人修筑罗马式城塞，在高加索走廊的达尔班德（Darband）修筑城墙抵御南下的游牧民族，在呼罗珊兴建新的城市尼沙普尔（Nishapur）。这一时期，中亚的匈奴族开始迁移。为了打击匈奴人势力，沙普尔二世与贵霜帝国结为同盟，并且在对罗马的战争中利用了贵霜的兵力。

萨珊王朝与基督教

基督教的发展给当时整个中东地区造成极大的问题。3 世纪时，沙普尔一世攻陷安条克之际曾俘虏了大量的希腊人和罗马人，他们被迁徙至美索不达米亚南部的胡齐斯坦地区，当时基督教已经在这些俘虏中间广泛传播。313 年，罗马境内传播的基督教得到了官方承认，基督教的普及更加迅速。沙普尔二世时，改宗信仰基督教的人数与日俱增，甚至在泰西封、贡迪沙普尔

（Gondishapur）、比沙普尔（Bishapur）等城市形成了主教区，由主教对其管区进行统辖。与一贯奉行宗教宽容态度的祖父那尔塞不同，沙普尔二世不仅向基督教徒征收两倍的税金，还不断迫害基督教、犹太教和摩尼教信徒。

399 年，后来被称为"罪人（the Sinner）"的伊嗣俟一世（Yazdegerd I）即位，再度开始推行宗教宽容政策。我们并不清楚伊嗣俟一世究竟为何会被称为"罪人"。相传这位波斯君主曾经改宗信奉基督教，但这并非事实。拜占庭皇帝阿卡迪乌斯（Arcadius，383—408 年在位）的大使兼医师的主教马鲁塔（Maruthas of Martyropolis）与伊嗣俟一世保持着友情，此事被大肆宣传，因而让世人误解为伊嗣俟一世曾改宗。

不过在伊嗣俟一世治世时期，伊朗的基督教殉教者人数并没有减少。409 年，萨珊波斯与东罗马帝国缔结和平条约，伊嗣俟一世成为阿卡迪乌斯之子、日后的拜占庭皇帝狄奥多西二世（Theodosius II，408—450 年在位）的监护人。410 年，在伊嗣俟一世的支持下，波斯帝国境内的主教、司祭在塞琉西亚召开大公会议，此次会议接受了尼西亚大公会议（Council of Nicaea，325 年）的决议，同时还确立了以塞琉西亚主教为首的波斯帝国内部的教会制度。

基督教在萨珊波斯帝国的普及，起初并没有引起拜占庭帝国介入的政治性问题。然而，基督教的攻击性并没有改变。在伊嗣俟一世统治后期，基督教徒破坏圣火寺院、袭击琐罗亚斯德教祭司的事件时有发生，从而引起作为国教的琐罗亚斯德教强烈的危机意识。伊嗣俟一世死后，围绕王位继承问题纷争不断，最后伊嗣俟一世之子、自幼年时起便被册立在美索不达米亚和阿拉伯边境希拉（Al-Hirah）的"阿拉伯王"巴赫拉姆五世（Bahram V）获得王位。巴赫拉姆五世迫害基督教徒，并与要求萨珊波斯帝国交出基督教徒的拜占庭帝国开战。尽管在军事上没有取得优势，但是他凭借巧妙的交涉手腕，于412年与拜占庭帝国达成和平条约。作为萨珊波斯帝国认可基督教徒信仰自由的补偿，拜占庭帝国将负担达尔班德城墙为防御北方游牧民族所需的开支。

此后不久，萨珊波斯的基督教徒受聂斯脱利派（Nestorianism）的影响，从西方教会独立。这样一来，拜占庭帝国无法以基督教问题为由干涉萨珊波斯事务。早在那尔塞时代，接纳基督教信仰的亚美尼亚地区屡屡遭到拜占庭帝国插手政事，令萨珊波斯不胜其烦，最后萨珊王朝任命波斯人担任总督，当地的抵抗方才消弭。

自伊嗣俟一世至巴赫拉姆五世之子伊嗣俟二世（Yazdegerd Ⅱ）时期，三代以来担任宰相官职的是米赫－那尔塞（Mehr-Narseh），他素以手腕狠辣著称。所谓"宰相"，相当于伊斯兰时代的君主代理人"维齐尔（Vizier）"的原型，只是这种官职究竟起源于何时，现如今已无从知晓。米赫－那尔塞官位显赫，他在故乡法尔斯地区的菲鲁扎巴德（Firuzabad）郊外架设桥梁并留下铭文。铭文中，米赫－那尔塞夸耀他的三个儿子分别担任了祭司长、税务长官、军队司令。同时他还提到自己对琐罗亚斯德教的发展做出了贡献，在他的努力下，亚美尼亚王家由信仰基督教再度皈依琐罗亚斯德教。

嚈哒人的威胁

这一时期，嚈哒人（Hephthalites）出现在萨珊波斯帝国的东部，萨珊王朝不得不抽调力量加以应对。巴赫拉姆五世取得对嚈哒人战争的胜利，将中亚地区纳入萨珊王朝的统治下。他铸造的迪拉姆（dirham）货币，直到阿拔斯王朝（Abbasid Dynasty）都是布哈拉（Bukhara）地区的基准货币。不过，随着嚈哒人势力的日益强大，他们甚至干涉了萨珊王朝的政治。伊嗣俟二世以后，卑路斯（Peroz）为争夺王位继承权曾寻求过嚈哒人的援助。469年，卑路斯和嚈哒人交战，却战败被俘，结果以王子卡瓦德（Kavad）代替自己作为人质方才获释。此后，萨珊波斯王朝不得不向嚈哒人支付贡金，导致财政愈加紧张。卑路斯再度挑起对嚈哒人的战争，最终战死沙场。

继卑路斯之后，贵族们拥戴卑路斯的弟弟巴拉什（Balash）为君主。然而，卑路斯之子卡瓦德却在嚈哒人的支持下夺取王位。卡瓦德即位后处死宰相，为抑制贵族专横，推行各种打压贵族的政策。结果，与贵族势力日渐疏远的卡瓦德被反对派幽禁，贵族们拥戴其弟扎马斯普（Jamasp）为新君。成功逃脱的卡瓦德投靠嚈哒人，带领嚈哒人军队一道归国。最终，扎马斯普返还王位，卡瓦德重新即位。不过，卡瓦德再度因为筹集向嚈哒人支付的贡金和达尔班德的防御费用陷入财政困难，于是攻击拜占庭帝国。506年，萨珊波斯和拜占庭订立和约，一度将庞大的防御开支转嫁给拜占庭。

琐罗亚斯德教的发展与其他宗教

正统性问题

萨珊王朝自建国伊始，就在回归传统和确立正统性方面表现出强烈意识。事实上，目前我们不清楚萨珊王朝是通过何种手段确立其正统性的。唯一可以确定的是，他们认为的自身统治正统性的根据，并不在于之前的帕提亚王朝，而在于自己是同样出身于法尔斯的阿契美尼德王朝的后继者。萨珊王朝在纳库谢·鲁斯塔姆方塔基座上刻下的碑文，和阿契美尼德列王墓下方雕刻的叙任王权的浮雕，大概正是因上述目的而为。不过，萨珊王朝似乎没有掌握阿契美尼德王朝的正确知识。实际上，他们在回归自认为"传统"的道路上所确立的改革和制度，大多数发源于帕提亚王朝。此外，萨珊王朝通用的中古波斯语也被称为巴列维语，若考虑到巴列维语就是帕提亚的中古波斯语，或许就连萨珊王朝自身也不曾意识到，他们自己的文化传统是帕提亚风格。

萨珊王朝的宗教与琐罗亚斯德教之间的关系同样十分微妙。阿尔达希尔一世对伊斯塔赫尔的阿娜希塔女神寺院抱有强烈归属感，他在建立"王朝之火"时，就曾效仿阿娜希塔寺院圣火祭坛的样式。根据已知的萨珊王朝纪元概念，通常计数年份时，从王即位的那一年开始算起，这个即位年又用"王之火"来表示。换言之，王即位与建立"王之火"被同一视之。在货币的工艺方面，萨珊王朝货币正面继承了帕提亚王朝以来的传统，为君王的肖像，背面则描绘着圣火祭坛。

坦沙尔的贡献

阿尔达希尔一世每征服一个新地区,首先要摧毁当地祭祀的圣火,然后建立自己的圣火。阿尔达希尔在宗教方面的建议者是"希尔巴德"（Herbad,《阿维斯塔》中"祭司"一词的中古波斯语形式）坦沙尔（Tansar）。此人对以宗教为轴心的中央集权制度的建立发挥了重要作用。具体来说,坦沙尔为游说各方势力服从阿尔达希尔的体制,曾向各地送出信函。其中一封信函由波斯语翻译成阿拉伯语,被保存了下来。他向那些因阿尔达希尔一世毁坏各地圣火而进行反抗的地方领主强调,阿尔萨克斯王朝在各地建立的圣火寺院和王朝之火丝毫没有权威可言,完全是违法的存在,阿尔达希尔的所作所为才是正确的,坦沙尔愿意拥护阿尔达希尔。这一事件也展示出与坦沙尔意图不同的一面,即原本阿尔萨克斯王朝通过建设圣火寺院而确立起来的琐罗亚斯德教传统,已经被广泛接纳。

坦沙尔以阿尔达希尔一世的权力为后盾,统合各地的琐罗亚斯德教会,创设了萨珊王朝直辖的、统一的琐罗亚斯德教会。此外,确定了自阿尔萨克斯王朝以来的琐罗亚斯德教正典,也是坦沙尔的诸多功绩之一。

卡尔提尔的权力

沙普尔一世时,琐罗亚斯德教祭司长卡尔提尔（Kartir）被称为"莫巴德（Mobad）"。所谓"莫巴德",是阿契美尼德王朝时期麻葛领袖的中古波斯语表达。有关莫巴德与前文中提到的希尔巴德,二者在作为琐罗亚斯德教祭司的传统方面是否存在着差异，迄今为止诸说纷纭。大概莫巴德是东方伊朗系统的称号，而希尔巴德则是西方伊朗系统的称号。然而，我们不能就此断言希尔巴德和莫巴德曾经同时存在。所以，我们也不能确定从坦沙尔到卡尔提尔的琐罗亚斯德教祭司长地位是否存在着继承关系。

卡尔提尔侍奉三代萨珊君主，权倾朝野，自诩建立了诸多圣火并引导琐罗亚斯德教走向繁荣。萨珊王朝初期，除琐罗亚斯德教以外，摩尼教、佛教、犹太教、基督教等宗教都遭到卡尔提尔打压。卡尔提尔曾下令处决了摩尼教创始人摩尼。

尽管卡尔提尔并非王族成员，但在卡巴耶·扎托什特的沙普尔一世铭文下方，却刻有他记述自己功绩的中古波斯语铭文。此外，纳库谢·鲁斯塔姆和萨尔马什哈德（Sar Mashhad）同样留有卡尔提尔的铭文。卡尔提尔从巴赫拉姆二世那里获得的最高称号是"王的灵魂保护者"，伊斯塔赫尔的阿娜希塔寺院则授予他"王之火祭司"的尊称。大概与"王中之王"相仿的称号"莫巴丹－莫巴德"（Moabadan-Moabad，"祭司中的祭司"）也是从卡尔提尔时代开始出现的。那尔塞之所以长久无法登上萨珊的王位，正是由于卡尔提尔的反对，祭司干预王位继承的惯例同样始于卡尔提尔。当时卡尔提尔不仅是宗教长官，同时也是首席裁判官。

莫巴德充当王的建言者角色，其基本职责是负责指导和监督琐罗亚斯德教事务，同时也统辖着类似祭司议事会的组织。莫巴德在异端审问方面发挥着重要作用，经常出现在基督教徒受迫害的记录和殉教者传记中。在琐罗亚斯德教的传说中，沙普尔二世时，诸宗教之间论争激烈，当时琐罗亚斯德教的代表人物马赫拉斯潘丹（Mahrspandan）之子阿杜巴德（Adurbad）曾将加热熔化的金属水浇注在自己的胸口，以证明自己论说的正确，因而得到赞誉。一般认为，阿杜巴德也曾获得"莫巴丹－莫巴德"的称号。

那么，阿杜巴德以如此冲击性的方式进行证明的正统琐罗亚斯德教，究竟是一种怎样的存在呢？造成这样的疑问固然是由于阿杜巴德的主张，同时也是由于萨珊王朝主张只认可基于自己王朝权威的信仰正统性，但有关萨珊王朝诸王信仰的具体情况没有任何记录流传下来。虽然萨珊王朝诸王的信仰被冠以"琐罗亚斯德教"之名，但这只是外人的称呼，他们称呼自己为"马兹达礼拜教（Mazdayasna）"或者"善的宗教（Behdin）"。与先前的两个王朝一样，任何碑文和同时代资料中都不曾出现过琐罗亚斯德这个名字。

琐罗亚斯德教的异端

对于推崇二元论的正统琐罗亚斯德教来说，扎尔万主义（Zurvanism）无疑是重大的异端。扎尔万（Zurvan）意味着"时间"，它被认为是一切的根源，这一信仰产生于阿契美尼德王朝末期。在琐罗亚斯德教的创世神话中，善与恶是从根本上对立的，代表善的奥尔玛兹德（Ohrmazd，即阿胡拉·马兹达）是万物的创造者。时间乃是伴随创造而开始，在代表恶的阿里曼（Ahriman，即安哥拉·曼纽，Angra Mainyu）的妨碍下向着末日不断前进之物。然而，扎尔万主义认为，在创造以前"时间"是抽象的存在，奥尔玛兹德和阿里曼都是从时间中诞生的。

这种思考旨在说明彼此对立的奥尔玛兹德和阿里曼是何时、如何开始存在，在之后被附加了神话要素而成为异端。依据扎尔万主义的说法，意欲创造世界的时间之神扎尔万决定孕育自己的代理人，而就在这个过程中，扎尔万对创造世界萌生一丝疑虑，阿里曼便在疑虑中诞生。扎尔万厌恶阿里曼的丑陋姿态，于是重新思索，诞下完美的奥尔玛兹德，然后将创造世界的重任交给了奥尔玛兹德。

在扎尔万主义的神话传说中，奥尔玛兹德的造物主地位并没有变化，其礼拜仪式的信仰形态与正统的琐罗亚斯德教也并无差异。不过，在信仰内容方面，扎尔万主义提出奥尔玛兹德和阿里曼是拥有共同父亲的亲兄弟，这与琐罗亚斯德教严密的二元论无法相容。因此，如果承认扎尔万主义的神话，无疑会给琐罗亚斯德教的逻辑理论体系造成混乱。

早在萨珊王朝的初期，扎尔万主义还没有被认为是重大异端，得到了王家的接纳。这一点仅从当时屡屡出现在人名中的"扎尔万"字样就可以得到证明。例如，沙普尔二世的女儿扎尔万朵芙特（Zurvandokht，意为"扎尔万之女"），其名字中便包括了"扎尔万"。不过，随着时代的演变，即使没有被当作异端遭到严厉打压，扎尔万主义也逐渐在琐罗亚斯德教中陷入孤立。大约在库思老一世（Khosrow I）时代，扎尔万主义被一扫而光。不过，扎尔万主义的痕迹依然散见于萨珊王朝以后编集的宗教文书中。

偶像破坏运动

萨珊王朝时期的去希腊化运动中，最不可忽视的是偶像破坏运动。原本琐罗亚斯德教遵从游牧民的传统，不建寺院，不设偶像。然而，在与美索不达米亚，特别是巴比伦地区的文明接触之后，其结果是在公元前4世纪前后，建立了以偶像信仰为中心的大型阿娜希塔寺院，对寺院抱有的抵触感也随之消失。这时，琐罗亚斯德教大概也轻易接受了用"圣火"取代偶像、置于圣所中长久燃烧的"圣火寺院"制度。在阿尔萨克斯王朝时期，受希腊化的影响将诸神形象表现为人类姿态的方式已十分普遍，但没有成为偶像崇拜的主流。

位于萨珊王朝的发源地伊斯塔赫尔的阿娜希塔寺院，在整个萨珊王朝时代受到特别的尊崇，萨珊波斯诸王亲自担任该寺院的守护者。各地的阿娜希塔寺院原则上供奉着阿娜希塔女神像，不过，为了祭祀仪式也设有圣火祭坛。而到了萨珊王朝的中期，这些圣火祭坛供奉的"圣火"就取代偶像了。为什么这样说呢？因为萨珊王朝以后的宗教书中还时不时地出现否定偶像崇拜的语句，而极为否定偶像的伊斯兰教徒在批判琐罗亚斯德教时却已不再涉及偶像问题，而且，现存的琐罗亚斯德教信徒中，也已完全寻找不到偶像崇拜的痕迹了。

圣火寺院

萨珊王朝版图内的各个地区都建有圣火寺院，但我们并不清楚这些寺院中供奉的王之火是怎样的情况。不过，各地方的王之火未必会在建立新的王之火时被扑灭，通常旧的王之火会被集中到一个地方继续保存。保存没有被扑灭的王之火的圣火寺院，划分为三个层级，即：祭司和普通信徒都必须满足一定条件才可在小型聚落中供奉的"普通之火"；大城市教区教会中供奉的"火中之火"，这一级别的圣火一般由正式的祭司专职维持；最高级别的"胜利之火"，其建立通常要花费一年的时间。

在这些圣火寺院当中，最为古老的圣火往往会得到特别的崇敬。例如，帕提亚的布尔津-米赫尔圣火寺（Adur Burzen-Mihr）、米底的古什纳斯普圣火寺（Adur Gushnasp）和法尔斯的法恩·巴格圣火寺（Adur Farn Bagh）三处寺院。它们分别供奉着农牧者之火、战士之火、祭司之火，这些圣火也被视为各自社会阶级的守护者。通常认为，作为战士的王在即位之际，会向古什纳斯普圣火寺的战士之火报告，甚至将此作为即位仪式的一个环节。据说，巴赫拉姆五世曾徒步从泰西封前往古什纳斯普圣火寺参加这一仪式。

迄今为止，这些圣火寺院遗迹的具体位置尚未被查明。目前只能大致推测古什纳斯普圣火寺并不是在米底，其遗迹应该位于米底北方阿塞拜疆地区的塔赫特·苏莱曼（Takht-e Soleyman）遗址。推断的依据则是在那里曾经发现过刻有"古什纳斯普圣火祭司"铭文字样的印章。

塔赫特·苏莱曼遗迹位于高约两百米的山丘上，周围有城墙环绕，中央为一处湖泊。湖泊旁边是众多房屋组合联结成的复杂建筑物，建筑物的主要部分朝向湖面。另一方面，沿着如迷宫般的回廊深入，尽头连通的房间被认为是保存圣火之地。之所以做出这种推断，是因为这处房间在设计构造上充分考虑了换气，同时也有放置燃料的区域。而未发现其他大型圣火寺院的遗迹，与伊斯兰教徒在过去的宗教建筑上修筑清真寺和圣人陵墓等建筑的倾向有着很大程度的关系，大概其他的圣火寺院已被掩埋在伊斯兰教建筑下。

异端的宗教

萨珊王朝时代曾出现两个对后世影响颇为巨大的异端：摩尼教和马兹达克教（Mazdakism）。这两种异端都以琐罗亚斯德教的二元论为基础，摩尼教还受到希腊化时代的诺斯替主义（Gnosticism）和基督教的强烈影响，然而基督教也将摩尼教看作异端。

摩尼（Mani）于216年前后出生在巴比伦，相传其父亲是米底出身的帕提亚王族，可以确定属于伊朗系家族。在移居巴比伦后，摩尼的父亲加入了诺斯替派的洗礼派教团，摩尼便出生在这样的集体之中。自幼年起便得到多次启示的摩尼，在踏上印度之旅后开创了新的宗教。摩尼教拥有混合了种种神话的复杂世界观，同时又在善与恶二要素的对立之中，加入强调灵与物质对立的希腊要素，是一种折中的宗教。摩尼教对属于"恶"的物质世界的未来持有极为悲观的态度。

摩尼成功地让萨珊波斯的王族改宗，在笃信摩尼教的王族引荐下，摩尼被沙普尔的宫廷接纳。相传，沙普尔一世也曾皈依摩尼门下，但并无证据可以证明这一点。不过，可以肯定的是，摩尼因为医学方面的知识得到重用，并且多次追随沙普尔一世进行远征。摩尼是第一位亲自撰写宗教圣典的预言者（先知），据说他也曾经向沙普尔一世呈献一部典籍。将向世界广泛传播教义视为己任的摩尼，生前就已经向埃及和中亚等地的异民族派出传教团，并致力于圣典的翻译事宜。

另外，摩尼为了让自己的教义更加容易理解，往往会根据传教对象的传统信仰进行说明，此举收效甚佳。比如，在伊朗地区，摩尼教会在本教派活动中使用琐罗亚斯德教用语以推动本教派思想的传播，而在埃及地区则利用希腊化与基督教用语。沙普尔一世死后，以卡尔提尔为首的琐罗亚斯德教祭司们危机感与日俱增，他们支持排斥摩尼的后继新君巴赫拉姆一世。结果，274 年，摩尼被逮捕并遭到处决。不过，摩尼教以巴比伦为中心，已经在东西方广泛传播开来，甚至在一段时期内成为中亚地区最具优势的宗教。现在发现的摩尼教文典多数是从锡尔河以北地区出土的。

马兹达克教由深受摩尼教影响的琐罗亚斯德教祭司马兹达克（Mazdak）创立，是流传于 5 世纪末期的宗教。萨珊王卑路斯一世时代的大饥荒导致伊朗各地下层民众生活极其悲惨，而与此形成鲜明对比的，是拥有免税等特权的贵族和祭司们享受着富裕的生活，社会的不平等给人留下了强烈的印象。马兹达克倡导不杀生和禁欲之说，鄙视对所有权和女性的执着占有冲动，甚至提出将女性、土地和财产共有等过激主张。这种极端的观点自然招致了其冲击、破坏的对象——既存统治阶层的反对，甚至连当初为了对抗大贵族，曾经对马兹达克的观点表示理解的卡瓦德王也转向打压马兹达克教派。他在治世末期的528年，命令皇太子库思老杀死以马兹达克为首的主要信仰者。作为宗教，马兹达克教十分短命，但是该宗教的革命性思想在伊斯兰教时代得到继承，每当社会不满增加时，旨在进行社会变革的思想都会对世人产生影响。

萨珊王朝的荣耀与其终结

库思老一世的改革

531年，库思老一世继承其父卡瓦德一世的王位，由此开创的48年治世堪称萨珊王朝最为鼎盛的时期。库思老一世被冠以"光明正大"和"不朽的灵魂（Anushirvan）"之名，可谓是理想的君主。

库思老一世与其父同样注重抑制大贵族的力量，致力于强化中央集权体制。另外，他还恢复了被马兹达克教徒扰乱的社会秩序，并整顿身份制度。税制方面，库思老一世将此前一直按照产量征收赋税的方式改为定额税制，准许用银缴税。鉴于因土地的细分而陷入贫困的中小贵族已成为社会不安的要素之一，他将此前贵族服兵役之际必须自掏腰包筹备武器、军马和服装等物资的模式，改为向服兵役的贵族们发放薪资，以此确保贵族们生活的稳定。

据说库思老一世曾经竭尽心力确立琐罗亚斯德教的正统，但其具体做法目前只能依靠推测。首先可以举出的例子，应当是抄写《阿维斯塔》经典一事。伊朗人自古以来的文字未能得以流传，宗教和文学大抵依靠口诵的形式传承。然而，想要将任何人都无法理解的古老语言以口诵的形式传承下来是极困难的事情。况且，口诵在各地存在很大差异，尤其是阿尔萨克斯王朝因为中央统治权力的松动，各地方独自发展的传承出现明显分歧。针对上述问题，早在阿尔萨克斯王朝时期就已经开始收集各种关于《阿维斯塔》的传承，检讨其可信性，以确定正典。

为了将已经确定的正典和传承的正确发音传于后世，萨珊王朝创制了专门的字母表，这项工作始于王朝中期，然而最终完成是在库思老一世时期。当时抄写的《阿维斯塔》典籍中附有被称作"赞德（Zand）"的中古波斯语注释。这反映出当时的人们已经无法理解阿维斯塔语。库思老一世在宗教上的另一项功绩，应当是在整顿社会身份制时，确定了祭司的身份和资格。他还废除了设立偶像的寺院，取而代之的是将在圣所中供奉永恒之火的圣火寺院推广到帝国的各个村落。

另外，库思老一世大举奖励学问。529年，此前一直代表古希腊科学传统兼西方社会学问研究中心的雅典学院被关闭。从此以后，拜占庭帝国的基督教学问日益发展，异教学问遭到排斥。这时，失业的哲学家和医生纷纷移居萨珊波斯。库思老一世将这些人集中在靠近苏萨的城市泰西封，并在此设立了堪称原始"大学"的高等教育机构。在库思老一世治世期间，以泰西封大学为中心，大量的希腊语、梵语著作和研究书籍得到翻译，巴列维语文书大半也是在这一时期撰写完成的。这些文书中包含了许多反映当时社会极盛状况的"安达尔兹"（Andarz，即"智慧之书""训诫文学"）。据说库思老一世也亲自为皇太子研习帝王学而撰写"安达尔兹"。

库思老一世治世期间堪称萨珊王朝最繁华、最安定的时代。由于他推行宗教宽容政策，帝国境内的基督教等宗教信众也讴歌、赞颂帝国的繁荣。不过，库思老一世绝不仅是一位纯粹奉行宽大和平主义的帝王。在他还是皇太子时，就曾奉父王之命彻底镇压了被视为社会不安元凶的马兹达克教。尽管镇压马兹达克教是贵族们希望看到的结果，但库思老一世的即位还是遭到了贵族们的阻挠，最终他不得不击败贵族们拥立的亲弟弟才夺得王位。库思老一世治世之初的财政状况十分窘迫，甚至无力支撑高加索的防御经费。于是，库思老一世趁拜占庭帝国皇帝查士丁尼一世（Justinian I，527—565 年在位）为解决西罗马问题无暇东顾的机会，与对方缔结和平条约，从拜占庭帝国取得贡金。

树下动物图。通常认为这幅图受萨珊王朝的影响，描绘的是生命之树和善良温顺的羊

不过，库思老一世并不满足，仍然屡屡侵入叙利亚，540年攻陷安条克，最终获得更高额的赔偿金。他将攻陷安条克之

际抓捕的大量俘虏押送回泰西封，在该城近郊设立名为"维赫·安条克·库思老（Weh Antiok Khosrow，意为：库思老建设的更胜于安条克的城市）"的居住区供俘虏们居住。最终，这片居住区成为萨珊波斯帝国首都的一部分，被冠以"希腊人街区"之名。先前的希腊人城市塞琉西亚大概就是从这时起失去了重要性。

561年，库思老一世与拜占庭帝国缔结为期50年的和平条约，确保西方边境的稳定。从此以后，他处心积虑地对战东方宿敌嚈哒人。567年，河中地区的突厥系游牧民族南下，库思老一世与他们结成同盟，最终灭亡了嚈哒人。他将原属嚈哒人领域的阿姆河以南土地纳入手中，又迎娶突厥王女为妻，与突厥缔结友好关系。然而，到569/570年前后，双方已成对立关系，这使萨珊王朝在东方的影响力大大缩减。在库思老一世治世末期，萨珊王朝出兵阿拉伯半岛并占领了今天的也门（Yemen），从而控制了拜占庭帝国与印度远东地区的贸易路线。

荣耀时代与其终结

库思老一世的后继者霍尔米兹德四世（Hormizd Ⅳ）是其父与突厥王女诞下的子嗣。与伟大的父亲相比，霍尔米兹德四世在治世方面未必是失败的，甚至是相当优秀的君王。不过，590年，霍尔米兹德四世因异母兄弟的谋反被投入狱中，双目被弄瞎后遭到处决。继之登上王位的是霍尔米兹德四世之子库思老二世（Khosrow Ⅱ）。此时在东方建立了赫赫军功，且与阿尔萨克斯王朝关系匪浅的米贺兰（Mihran）家族成员巴赫拉姆·楚宾（Bahram Chobin）发动叛乱。库思老二世不得不逃到拜占庭帝国边境，在得到拜占庭帝国皇帝莫里斯一世（Maurice Ⅰ，582—602年在位）的援助后，于次年卷土重来，击败巴赫拉姆·楚宾，重新复位。后来，拜占庭帝国爆发内乱，皇帝莫里斯一世被杀。库思老二世以为盟友复仇的名义，与拜占庭帝国交战，取得显赫胜利。这些战功也使库思老二世冠上了"胜利者（Parviz，有"胜利"之意）"的名号。库思老二世将叙利亚诸城市纳入统治之下，又进入耶路撒冷，将基督教奉为至宝的"真十字架"掠夺回泰西封。另外，库思老二世还侵入埃及，占领亚历山大里亚。然而，库思老二世在伊朗最著名的事迹，当数他与基督教徒之女希琳恩（Shirin）的爱情故事。后世诗人尼扎米·甘伽维（Nizami Ganjavi）将二人的爱情故事编写成优美的叙事诗，堪称波斯文学的出众之作。库思老二世于628年爆发的叛乱中被杀死。他死后，希琳恩在其墓前自杀。据说，他的被害出自其子卡瓦德二世（Kavad Ⅱ）的授意。

卡瓦德二世在短暂的统治期间，努力修复与拜占庭帝国的关系，将军队从埃及、叙利亚和美索不达米亚西部地区撤出，解放俘虏，返还"真十字架"。不过，他在统治六个月以后，便因疫病死去，仅留下幼儿阿尔达希尔三世（Ardashir Ⅲ）。此后内乱延续，萨珊王朝的王位则在库思老二世的后代中摇摆。

最终，库思老二世的孙子，几乎也是萨珊王室最后的幸存者伊嗣俟三世（Yazdegerd Ⅲ），在其隐居地伊斯塔赫尔即位为王，当时是 632 年。伊嗣俟三世试图重建萨珊王朝，然而时过境迁，从阿拉伯半岛兴起、高举伊斯兰教旗帜的阿拉伯军队此时已席卷叙利亚和埃及。636 年，在卡迪西亚（Qadisiyya）与阿拉伯军队对战的萨珊王朝军队最终不敌对手。伊嗣俟三世曾向遥远的中国请求援军，642 年，萨珊王朝军队在纳哈万德（Nahavand）与阿拉伯军再战失利，伊嗣俟三世被迫向东逃窜。他试图在梅尔夫（Merv）东山再起，却于 651 年遭背叛被杀，萨珊王朝的复兴事业从此化为泡影。

伊朗意识的确立

伊朗意识是"伊朗高原"这样一个地理存在的必然产物，它在与众多民族和文化的接触过程中受各种刺激而形成，在公元前 6 世纪阿契美尼德王朝建立以后（也许在此之前的米底也应被包含在内）连绵相续的伊朗人王朝基础上培育起来。萨珊王朝强调所谓"王权与信仰的正统性"理念，反复主张将阿尔萨克斯王朝视为入侵者，而实际上，萨珊王朝在各个方面都直接从阿尔萨克斯王朝那里继承了许多东西。

有支撑帕提亚的"七大贵族"称号的大贵族们，对萨珊王朝王位的稳定性发挥着极为重要的作用。在宗教方面，建立圣火寺院、兴建王朝之火、抬高阿娜希塔和密赫拉（Mihr，即密特拉）的地位、崇拜三种最为古老的圣火等，这些举措全部始于阿契美尼德王朝，并在整个阿尔萨克斯王朝延续。萨珊王朝初期经历了宗教混乱，在与其他宗教接触过程中又增添了引人注目的新要素，如此说来，帕提亚时代的琐罗亚斯德教应当在形式上更加纯粹。

萨珊王朝初期，东北伊朗语为帕提亚语，西南伊朗语为中古波斯语，两种语言均使用在碑文中。不过，帕提亚语在那尔塞王以后，不再被用于碑文当中。经过如此漫长的历史过程所形成的伊朗人意识及其传统，已经成为伊朗的基层文化，即使在伊斯兰教的统治逐渐遍及伊朗全土以后，也能够传承于后世不曾断绝。

第十章　地中海 - 亚细亚的终结

罗马的统治

共和政治末期的地中海 - 亚细亚

　　罗马对亚细亚诸行省的统治，在公元前129年镇压佩加蒙的亚里斯托尼科（Aristonikos）叛乱之后有了明确的态度。换言之，由执政官级别的人物担任地方总督，总督拥有行政、司法、军事上的权限，任期为一年。总督以下有法务官、代理官等随从职务。行省的财政依靠从当地征收的什一税维持。起初，行省赋税由"包税人"代为征缴，包税人通过收取众多的手续费从中渔利。与此同时，金融业者也参与其中，他们向纳税者出借高额利息（12%的利率）的贷款以牟取暴利。这一局面使得当地居民支持本都国王米特拉达梯六世的反罗马战争，包税人代征税金的形式后来被恺撒废止。此外，公元前

80 年时，奇里乞亚的总督多拉贝拉（Dolabella）及其代理官瓦雷斯（Verres）作为当政者，也曾施行恶政。

罗马所要面对的另一个问题，是地中海东部横行无忌的海盗。自公元前 102 年以来，罗马一直将镇压海盗问题视为烫手山芋。实际上罗马倚重的提洛岛（Delos）国际贸易市场正是海盗劫掠奴隶的结果，该岛上的奴隶交易可达到每日一万人的规模。海盗的根据地位于奇里乞亚。奇里乞亚要害之地科拉凯西昂（Korakesion）建有城寨。公元前 142 年，一个名叫狄奥多图斯·特里芬（Diodotus Tryphon，塞琉古将领）的人曾经高举叛旗意图推翻塞琉古王朝，后于前 137 年（一说前 138 年末）被塞琉古的安条克七世剿灭。狄奥多图斯·特里芬是奇里乞亚海盗的组织者，科拉凯西昂是奴隶贸易的集散地。

为了镇压海盗，罗马元老院于公元前 67 年颁布《伽比尼乌斯法案》（Lex Gabinia），赋予庞培镇压海盗的指挥权。庞培仅用三个月时间便成功荡平海盗势力。根据第二年颁布的《马尼利乌斯法案》（Lex Manilia），庞培又被赋予征讨本都国王米特拉达梯六世和亚美尼亚国王提格兰的指挥权。他于公元前 64 年顺利完成任务，遂在第二年成立了包含犹太地区在内的叙利亚行省。另一方面，罗马前三头政治家之一的克拉苏，急切渴望着树立起能够与庞培、恺撒二人相匹敌的名望。为此，克拉苏于公元前 53 年挥军攻入帕提亚。在尚未得到亚美尼亚王阿尔塔瓦兹德二世（Artavasdes Ⅱ）合作的情况下，克拉苏与帕提亚将领苏雷纳指挥下的帕提亚弓骑兵在卡莱交战，结果造成罗马军事史上最大的败北，克拉苏本人也战死沙场。

此役过后，苏雷纳将夺得的罗马军旗和克拉苏的首级一并送给前来亚美尼亚督战的帕提亚王奥罗德斯二世。

公元前48年的法萨卢斯战役之后，恺撒为追击庞培而经安纳托利亚进军，在庞培被暗杀后进入埃及，与克利奥帕特拉幽会，并诞下一子恺撒里昂（Caesarion）。恺撒遭到暗杀以后，自公元前42年的腓力比战役之后约十年的时间，安东尼转战于地中海－亚细亚各地。公元前41年，安东尼与克利奥帕特拉在奇里乞亚幽会，第二年二人便诞下一对双胞胎。安东尼的另一项功绩是成功地降伏了阿尔塔瓦兹德二世，此后亚美尼亚成为罗马和波斯之间的缓冲国。公元前31年的亚克兴之战，最终导致维持地中海－亚细亚臣属国家群的安东尼被屋大维消灭（公元前30年）。屋大维将埃及并入罗马的版图，地中海－亚细亚的大部分地区成为罗马的领土。

帝制初期的东方

公元前27年，罗马元老院赋予屋大维"奥古斯都"的称号，并授予他军队的全部指挥权。至此，罗马共和政治走向终结，开始了皇帝统治的时代。当时奥古斯都皇帝（公元前27年—公元14年在位）从元老院得到的东方领地是叙利亚和埃及，安纳托利亚等地区虽仍然属于元老院辖地，但日后也逐渐成为皇帝的辖地。

与此同时，奥古斯都的心腹重臣阿格里帕制定了地中海－亚细亚的统治方针。其内容可概括为：第一，遵守希腊化时代传统，推进当地的城市建设。犹太王希律的大规模建设活动恰与阿格里帕的政策相一致。犹太地区以外的叙利亚和安纳托利亚各地均兴起建筑浪潮，不仅浴场、剧场、体育场等公共设施得到扩建，连接城市间的道路网也得到了完善。

第二，在原住民中间组织名为"同契（Koinon）"的地方自治体，通过同契组织征收赋税。利用这种方法，可以有效地防止此前包税人暗中胡作非为的情况。同契组织在负责本地的司法和行政之外，还将自奥古斯都以后的皇帝当作神灵祭祀。这是古代东方世界经希腊化时代以来流传的礼仪，在罗马帝国的地中海－亚细亚地区非常明显。将奥古斯都当作神灵崇拜的迹象同样存在于佩加蒙、尼科美底亚、安卡拉、皮西迪亚的安条克（Antiochia in Pisidia）等地。

另一方面，罗马统辖的地中海－亚细亚与帕提亚及其之后的萨珊波斯领土接壤，因此这一地区经常成为外交和军事的舞台。两大帝国间的焦点是亚美尼亚问题。阿尔塔瓦兹德二世之子提格兰二世（公元前20年—公元6年在位）与罗马方面协调。这期间帕提亚王弗拉特斯四世返还了击败克拉苏时夺得的罗马军旗，使和平得以持续。奥古斯都大帝曾派遣盖乌斯（Gaius），继任皇帝提比略（Tiberius，14—37年在位）则派遣心腹格马尼库斯（Germanicus）与帕提亚王交涉，努力调停亚美尼亚国内的权力争斗。科马基尼和卡帕多西亚一类的臣属国则被罗马吞并。

相比之下，埃及成了一个封闭的世界，作为谷仓地带的埃及为罗马提供了三分之一必需的谷物供给。失去土地的农民进行游行抵抗和亚历山大里亚的下层市民暴动等问题日益突出。此外，旧日的神殿领地被国有化，新的农地得到开发。亚历山大里亚成为金融中心，同时作为垄断亚麻布和莎草纸的集散地，以及将来自印度的棉花制作成品和玻璃加工等产业的中心而繁荣昌盛。

虽然发生了犹太人骚乱和几乎导致该民族灭亡的事件，但是在其他地方，即以安纳托利亚、叙利亚、外约旦的城市为中心的繁荣依然持续，人口也在不断增长。这里是"丝绸之路（Silk Road）"的终点，来自中国的丝绸经幼发拉底河畔的杜拉－欧罗普斯，输往帕尔米拉、大马士革，再由这些地方运抵腓尼基的港口市镇。为了维持与印度的交易，罗马在红海配置了舰队，以确保通向亚历山大里亚的道路畅通无虞。

思想界的动向

主要的希腊化城市都建有图书馆和博物馆，在统治者的财政支援下得以进行规模庞大的搜集展示活动。其中以亚历山大里亚的图书馆和博物馆最为著名，安条克和佩加蒙的图书馆也颇有名气。而有关君王们关注图书馆和博物馆事业的先例，可以追溯至尼尼微的亚述巴尼拔王图书馆（Library of Ashurbanipal），希腊化时代的君王们对知识的关心大概是起源于对通商和外交方面的统治欲。不过，亚历山大图书馆和博物馆的直接原型，是雅典的亚里士多德创办的吕克昂学院（Lykeion）。此类学术机关汇集了来自希腊的学者，统治者们热衷于能够不分希腊人、本地人，和各种各样的专家交流。这一传统在希律时代和罗马时代得到了延续。例如，出入大希律王宫廷，且与罗马皇帝奥古斯都也有往来的尼古拉斯（Nicolaus，生于公元前64年）就是大马士革出身，他在文献学、音乐、哲学、历史领域表现活跃。再者，犹太历史学家约瑟夫斯（生于37年）曾经参与第一次叛乱，此后不仅得到赦免，还得到罗马皇帝韦帕芗的厚遇。罗马时代的地理学代表人物斯特拉波（Strabo）和托勒密（Ptolemy）分别是本都人和埃及人，历史学家阿庇安（Appian）出生于亚历山大里亚，阿里安是比提尼亚人，历史学家希罗狄安（Herodian）则是叙利亚人。

希腊化末期出现的波西多尼乌斯（Posidonius，公元前135—前50年，一说卒于公元前51年），不仅代表着学界的动向，同时也为罗马对东方统治的正当化提供了理论依据。波西多尼乌斯出生在叙利亚奥龙特斯河沿岸的阿帕美亚，后来前往雅典留学，在斯多葛学派的潘尼提乌斯（Panaetius）门下学习。波西多尼乌斯在完成了地中海世界和欧洲内陆部分的研究旅行后，在罗得岛开设了学校。波西多尼乌斯的名望极高，西塞罗（Cicero）和为镇压海盗远征东方的庞培曾先后（公元前68年和公元前62年）拜访过此人。

除了哲学以外，波西多尼乌斯在动植物学、地理学、历史等领域的大部分著述都保存了下来，而最令人注目的莫过于他的斯多葛历史观。波西多尼乌斯与其同时代的犹太历史学家一样记录近现代的历史。不过，波西多尼乌斯的视点更加广阔，在他看来，历史是普遍存在的神（＝理性）之下，全人类一同参与、合目的性的活动。正因如此，罗马作为世界征服者的崛起是历史的必然,符合神的意志。按照波西多尼乌斯的观点,此前亚历山大大帝带来的希腊化被蛮族当作文明开化的果实而接纳,而罗马向东方发展过程中的作为也存在相同意义。由此可见,罗马吞并地中海-亚细亚地区,得到了来自当地居民中的思想家的肯定。

同时,人们的神灵观念普遍上十分接近。女神阿芙洛狄忒、阿施塔特(Astarte)、伊西斯是对同一神格的不同称谓,男神宙斯、朱庇特、巴尔的关系同理。再者,"众神"不过是"唯一神"的不同机能和外观,它们都是神的至高属性的表现。如此一来,人类的世界和众神的世界都被统合为一个存在。

2—3 世纪的东方

图拉真皇帝以后

这个时段的前半期是罗马帝国最繁荣的时期,地中海-亚细亚地区处于相对安定状态。不过,在 2—3 世纪的后半段,即军人皇帝的时代,地中海-亚细亚地区遭到了政治混乱余波的冲击。罗马皇帝图拉真对东方采取积极政策。他于 106 年吞并纳巴泰王国,于 114 年吞并亚美尼亚,将其变为罗马行省。他攻击因内部纷争而衰弱的帕提亚,并于 115 年占领帕提亚首都泰西封。此外,图拉真还平定了昔兰尼加(Cyrenaica)、埃及、犹太等地的叛乱。图拉真皇帝是一位强力的统治者,但并不是专制君主。

继任皇帝哈德良是图拉真的亲眷。哈德良是推崇亚历山大大帝传统的希腊化主义者，他在各地方城市巡视，并支援城市的建设。在地中海－亚细亚地区，哈德良不仅曾经涉足格拉萨（即现在的杰拉什，Jerash），他还在荒废的耶路撒冷城址上另建新城"埃利亚·卡皮托利纳"。在埃及则兴建安提诺波利斯（Antinoopolis），颁布政令废除债务，将土地分配给贫困农民。另外，哈德良还让亚美尼亚和美索不达米亚当地的王返回故土重建王国。

此后是皇帝安东尼·庇护（Antoninus Pius，138—161年在位）和皇帝马可·奥勒留的统治时代，在此期间的地中海－亚细亚地区，复兴的帕提亚影响力不断增强，亚美尼亚与阿拉伯系的奥斯若恩之王（King of Osroene）阿布加尔（Abgar）联手背叛罗马。此外，帕提亚之主沃洛加西斯三世（Vologases Ⅲ，按照新的帕提亚世系王表应为沃洛加西斯四世，148—192年在位）也入侵叙利亚。针对以上局面，马可·奥勒留的义弟卢西乌斯·维鲁斯（Lucius Verus）同两位富有才干的将军马可·斯塔提乌斯·普利斯库斯（Marcus Statius Priscus）、盖乌斯·阿维狄乌斯·卡西乌斯（Gaius Avidius Cassius）一起组织反攻，恢复了图拉真皇帝时代的领土。卡西乌斯是叙

哈德良皇帝在巡视地方时曾造访过的格拉萨

利亚人，他在172年至173年镇压埃及叛乱等事件中建立了功绩，然而当他在故乡僭越称帝以后，却被部下暗杀。若是将以上发生的事件作为整体来看，我们会发现地中海－亚细亚和埃及的城市在丝绸之路贸易中的繁荣盛景。

塞普蒂米乌斯·塞维鲁出生于非洲的腓尼基移民城市大莱普提斯（Leptis Magna），在军队的支持下登上帝位。他一方面优待军人，另一方面作为希腊化事业的继承者，在埃德萨、尼西比斯、杜拉－欧罗普斯等地积极推动建筑活动。此人最值得仔细推敲的地方，在于他特殊的宗教信仰。他的后妻是叙利亚的阿拉伯城市埃梅萨崇拜神灵巴尔的祭司王之女尤莉娅·多姆娜（Julia Domna）。于是，皇帝自称为太阳神，称呼皇后为月神或女神库柏勒。

罗马皇帝塞普蒂米乌斯·塞维鲁

塞普蒂米乌斯·塞维鲁和尤莉娅·多姆娜之子卡拉卡拉（Caracalla，211—217年在位）素以行事荒诞著称，他在发动远征之前被暗杀于卡莱。卡拉卡拉死后，尤莉娅·多姆娜的妹妹尤莉娅·玛伊萨（Julia Maesa）扶植自己的外孙埃拉伽巴路斯（Elagabalus）登上皇位。埃拉伽巴路斯崇拜埃梅萨的太阳神神体——一块黑色圆锥形的岩石。埃拉伽巴路斯被暗杀后，尤莉娅·玛伊萨的另一个女儿尤莉娅·玛梅娅（Julia

Mamaea）之子亚历山大·塞维鲁（Alexander Severus，222—235年在位）登上帝位。亚历山大·塞维鲁同样是宗教色彩十分突出的人物，他在母亲的影响下成为基督教的赞同者。尤莉娅·玛梅娅与恺撒利亚图书馆的基督教哲学家欧利根尼斯（Origenes）往来密切。可以说，塞维鲁一族充满了地中海-亚细亚的特质。

235年，皇帝母子被杀害。在这之后的近半个世纪时间，是超过20名没有血缘关系的军人皇帝交替即位的"乱世"。这些军人出身的皇帝中，既有奥勒良这样征服了帕尔米拉的有才干者，也有出身于哈乌兰的城市波斯卓（Bostra）的"阿拉伯人"菲利普，以及260年在叙利亚的埃德萨被萨珊王朝皇帝沙普尔一世俘虏的瓦莱里安。

戴克里先

最终为混乱时代画下休止符的是从低级军人成长起来的戴克里先（Diocletianus，284—305年在位）。他于284年秋在比提尼亚的尼科美底亚登上皇座。286年，戴克里先划出帝国西半部分，任命马克西米安（Maximianus）担任皇帝，自己则掌管帝国东半部分；另外，戴克里先又于293年设立两名副帝（恺撒）：君士坦提乌斯（Constantius，日后的君士坦丁大帝之父）担任帝国西半部的副帝，伽列里乌斯（Galerius）担任帝国东半部的副帝。这种分割统治的方式其实早在一百年前马可·奥勒留派遣义弟维鲁斯前往东方之际就已存在。戴克里先皇帝完成了分割统治的体制，这最终导致罗马帝国的东西分裂。

戴克里先在290年平息了叙利亚的阿拉伯民族的反抗，又在292年镇压了埃及爆发的叛乱。296年夏，埃及出现僭越称帝者，戴克里先亲自赶赴埃及，将之平定。另一方面，副帝伽列里乌斯以波斯王那尔塞介入亚美尼亚为由进攻波斯，于298年成功迫使波斯割让直至底格里斯河上游流域的土地。一系列的军事活动为罗马帝国的东部带来了安定。西部地区的状况与之相同。然而，这一切的背后却是军团数量的成倍增长。

同时，戴克里先实施内政改革。财政方面，为征收赋税，定期进行国情调查，确定全国范围内的地租和人头税状况，成功建立了史上最早的年度国家预算。不过，课税在男女分配比例上存在着地域差异，例如，叙利亚地区男女平等课税，埃及地区只向男性课税，安纳托利亚地区向女性征男性一半的税金。在行政方面，改革行省制度，在亚洲设置由近卫军长官统辖的东方管区，又将该管区划分为33个县，各县设县监负责征税和司法。

始于尼禄（Nero，54—68年在位）时代，在2至3世纪零星显现的皇帝与基督教之间的对立，在戴克里先时代迎来了结局。戴克里先统治时期的前半段并无问题发生，然而，随着基督教徒数量的极速增长，戴克里先于303年颁布敕令，禁止基督教徒集会，同时破坏教会，焚毁圣经。这无疑引发了一连串基督教徒妨碍公共占卜的事件和两次尼科美底亚宫殿纵火事件，以及卡帕多西亚和叙利亚的基督教徒叛乱。作为报复，戴克里先下令破坏了尼科美底亚宫殿前方新修筑的教堂。此后，戴克里先又发布第二次敕令，继续对基督教徒进行迫害。

305年，伽列里乌斯继承东方的帝位，马克西米努斯·达亚（Maximinus Daia）担任副帝，继续迫害基督徒，埃及出现大量殉教者。

311年，伽列里乌斯下达停止迫害基督徒的命令，不久后死去。第二年，君士坦丁（Constantinus）和帝位僭称者马克森提乌斯（Maxentius，即马克西米安之子）之间爆发了米尔维安桥畔之役（Battle of the Milvian Bridge）。据说，此役的胜利者君士坦丁在战前曾出现幻觉，他看到光之十字架和"在此，征服"的文字。这一事件充分参考了启示文学的传统。

基督教、诺斯替主义与哲学

戴克里先的改革强化了官僚组织，地方得到整顿，军队得到增强，为拜占庭帝国奠定了坚实基础。从思想方面的动向来看，基督教与希腊主义时而结合，时而并存，由此形成一神教时代。

2世纪以后的基督教完全从犹太教当中脱离，成为独立宗教。基督教最初以城市为中心广泛传播，然而在多数情况下，其活动与剧场等城市内部的希腊化设施关系并不密切。这是基督教实行一神教仪式的结果。他们秘密集会，秘密举行圣餐礼。拒绝加入崇拜皇帝的行列，这也是基督教遭到公开迫害的原因之一。

另一方面，基督教宣扬一神教和高尚的道德性，在通晓希腊哲学的知识人中间产生了反响。先是作家路吉阿诺斯（Lucianos of Samosata）和哲学家凯尔苏斯（Celsus）等人提出批判基督教的希腊主义论调，与此同时，教徒们也从相同立场展开了基督教护教论。

最初的基督教护教者是出生于示剑的殉道者犹斯定（Justin Martyr，100—165 年）。他本是精通希腊各学派学说、知识渊博的哲学家，当在以弗所与一名年迈的基督徒相识后，便改宗加入基督教。他宣称基督教是真正的哲学。对此，他强调希腊化是基督启示以前的启示，相当于从前的律法。叙利亚人塔提阿诺斯（Tatianos，2 世纪中叶）主张犹太教的历史优于希腊化，172 年以后他在叙利亚地区提出"独身、食素、禁酒"的口号，兴起了禁欲主义的基督教派别。重视救世主降临的立场令贬低希腊化甚至舍弃希腊化的倾向日趋明显。

标榜救世主降临的代表是孟他努（Montanus，2 世纪中叶），他倡导救世主将在弗里吉亚的佩浦扎（Pepuza）之地降临。孟他努原本是崇拜库柏勒女神的信徒，他将库柏勒女神与少年神阿提斯信仰中出现的恍惚、禁欲的境界，与世界末日临近、救世主来临结合在一起，最终于 170 年前后改宗信仰基督教。此外，孟他努还召集了普莉希拉（Priscilla）和马可希米拉（Maximilla）两位巫女一同组成教团。这种禁欲式的救世主期待的传统发源于艾塞尼派，后来逐渐发展成为修道院运动。

相较之于孟他努等人，继承犹斯定亲希腊化基督教形式的是出身雅典，后来在亚历山大里亚开办了基督教教理学校的哲学家克莱门（Clemens，150—216 年），以及其出身亚历山大里亚的弟子欧利根尼斯。他们确信可以通过希腊哲学阐明基督教思想和《旧约》的内容，并不持终末论思想。

值得一提的是，出于对希腊化城市生活的罪恶感，号召效法耶稣基督保持独身生活的运动在埃及兴起。这股运动始于270年，科普特人（Copt）安东尼（即大圣安东尼）从亚历山大里亚隐遁至沙漠，此举奠定了修道院的起源。安东尼的隐居地周围聚集了众多共鸣者，最终形成一处村落。在此隐遁之人等待着世界末日的到来。318年左右，在上埃及丹德拉附近的塔本尼斯（Tabennisi），埃及土著帕科缪斯（Pachomius）创建了隐修生活团体，并为隐修生活制定了戒律。帕科缪斯制定的戒律相当于库姆兰宗团的《宗规要览》。隐修团体逐渐衍生为聚落，建起围墙、大门、迎客殿、大厅、食堂、作业场地、仓库、个人房间、医务室、门卫小屋、塔楼，甚至还出现了图书馆和礼拜堂。到6世纪为止，这类修道院团体已经传入叙利亚-巴勒斯坦和安纳托利亚地区的荒野，同时也成为教会内部政治方面的一大势力。

这一时期兴起的思想运动提出了所谓的"救济原理"，即救济并不取决于集团式的仪式与集会，而是取决于对人类内心深处真实的自我与至高的唯一者（神）相同本质的"认识"（即诺斯替，gnosis）。至高的存在被视为"善"，现实与宇宙的全体实质上是"恶"与虚伪。人类对恶的世界习以为常，有朝一日将会领悟自己与至高神的同一性，进而开始救济他者。这种救济原理是地中海-亚细亚的犹太教内部保存下来的一神教激进产物，已经超越了希腊化思想的框架。

诺斯替主义将耶稣基督视为至高者派遣至人间的救济使

者，因而也为基督教徒所采纳。诺斯替主义的代表者有萨托尔尼勒（Satornil）、克林多斯（Cerinthus）、卡尔波克拉特斯（Carpocrates）、凯尔多（Cerdo）、巴西里德斯（Basilides）、瓦伦丁（Valentinus）、马吉安（Marcion）等，他们大部分是地中海–亚细亚人。1945 年，埃及卢克索斯以北 80 千米处的拿戈玛第（Nag Hammadi）发现了大量诺斯替派基督教莎草纸文献。

在哲学领域，最先是阿帕美亚的努美尼乌斯（Numenius，2 世纪）对希腊哲学诸流派、犹太教、基督教、诺斯替主义的内容进行了广泛思考。受其影响，出身于埃及吕科波利斯（Lycopolis）的普罗提诺斯（Plotinus）对个别学派和超越宗派的问题进行思考，构筑起万物皆源自"一者"的神秘哲学体系。这是从哲学角度向一神教领域的探索。

君士坦丁大帝的东方

君士坦丁大帝的事业

米尔维安桥畔之役以后，君士坦丁获得元老院的认可，享有在当时所有皇帝中最高的地位。与此同时，他重建那些在迫害中被毁坏的基督教会设施，并从宫廷费用中拨出巨资捐赠给教会。313 年 2 月，君士坦丁与李锡尼（Licinius）在米兰举行会谈，会后双方达成宗教政策协议。李锡尼表面上改宗基督教。双方协议的结果即是《米兰敕令》（Edict of Milan），君士坦丁将诸多代表基督教徒立场的主张纳入敕令中。第一点，要求对待宗教持宽容态度，这事实上意味着停止迫害基督教；第二点，要求返还所有从基督教会没收的财产。

在此期间，马克西米努斯·达亚继续在帝国东部迫害基督教徒。不久后，马克西米努斯·达亚入侵上欧罗巴地区，李锡尼率军迎击，亚德里亚堡战役（Battle of Adrianople）达亚军大败。达亚逃亡至卡帕多西亚，最终于同年秋天在塔尔苏斯自杀身亡。在此期间，李锡尼进入尼科美底亚，并于6月15日颁布《米兰敕令》。而身在西方的君士坦丁则获得了"永远的帝国守护神"称号，该称号大概源自不灭的太阳神信仰。此后数年间，君士坦丁大帝发行的货币上都印有太阳神的肖像。321年，君士坦丁大帝引入了以太阳神日为休息日的七曜日制度。在其他方面，君士坦丁起用科尔多瓦主教何西乌斯（Hosius of Cordova）担任顾问，每当裁断重要的教会内部问题时都会听取此人建议。例如，当时围绕处置因迫害而一度弃教者的问题上，存在着严格派（多纳图派，Donatists）和柔和派的对立。

324年，君士坦丁和李锡尼二帝不睦，后者再次开始迫害基督教徒。双方最终在拜占庭附近展开克里索波利斯之战（Battle of Chrysopolis），李锡尼战败被迫引退。君士坦丁大帝此战之后立即重建拜占庭，并将其改名为君士坦丁堡，其目的是打造一座基督教城市。

君士坦丁大帝一方面抽调公共资金用于重建和新建教堂，另一方面亲自向各地捐建巴西利卡式的大型教堂。君士坦丁大帝不仅在耶路撒冷的基督坟墓上修建圣墓教堂，还在橄榄山、伯利恒和幔利等圣地修建教堂。此外，他破坏奇里乞亚和腓尼基自古以来的神殿，没收其财产，其中就包含了巴勒贝克神殿。君士坦丁大帝为教堂的圣职人员提供领地，其身份也由国家予以保证，并且鼓励此前一向不愿成为基督教徒的军人和官吏改宗。君士坦丁大帝将自己视作神的仆人，凡事都要和主教们探讨"神的意志"。不过，他自己直到337年临终之前才接受了洗礼。

君士坦丁堡

拜占庭（即现在的伊斯坦布尔）位于博斯普鲁斯海峡南端欧洲的一侧。根据传说，在公元前659年或者公元前668年，希腊的墨伽拉（Megara）人迁移至此，建立殖民城市。君士坦丁大帝于324年用自己的名字重新命名这座古老的城市，并将其变成一座全新的基督教城市，其理由是纪念在拜占庭附近战胜李锡尼的那场决战。君士坦丁将旧城区扩大了数倍，并且修筑了从金角湾至马尔马拉海的高大城墙。城市的中心铺设广场，临近海峡的地方建有宫殿和竞技场。古老宗教的神殿最初被排除在外，不过其中一些神殿后来被转用为博物馆。

多所教堂同时破土动工。例如，圣使徒教堂、圣索菲亚教堂、圣艾琳娜教堂等。圣使徒教堂是君士坦丁大帝及其子孙埋葬之地。圣索菲亚教堂于君士坦丁第三子君士坦提乌斯二世（Constantius II，324—361年在位）治世期间落成，后来在532年的尼卡之乱时被焚毁，现如今保存下来的半球形拱顶是由查士丁尼一世重建的。以直径达35米的拱顶为中心，拱顶下方即是十字形的教堂主体建筑（70 米 ×75 米），其设计方案出自特拉雷斯的建筑家安提莫斯（Anthemius of Tralles）之手。

按照君士坦丁大帝的新城市计划，个人迁入在不断地推进，移居市内便可获得安纳托利亚的土地。再者，从332年5月18日开始向市民提供免费面包，每日的食物配给量达到八万份。小麦粉由埃及输入。另外，新城在建造房屋时，重新利用了拜占庭时代神殿建材。古老的公共建筑物被装饰以美术作品后重新得到使用。在动工六年之后的330年5月11日，新城市的落成宣言正式发表。

这座城市的第一项职能与尼科美底亚相同，是皇帝的宫廷所在地。最初这座城市的政治作用并不及罗马，开设以新兴阶级为中心的元老院、考虑将君士坦丁堡变为与罗马对等的城市，都是君士坦提乌斯二世时代（340年）的事情。当时，君士坦丁堡城内设置财政官、法务官、护民官等罗马自古以来的职务，还设有一名执政官。359年，指定了第一代市长。君士坦丁堡市内划分为15个行政区，各区设有名为"区长"的负责人。

不过，君士坦丁堡呈现出安条克和亚历山大里亚的繁荣景象，要到查士丁尼一世时期，当时人口达到了60万。而在此之前的413年，君士坦丁大帝建造的城墙被废弃，在其以西1.4千米处又建造了新的城墙，城市由此扩大了两倍。现存的初期君士坦丁堡遗迹包括了竖立着两座石碑的赛马场、瓦伦斯水道、城墙、大宫殿的马赛克地面、面朝马尔马拉海的查士丁尼宫殿、大蓄水池、一系列的教堂设施等。

尼西亚大公会议之路

帕尔米拉女王芝诺比娅被称为"毒妇",或许正因如此,她对宗教很投入。芝诺比娅偏袒犹太教徒和哲学家朗基努斯(Longinus),尤其信赖科马基尼的萨摩萨塔(Samosata)出身的基督教神职人员保罗(Paul)。这位保罗颇有政治实力,在260年时带领波斯军队控制下的基督教徒逃亡,因而被选举为安条克主教,此后他着手推进设立女子圣歌队等改革事宜。而且,萨摩萨塔的保罗作为帕尔米拉女王的代理人也挥舞着世俗的权杖。他在神学上沿袭了安条克主教狄奥菲鲁斯(Theophilus,2世纪)以来的强硬态度,即较之耶稣基督更加强调父神全能性的倾向,这属于古代东方一神崇拜的传统范畴。

萨摩萨塔的保罗代表着深深扎根于叙利亚－巴勒斯坦的一神崇拜倾向,他是向阿里乌斯异端派和伊斯兰教过渡时期的人物。另一方面,原本只是商业贵族之一的奥登纳图斯家族想成为整个商队帝国的君主,与纯粹的一神崇拜结合无疑是最好的选择。在这一点上,奥登纳图斯家族充当了阿里乌斯派和君士坦丁大帝的先驱。

利比亚人阿里乌斯(Arius)以埃及吕科波利斯和亚历山大里亚神学家的身份崭露头角,他对被称为神之子的耶稣基督的本性提出了独到解释。阿里乌斯认为,父神(上帝)是永恒的存在,是不可分割的实体,神之子(耶稣基督)不能与之同格,神之子不过是神的创造物之一。阿里乌斯的观点使作为基督教核心的救世主——耶稣基督的地位岌岌可危,一神教的逻辑更加通顺，多数东方人都支持阿里乌斯的观点。神职人员中也出现了阿里乌斯的支持者。例如，曾经为君士坦丁大帝施洗，后来成为君士坦丁堡主教的尼科美底亚主教尤西比乌斯（Eusebius）就属于阿里乌斯派。

阿里乌斯的学说在地中海-亚细亚和埃及的基督教会当中引发轩然大波，唯恐这一骚动将导致帝国分裂的皇帝派遣何西乌斯前往亚历山大里亚调查真相。然而，调查的结果显示仅集结当地的神职人员无法处理该问题，于是皇帝想到了召集全体主教共同讨论的新方法，这便是古代基督教大公会议的历史发端。

第一次大公会议于325年在临近尼科美底亚的尼西亚召开，有超过250名主教参会。在皇帝主持召开的这次会议上，最终得出了父神与基督同质的结论。乍看上去阿里乌斯说被正式否定了，但实际上争论依然持续了相当长的时间，阿里乌斯本人也几经流放和回归。他于336年死去，而他生前最强硬的对手阿塔纳修（Athanasius）也遭遇了同样的命运。例如，335年在推罗召开的大公会议决定开除阿塔纳修的教籍，但阿塔纳修在346年再度回归。尼西亚大公会议的决定最终得到正式承认则是在狄奥多西一世（Theodosius I，379—395年在位）颁布380年的法令以后。

尼西亚的城门之一

朱利安以后的东方

朱利安的抵抗

罗马皇帝朱利安在生前曾致信波斯王沙普尔二世，要求对方保护波斯领地内的基督教徒。实际上，3世纪以后当地的基督教徒数量就在持续增加。此外，亚美尼亚王提利达特斯四世（Tiridates Ⅳ）在4世纪初便改宗信仰基督教。

君士坦丁大帝死后，他的三个儿子均登基为皇帝。东方由第三子君士坦提乌斯二世统治。在他治世期间，波斯人的攻势持续不断，亚美尼亚地区危机愈演愈烈。在基督教世界，君士坦提乌斯二世本人倾向于阿里乌斯学说，他给予基督教优渥待遇，神职人员的家族皆可免税，教会领地同样可以免税。

不过，君士坦提乌斯二世生性小心多疑，他将亲族中的男性成员一一杀死，最后只留下君士坦丁大帝异母兄弟所生下的两个儿子，加卢斯（Gallus）和朱利安。加卢斯于351年被任命为东方的副帝并驻扎在安条克，然而，仅三年后他便被处决。朱利安在355年被任命为西方副帝，360年，他在军队的拥护下登上帝位。君士坦提乌斯二世意欲兴兵讨伐朱利安，但其大限已至，最终在奇里乞亚死去。

朱利安学识渊博，同时也是有能力的军人，但是面对内忧外患，尤其是君士坦丁大帝一族的悲惨命运，他理所当然地会对基督教产生疑问。

少年时代的朱利安在接受洗礼以后，在君士坦丁堡学习希腊文学。此后，他前往尼科美底亚研究同时代东方希腊化的最后代言人里巴尼乌斯（Libanius）的著作。少年时期的朱利安曾经与加卢斯一同被幽禁在卡帕多西亚，到了20岁，他前往佩加蒙和雅典，学习普罗提诺斯体系的一神教哲学。朱利安复兴古代宗教理念的背后是最新的希腊化研究和一神崇拜，具体表现为他对"王者太阳神"的信仰。此外，在现实方面的政策，他与君士坦丁大帝以来基督教会的成功传奇完全背道而驰，他抽调公费重新开放早已被关闭的神殿，并尽力保护祭司组织。

朱利安于361年12月登基，最初的五个月在君士坦丁堡度过，此后他便迁往叙利亚的希腊化都市安条克，意图在当地施行自己理想的宗教改革，但是没有得到市民们的支持。朱利安猛然想到了亚历山大大帝的远征事业，于是他不顾已经向沙普尔二世提出议和，执意出发远征美索不达米亚（363年3月）。然而，他未能占领泰西封，就在撤退途中负伤身死了，享年仅32岁（363年6月）。至此，君士坦丁大帝一族的时代落下帷幕，基督教徒兼军人出身的弗拉维乌斯·约维安（Flavius Jovianus）登上皇位。

狄奥多西皇帝时代

约维安在位仅八个月便在安卡拉去世。此后，军人出身的瓦伦提尼安一世（Valentinianus I）被选举为新皇帝。不久，其弟瓦伦斯（Valens，364—378年）也被立为皇帝，负责东方事务。瓦伦斯于370年后驻留在安条克，努力防御转入攻势的波斯人，战线呈现一进一退的胶着局面。在此期间，瓦伦斯介入教会问题，与主教们产生对立，但没有坚持一贯的政策，依然保留了朱利安时代给予异教的优渥待遇。瓦伦斯治世的最后阶段终于哥特人对多瑙河流域的入侵。瓦伦斯于378年春回到君士坦丁堡，在与哥特人交锋的亚德里亚堡之战（Battle of Adrianople）中大败殒命。蛮族乘势攻击君士坦丁堡，最终被玛维亚女王（Mavia）率领的阿拉伯骑兵部队击败。

最终成功扭转了不利局面的是此后担当东部皇帝的狄奥多西一世。狄奥多西原本是瓦伦提尼安皇帝部下的骑兵队长之子。首先，狄奥多西一世在382年与哥特人达成协议，此后哥特人被编入罗马帝国军队。这便是罗马同盟军的起源。其次，他于386年与波斯缔结和平条约，双方瓜分亚美尼亚。根据协议，亚美尼亚的五分之一归罗马，罗马则承认该地自治。

383年，担当西部皇帝的弗拉维乌斯·格拉提安（Flavius Gratianus，367—383年在位）被人杀死。此后，狄奥多西一世为维持皇权，往返奔走于帝国东西之间。当他于395年去世时，帝国的东西分裂已明确呈现出无可挽回的态势。此后，狄奥多西一世的长子阿卡狄乌斯（Arcadius）登上东罗马帝国的皇位，次子霍诺留（Honorius）登上西罗马帝国的皇位。

在教会政策上，狄奥多西一世皇帝坚决支持尼西亚大公会议决定的信条，将阿里乌斯派和其他派别的主教们斥为异端，并且严厉打压。在狄奥多西一世的背后，有米兰主教安波罗修（Ambrosius）的影子，安波罗修积极推动该政策的实施。狄奥多西一世对基督教以外的宗教也采取强硬态度。例如，阿帕美亚主教马尔凯卢斯（Marcellus）曾借军队的力量破坏当地的宙斯神殿，但是他遭到异教徒的反击而被杀死。巴勒贝克、加沙、拉法、佩特拉等地，基督教徒和异教徒之间爆发了械斗。在亚历山大里亚，获得皇帝许可的主教狄奥菲鲁斯占据狄俄尼索斯神殿并将之转为教堂使用。此举引发骚动，异教徒在哲学家奥林匹乌斯（Olympius）的率领下占领塞拉匹斯神殿作为据点，向基督教徒发动攻击。于是，皇帝命令当局将以塞拉匹斯神殿为首的亚历山大里亚全部神殿悉数破坏。391年，皇帝向所有异教世界发出宣战声明，在帝国全境范围内禁止异教仪式，废除神职人员，禁止设置神殿，异教神殿一概关闭。在第二年又颁布命令，禁止在家中向众神供灯和花环，禁止燃香祭祀。始于古希腊时代的奥林匹克运动会也在此时遭到废止。

查士丁尼一世治世的前后

狄奥多西皇帝死后，罗马帝国随之分裂，戴克里先时代的分割统治理念最终完成。此后直到查士丁尼一世时代的120年时间里，罗马帝国未能再度实现统一。西罗马陷入蛮族统治之下，地中海－亚细亚事实上已成为希腊化和基督教文明的中心地带。

即使在东方，也能够不时感到哥特人和汪达尔人（Vandals）的势力。例如，狄奥多西皇帝去世后，曾发生了哥特人盖伊纳斯（Gainas）一度阴谋占领君士坦丁堡的事件。不过即使如此，东罗马帝国面临的主要问题依然是这两种：第一是与波斯之间的国境纷争，第二是一性论派和聂斯脱利派提出新的基督论点所引发的教会内部论争。

东罗马帝国与波斯之间的对抗于 421 年再度爆发，起因是波斯王巴赫拉姆五世对东罗马帝国皇帝狄奥多西二世干涉本国领土内基督教徒事务的政策感到震怒。两大帝国的争斗从 5 世纪 20 年代到 50 年代多次重演。东罗马方面并非一直处于不利局面，当时东罗马军队半数以上由蛮族同盟军构成。到了查士丁一世（Justin I，518—527 年在位）时期，特别是其治世终结之际，东罗马和波斯再度因同样原因产生了对立。查士丁的外甥兼养子查士丁尼于 527 年 4 月 4 日继承帝位，新皇帝继续维持前代的对波斯政策。查士丁尼一世于 532 年与波斯王库思老缔结永久和平条约，实际上这是一场东罗马帝国用巨额赔偿金买来的和平。

此外，查士丁尼一世积极推动内政改革。首先，他起用法学家特里波尼安（Tribonianus）编集罗马法全集。特里波尼安于 528 年被委任组织法典编纂委员会，直到 534 年《查士丁尼法典》刊行为止，在一个比较短的时期内完成了能够和东罗马帝国共同留名后世的一大文化事业。查士丁尼一世起用卡帕多西亚人约翰进行行政改革（531—541 年），采取尊重东方各行政区独立性的方针。自君士坦丁堡开始，东方各城市推行了大规模的建设活动，各地的城墙、水道、浴场等公共设施得以充实完善。在教会事务方面，查士丁尼一世严厉取缔异教徒和异端分子，努力维持教会和修道院的生活秩序。

查士丁尼一世于 565 年去世，此后数十年间东罗马帝国与波斯没有爆发边境冲突，相关军事费用也维持在最低限度。

然而，到了希拉克略（Heraclius）时代，波斯军队占领耶路撒冷，夺取基督的真十字架，又进攻埃及，入侵安纳托利亚。后来波斯军队虽被驱逐，但同时，阿拉伯半岛又出现了扩张的新兴势力（伊斯兰教军队），并且在希拉克略皇帝生前就已占领了叙利亚和埃及。在之后的皇帝治世时期（君士坦斯二世和君士坦丁四世），伊斯兰教军队进攻安纳托利亚，甚至包围了君士坦丁堡（673—677年）。

基督教各派和密特拉教

耶稣基督的本性问题

阿里乌斯派主张耶稣基督是神的创造物之一，他们将耶稣基督与其他存在并列，认为耶稣基督不过是表现出作为救世主的能力。于是，地中海–亚细亚和埃及的人们在不与传统的唯一神崇拜产生矛盾的前提下，探究赋予耶稣基督神性的方法。关于这一点，到4世纪末时出现了两类神学观点。其一，是以亚历山大里亚为中心形成的观点，该观点的创始者劳迪科亚的阿波利纳里斯（Apollinaris of Laodicea）认为，耶稣基督本质上是神的显现，只是他在外表上呈现出人类的姿态。因此，玛利亚是神的母亲。这一派的观点通常被称为基督一性论（Monophysitism）。

相对于基督一性论的观点，摩普绥提亚的狄奥多洛（Theodore of Mopsuestia）开创的安条克学派则主张：耶稣基督是神性之所在，同时由玛利亚诞育而具有人的一面，但玛利亚只是承受耶稣基督神性的器皿。这些观点最终得到聂斯脱利（Nestorius）的进一步发展，而该流派全体最终也以他的名字命名（聂斯脱利派）。聂斯脱利出身于美索不达米亚的阿拉姆－阿拉伯民族，于428年成为君士坦丁堡大主教。一性论者和聂斯脱利派展开了激烈论争，但其实双方均十分重视耶稣基督的神性，忽略其人性的一面，从属性上并没有变化，在将耶稣基督与自古以来的唯一神崇拜结合的这一点上是一致的。但是，这两种观点都无法解释耶稣基督作为人受难和赎罪而死的问题。

教会内部的争论愈演愈烈，对此感到忧虑的狄奥多西二世于431年在以弗所召开大公会议。会上，皇帝将拒不服从命令的聂斯脱利、亚历山大里亚的一性论者居利尔（Cyril of Alexandria）、以弗所主教门农（Memnon）三人同时免职。聂斯脱利被流放至他在安条克的修道院，后来死于埃及的沙漠。不过，他的观点却经由波斯，在非洲、印度和中国广为流传。另外，居利尔在以弗所大公会议结束后曾前往君士坦丁堡，通过贿赂取得僧侣们的谅解，最终成功复职亚历山大里亚主教。一性论者的学说于451年在君士坦丁堡附近卡尔西登召开的大公会议上遭到否定。

不过，亚历山大里亚在次任主教狄奥斯科洛斯（Dioscorus）和普洛特利乌斯（Proterius）的领导下发起激烈抵抗，甚至演变成与军队之间的巷战。此前已经广泛接纳一性论的叙利亚－巴勒斯坦地区的修道僧侣们也蜂拥而起，安条克主教一职代代由一性论者占据。之后，一性论者或明或暗继续活动，7世纪时，他们迎入了信仰一神教的伊斯兰教军队进驻。一性论者的观点由科普特教会、雅各布派、亚美尼亚教会传承。

岩窟教堂和柱上圣人

始于埃及的修道院运动，最终在卡帕多西亚呈现出独特的发展态势。在这片安纳托利亚的腹地，4世纪时出现了大巴西利乌斯（Basil the Great）、尼撒的格列高利（Gregory of Nyssa）、纳西昂的格列高利（Gregory of Nazianzus）等著名神学家和教会领袖，但当时的宗教建筑物罕有遗留下来的。而相对地，在远离人烟的岩石山地中却有大量5世纪至13世纪时的教堂和修道院废墟保留至今日。这些岩窟圣所分布于从安卡拉南边约300千米的内夫谢希尔（Nevsehir），一直到从此处向东20余千米处的于尔居普（Urgup）的周边地带。这一地区在火山活动作用下，太古时期就已形成凝灰岩台地，又在风雨侵蚀下形成高达数十米的绝壁，以及圆锥状、蘑菇状等奇特造型的岩山。

从5世纪起，基督教徒开始在此地建造圣所。格雷梅（Goreme）和乌夫拉拉（Ihlara）等深谷的绝壁和岩石塔当中，至今保留着大量彩色壁画、刻有希腊语碑文的教堂和教徒生活（食堂）的痕迹。这些建筑物的年代可以根据壁画的题材和样式，以及碑文的内容加以判断。在这些遗迹当中，有15%属于拜占庭历史上著名的圣像破坏运动（726—843年）以前的时期。修道士们通常会刻意避开安条克和君士坦丁堡这样的大都市，选择前往人烟稀少之地隐修。

由于缺乏必要的文献材料，岩窟地区的社会、思想背景难以辨明，极有可能是人们为逃避战火和迫害才利用了这些地方。诸如，波斯军队在605年至611年的入侵行动，可能促使一部分人迁徙至此。即使站在现代交通的角度来看，岩窟地区也处于边鄙之地，不过在当时却适宜生活。周边台地形成肥沃的耕作地带，不仅盛产谷物，蔬菜和水果也十分丰富。叙利亚和埃及沙漠地区隐者的生活条件与此处相比，可谓天壤之别。岩窟地区自381年被划入君士坦丁堡大主教辖区以后，其信仰上属于正统派，与一性论者等分支派别活动并无关系。

格雷梅岩山中开凿的教堂

隐遁生活与苦行理想仅依靠修道院是无法实现的。狄奥多西二世治世初期，安条克民众关注的焦点集中在著名的安条克僧侣、柱上圣人西蒙（Simeon Stylites，亦称登塔者西蒙、高柱修士圣西蒙）的身上。西蒙是第一位，也是最著名的一位在高耸于地面的石柱顶上度过一生的苦行僧。他的禁欲生活不仅在安条克市民中间影响甚大，也对整个基督教世界造成了极大的影响。

西蒙在一座比一座高耸的石柱上先后度过了42个年头，他最后30年的时间全部停留在安条克东面山中一处高达20米的石柱上，许多朝圣者为了看西蒙一眼不远千里而来。安条克市民不论身份高低，纷纷聚集在圣人的石柱前，或是向西蒙求教解惑，或是向西蒙祈祷，或是请求西蒙授予祝福。柱上圣人西蒙发挥了十分强大的影响力，甚至当他向皇帝发出劝诫时，皇帝也要听从。

密特拉教

波斯与君士坦丁堡的宫廷之间并非只有战争，双方在文化、经济领域的往来有时也极为密切。例如，在戴克里先的宫廷当中，镶嵌着各种珍贵宝石的皇帝袍服来自波斯；查士丁尼一世穿着的长靴、头冠、首饰、胸针等物品都受到波斯的影响。衣服的装饰纹样（描绘有花瓶等图案）同样也受到波斯的影响。此外，在建筑样式方面，类似君士坦丁堡圣索菲亚大教堂的拱顶和十字形主体设计同样来自波斯。丝绸从中国经由波斯不断输入东罗马帝国。552年，两名神职人员将蚕献给查士丁尼一世，此后，帝国境内开始兴起养蚕事业。

不过，经由地中海－亚细亚传入罗马帝国的文化现象中最为特殊且影响最为持久的，当数波斯的光与正义之神密特拉信仰。希腊化时代后期，安纳托利亚东部（本都和科马基尼）的诸王朝曾将密特拉奉为守护神。相同的情况也出现在亚美尼亚，66年，亚美尼亚王提利达特斯一世为了使罗马皇帝尼禄认可自己的王权，曾前往罗马，他在见到尼禄时如此说道："我的主人……我为您带来了我的神，我愿崇敬您如同崇敬密特拉一般。"

上述事例，与作为王朝守护神的密特拉关系密切。差不多在同一时期，密特拉也作为民间秘密宗教仪式中的祭神开始受到崇拜。公元前 1 世纪 60 年代，罗马将军庞培曾负责平定地中海东部的海盗，后世历史学家普鲁塔克在记述这段历史时如此写道："他们（指海盗）在吕基亚的奥林匹斯山奉献非常奇特的祭品，举行某种秘密宗教仪式。这依然存在于我们这个时代的密特拉信仰中，可以说就是从他们那里知道这种习俗的"（引自《希腊罗马名人传》庞培篇第二十四节）。普鲁塔克记述这段文字时是 1 世纪末，进入 2 世纪以后，祭祀密特拉的秘密仪式，即密特拉教已经在罗马帝国全境广泛兴起。

那么，海盗们究竟是以何种形式组织了公元前 1 世纪上半叶的密特拉教信仰呢？关于这一点已无从知晓。我们只能大致推测：本都国王米特拉达梯六世军队的残兵败将中，有出身于地中海－亚细亚各民族之人，其中有人十分熟悉密特拉信仰与当时的其他宗教，这些人在加入海盗后促进了密特拉信仰的兴起。

密特拉教在秘密的组织下作为一个强有力的团体迅速发展起来，教徒们在长方形的半地下式神殿中祭祀屠牛形象的密特拉神。密特拉教的优势，是它相当于皇帝的不灭太阳神崇拜的民间版本。307 年，已经引退的戴克里先和昔日的共同统治者（伽列里乌斯和马克西米安）曾一起向一座供奉着"帝国恩惠者"密特拉神的祭坛献上祭品，密特拉教的势力由此可见一斑。不过，密特拉教在《米兰敕令》颁布后开始衰落，狄奥多西一世时代以后便消失了踪迹。

关于密特拉屠牛的形象，1 世纪下半叶的诗人普布利乌斯·帕皮尼乌斯·斯塔提乌斯（Publius Papinius Statius）在其作品中写道："密特拉在波斯洞窟的岩荫下制服了桀骜不驯的公牛。"诗句反映出波斯与地中海－亚细亚之间长久以来的对立和交流。在此过程中，古代的事物最终改变了形态，准备迎接下个时代的到来。诸如，楔形文字和圣刻文字（即象形文字，Hieroglyph）的消亡，字母文字世界的确立；大地母神的丰饶崇拜和众神统治体制丧失了权威，取而代之的是向"高等宗教"和希腊思想的靠拢。这便是古代东方世界发展的最终阶段。

参考文献

第一、二、五、六、八、十章的主要参考文献

小堀巌，《死海》，中公新书，1963

D. ベイリー著，左近义慈、南部泰孝译，《聖書の歴史地理》，创元社，1977

马场嘉市，《聖書地理》，教文馆，1962

山我哲雄、佐藤研，《旧約新約聖書時代史》，教文馆，1992

大岛直政，《アナトリア歴史紀行》，自由国民社，1981

M. アヴィ・ヨナほか编，左近义慈监修，《聖書考古学大事典》，讲谈社，1984

M. メシガー著，山我哲雄译，《古代イスラエル史》，新地书房，1983

W. F. オールブライト著，十时英二、户村政博译，《パレスティナの考古学》，日本キリスト教团出版局，1986

H. リングレン著，荒井章三译《イスラエル宗教史》，教文馆，1976

本村凌二，《多神教と一神教，古代地中海世界の宗教ドラマ》，岩波新書，2005

小川英雄，《イスラエル考古学研究》，山本书店，1989

小川英雄，《地中海アジアの古都》〈世界の大遺跡〉3，讲谈社，1987

小川英雄，《古代イスラエルの宗教》，《講座 文明と環境》13（宗教と文明），朝仓书店，1996

第三、四、七、九章的主要参考文献

伊藤义教译，《アヴェスター》〈世界古典文学全集〉3，筑摩书房，1967

杉勇，《楔形文字入門》，中公新书，1968

フィルドゥスィー著，黒柳恒男译，《王書》〈東洋文庫〉，平凡社，1969

R. ギルシュマン著，岡崎敬等译，《イランの古代文化》，平凡社，1970

小玉新次郎，《パルティアとササン朝ペルシア イラニズムの台頭》〈岩波講座世界歴史〉3，岩波书店，1970

ヘロドトス著，松平千秋译，《歴史》，岩波文庫，1971~1972

杉勇，《古代オリエント》〈世界の歴史〉1，讲谈社，1977

伊藤义教，《古代ペルシア 碑文と文学》，岩波书店，1977

足利惇氏，《ペルシア帝国》〈世界の歴史〉9，讲谈社，1977

相马隆，《流沙海西古文化論考 シルクロードの東西交流》，山川出版社，1977

伊藤义教，《ゾロアスター研究》，岩波书店，1979

松本清张，《ペルセポリスから飛鳥へ》，日本放送出版協会，1979

C. H. ゴードン著，津村俊夫译，《古代文字の謎 オリエント諸語の解読》，现代教养文库，1979

伊藤义教，《ペルシア文化渡来考》，岩波书店，1980

井本英一，《古代の日本とイラン》，学生社，1980

相马隆，《パルティア見聞録》〈オリエント選書〉7，东京新闻出版局，1980

冈田惠美子，《ペルシアの神話 光と闇のたたかい》，筑摩书房，1982

冈田明宪，《ゾロアスター教 神々への讃歌》，平河出版社，1982

深井晋司，《ペルシアのガラス》〈オリエント選書〉12，东京新闻出版局，1983

佐藤进，《ペルセポリスとスーサ》，前嶋信次、杉勇、护雅夫编，《オリエント史講座2》，学生社，1985

佐藤进，《イランの諸王朝2 パルティアとササン朝ペルシア》，前嶋信次、杉勇、护雅夫编，《オリエント史講座3》，学生社，1982

须永梅尾,《東方宗教１ マニ教》,《オリエント史講座 3》,学生社,1982

铃木治,《アナーヒター女神》,《オリエント史講座 3》,学生社,1982

太田秀通,《ギリシアとオリエント》〈オリエント選書〉11,东京新闻出版局,1982

メアリー・ボイス著,山本由美子译,《ゾロアスター教三五〇〇年の歴史》,筑摩书房,1983

黒柳恒男,《ペルシア語の話》,大学书林,1984

冈田明宪,《ゾロアスター教の悪魔払い》,平河出版社,1984

井本英一,《飛鳥とペルシア 死と再生の構図にみる》,小学馆,1984

岸本通夫等,《古代オリエント》〈世界の歴史〉2,河出文库,1989

藤绳谦三,《歴史の父ヘロドトス》,新潮社,1989

黒柳恒男,《ペルシアの神話 王書より》,泰流社,1989

前田耕作,《バクテリア王国の興亡 ヘレニズムと仏教の交流の原点》,第三文明社,1992

ニールソン・C.デベボイス著,小玉新次郎、伊吹宽子译,《パルティアの歴史》,山川出版社,1993

ジョン・R.ヒネルズ著,井本英一、奥西峻介译,《ペルシア神話》,青土社,1993

风间喜代三,《印欧語の故郷を探る》,岩波新书,1993

モーリス・ポープ著，唐須教光译，《古代文字の世界 エジプト象形文字から線文字Bまで》，讲谈社学术文库，1995

クリストファー・ウォーカー著，大城光正译，《楔形文字》，学芸书林，1995

青木健，《ゾロアスター教》，讲谈社选书メチエ，2008

青木健，《アーリア人》，讲谈社选书メチエ，2009

第一章

C. H. ゴールドン著，柴山荣译，《聖書以前》，みすず书房，1967

C. H. ゴールドン，高桥正男译，《ウガリト文字と古代世界》，日本キリスト教団出版局，1976

C. バーマント、M. ウァイツマン著，矢岛文夫监译，《エブラの発掘》，山本书店，1983

Y. ヤディン著，石川耕一郎译，《ハツォール》，山本书店，1986

大村幸弘，《鉄を生みだした帝国》，日本放送出版协会，1981

C. W. ツェーラム著，辻瑆译，《狭い谷 黒い山》，みすず书房，1959

J. レーマン著，内野隆司、户叶胜也译，《ヒッタイト帝国》，佑学社，1979

H. シュリーマン著，村田数之亮译，《古代への情熱》，岩波文库，1976

H. シュリーマン著，桃井直达译，《ホメロスなくしてトロヤなし》，筑摩书房，1966

K. ビッテル著，大村幸弘、吉田大辅译，《ヒッタイト王国の発見》，山本书店，1991

P. C. クレイギー著，津村俊夫监译，《ウガリトと旧約聖書》，教文馆，1990

K. M. ケニヨン著，小川英雄译，《カナン人とアモリ人》，山本书店，1984

第二章

J. ブライト著，新屋徳治译，《イスラエル史》，圣文舍，1968

浅野順一，《モーセ》，岩波新书，1977

P. K. ヒッティ著，小玉新次郎译，《シリア》，纪伊国屋书店，1963

P. K. ヒッティ著，小玉新次郎译，《レバノンの歴史》，山本书店，1977

W. キュリカン著，村田数之亮译，《地中海のフェニキア人》，创元社，1971

G. ヘルム著，关楠生译，《フェニキア人》，河出书房新社，1976

H. ヤーヘルスマ著，石田友雄监译，《旧約聖書時代のイスラエル史》，山川出版社，1988

K. A. キッチン著，津村俊夫译，《古代オリエントと旧約聖書》，いのちのことば社，1979

T. J. ミーク著，平出亨译，《ヘブル宗教の起源》，日本キリスト教団出版局，1967

R. ドゥ・ヴォー著，西村俊昭译，《イスラエル古代史》，日本キリスト教団出版局，1977

P. モンテ著，波木居纯一译，《エジプトと聖書》，みすず書房，1982

S. H. フック著，吉田泰译，《オリエント神話と聖書》，山本書店，1967

小川英雄，《聖書の歴史を掘る パレスチナ考古学入門》，东京新闻出版局，1980

杉本智俊，《図説 聖書考古学 旧約篇》，河出書房新社，2008

牧野久实，《イスラエル考古学の魅力》，ミルトス，2007

第五章

P. ジュゲー著，粟野赖之祐译，《アレクサンダー大王》〈世界ノンフィクション全集〉22，筑摩書房，1961

P. バム著，松谷健二译，《アレクサンダー》，筑摩書房，1967

P. ブリアン著，櫻井万里子監译，《アレクサンダー大王》，創元社，1991

赤司道雄，《旧約聖書捕囚以後の思想史》，大明堂，1973

H.G. キッペンベルグ著，奥泉康弘、绀野馨译，《古代ユダヤ社会史》，教文館，1986

M. ノート著，樋口进译，《イスラエル史》，日本キリスト教団出版局，1983

关谷定夫，《図説 旧約聖書の考古学》，ヨルダン社，1979

大畠清，《預言者とメシアの研究》，山本书店，1980

第六章

M. I. ロストフツェフ著，青柳正规译，《隊商都市》，新潮选书，1978

L. コットレル著，矢岛文夫译，《古代の不可思議》，纪伊国屋书店，1962

M. ヘンゲル著，长洼专三译，《ユダヤ教とヘレニズム》，日本キリスト教団出版局，1983

W. W. ターン著，角田有智子、中井义明译，《ヘレニズム文明》，思索社，1987

F. W. ウォールバンク著，小河阳译，《ヘレニズム世界》，教文馆，1988

大户千之，《ヘレニズムとオリエント》，ミネルヴァ书房，1993

浅香正，《クレオパトラとその時代》，创元社，1974

ブノワ・メシャン著，两角良彦译，《クレオパトラ 消え失せし夢》，みすず书房，1979

E. フラマリオン著，吉村作治监修，《クレオパトラ》，创元社，1994

M. アリ著，大塚幸男译，《クレオパトラ物語》，白水社，1986

G. ダウニー著，小川英雄译，《地中海都市の興亡 アンティオキア千年の歴史》新潮选书，1986

樋口隆康，《地中海シルクロード遺跡の旅》，日本放送出版协会，2007

P. プティ、A. ラロンド著，北野徹译，《ヘレニズム文明 地中海都市の歴史と文化》，文庫クセジュ，白水社，2008

J. ポラード、H. リード著，藤井留美译，《アレクサンドリアの興亡 現代社会の知と科学技術はここから始まった》，主妇の友社，2009

第八章

蛭沼寿雄、秀村欣二，《原典新約時代史》，山本书店，1976

小玉新次郎，《隊商都市パルミラの研究》，同朋舎出版，1994

小玉新次郎，《隊商都市パルミラ》〈オリエント選書〉13，东京新闻出版局，1985

小玉新次郎，《パルミラ》，近藤出版社，1980

关谷定夫，《図説 新約聖書の考古学》，讲谈社，1981

M. シモン著，久米博译，《原始キリスト教》，文庫クセジュ，白水社，1964

J. ニーズナー著，长洼专三译，《イエス時代のユダヤ教》，教文馆，1992

M. ヘンゲル著，大庭昭博译，《ゼーロータイ》，新地书房，1986

杉田六一，《ユダヤ革命》，教文館，1958

杉田六一，《ユダヤ王ヘロデ》，教文館，1958

Y. ヤディン著，田丸德善译，《マサダ》，山本書店，1975

曽野綾子编著，《聖パウロの世界をゆく》，講談社，1985

E. M. ラペルーザ著，野沢协译，《死海写本》，文庫クセジュ，白水社，1990

日本圣书研究所编译，《死海文書》，山本書店，1963

Y. ヤディン著，小川英雄译，《バル・コホバ 第二ユダヤ叛乱の伝説的英雄の発掘》，山本書店，1979

小川英雄，《ミトラス教研究》，リトン，1995

第十章

松本宣郎，《ガリラヤからローマへ》，山川出版社，1994

H. チャドウィク著，中村坦、井谷嘉男译，《初期キリスト教とギリシア思想》，，日本キリスト教団出版局，1983

尚树啓太郎，《コンスタンティノープルを歩く》，东海大学出版会，1988

涩泽幸子、池泽夏树《イスタンブール歴史散歩》，新潮社，1994

弓削达，《ローマ帝国とキリスト教》〈世界の歴史〉5，河出书房新社，1968

A. グラバール著，辻佐保子译，《ユスティニアヌス黄金時代》，新潮社，1969

井上浩一，《ビザンツ皇妃列伝》，筑摩书房，1996

M. カプラン著，井上浩一監修,《黄金のビザンティン帝国》，創元社，1993

小川英雄,《ローマ帝国の神々　光はオリエントより》，中公新书，2003

大事纪年表

*表示大概的年份。

公元前	东方地区		世界其他地区
*10000—8000	纳图夫文化,定居农耕生活的开始		
*8000	扎格罗斯山脉出现种植小麦的农耕文化 伊拉克北部卡利姆·沙赫尔（Karim Shahir）遗址		
*7000	杰里科出现城墙和塔楼		
		*5500	中国新石器时代开始
*5000	泰普·希萨尔、泰普·夏尔克遗址		
*4000	亚述文化,铜器的使用		
		*3300	苏美尔文明产生
		*2800	苏美尔初期王朝时代开始
		*2600	吉萨三大金字塔
*2250	纳拉姆辛征服埃勃拉		
*2100	埃兰王朝兴起		
*2000	印欧语系的伊朗人开始在伊朗高原定居		
*1900	亚述人建设卡鲁姆·卡内什		
*1850	埃及法老辛努塞尔特三世（Senusret Ⅲ）征服巴勒斯坦		
*1800	埃巴尔提掌握了埃兰的统治权 阿拉拉赫之王雅里姆-里姆（Yarim-Lim） 亚述王沙姆什-阿达德一世（Shamshi-Adad I）征服叙利亚		

（续表）

公元前	东方地区		世界其他地区
		*1750	汉谟拉比法典颁布
		*1700—1500	《梨俱吠陀》创作完成
		*1600	商王朝建立
*1380	赫梯之王苏庇鲁里乌马一世消灭米坦尼		
*1370—1250	希伯来人侵入迦南地区		
*1340	赫梯人统治叙利亚		
1300	伊格－哈尔基自称为埃兰之王，埃兰中王国时代开始		
1286	卡叠什之战		
1259	埃及与赫梯达成媾和条约（银板和约）		
*1240	亚泽勒卡亚的摩崖圣所建立		
*1220	麦伦普塔赫铭文中提及以色列之名		
	赫梯王国灭亡		
*1200—1000	琐罗亚斯德创建的琐罗亚斯德教兴起		
	埃兰之王舒特鲁克－纳胡恩特一世的最鼎盛时期		
1125	巴比伦的尼布甲尼撒一世击破埃兰		
*1120	《底波拉之歌》出现（《圣经·旧约》）		
*1100	亚述之王提格拉特－帕拉沙尔一世（Tiglath-Pileser Ⅰ）发动叙利亚远征		
		*1046	周王朝建立
*1000	基利波山之战，扫罗王之死	*1000	雅利安人侵入恒河上游流域

(续表)

公元前	东方地区	世界其他地区	
998	大卫王迁都耶路撒冷		
962—955	所罗门王建立耶路撒冷神殿		
926	以色列王国分裂		
924	埃及法老示撒一世（Shishak I，即尚申克一世，Shoshenq I）远征巴勒斯坦		
885	大马士革之王本-哈达德一世联合犹太王国一同进攻以色列王国		
876	奥姆利迁都撒玛利亚		
853	卡尔卡尔之战		
843	亚述之王萨尔玛纳赛尔三世在黑色方尖碑上使用波斯语铭文		
841	以色列国王耶户向亚述进贡		
		*800	希腊城邦殖民活动
		770	周王室东迁，春秋时代开始
		744	提格拉特-帕拉沙尔三世即位，亚述再兴
738	以色列国王梅纳海姆向亚述进贡		
733	亚述与以法莲（Ephraim）之间爆发战争		
732	亚述攻陷大马士革		
721	亚述之王萨尔贡二世攻陷撒玛利亚		
713	萨尔贡二世击败米底诸侯		
712	犹太国王希西家向亚述进贡		
710	希西家建造西罗亚碑文		
*700	埃兰的胡恩潘塔拉王朝建立	*700	来库古在斯巴达推行改革
692	埃兰王库杜尔-纳胡恩特遭遇叛乱，被刺身亡		

（续表）

公元前	东方地区		世界其他地区
685—657	吕底亚之王巨吉斯在位		
*680	斯基泰人入侵巴勒斯坦地区	676	亚述之王阿萨尔哈东远征埃及，建立了叙利亚最大版图
*673/672	卡休塔利提即位，米底王国建立		
645	辛梅里安人被逐出安纳托利亚（公元前590年）		
640	安善之王库拉斯（居鲁士一世）将长子阿鲁库送往亚述充当人质		
612	米底与新巴比伦联手消灭亚述		
605	卡赫美士之战（新巴比伦之王尼布甲尼撒胜利）		
596	尼布甲尼撒二世占领耶路撒冷，巴比伦之囚事件（公元前587年，公元前582年）		
585	米底王基亚库萨雷斯与吕底亚王阿里亚特斯交战（哈里斯日食）		
550	居鲁士大帝进入埃克巴坦那，阿契美尼德王朝建立		
547	居鲁士大帝征服米底		
539	居鲁士大帝兵不血刃进入巴比伦城		
538	居鲁士大帝发布敕令，巴比伦之囚得以回归家园		
530	居鲁士大帝战死		
525	波斯王冈比西斯获得上下埃及王位		
522	巴尔蒂亚叛乱，大流士大帝即位		
521	大流士大帝平定帝国内所有叛乱		
515	耶路撒冷第二神殿完工		

（续表）

公元前	东方地区		
			世界其他地区
		509	罗马建立共和政体
498	雅典人劫掠萨迪斯		
492	大流士大帝任命马尔德尼乌斯担任指挥官远征希腊。波斯军队遭遇暴风雨而撤退		
490	波斯军队远征希腊，在马拉松败绩		
480	波斯王薛西斯出兵希腊，萨拉米斯海战波斯军队战败。公元前479年，普拉提亚之战波斯军队再度战败		
		479	孔子逝世
		475	中国战国时代开始
458	以斯拉组建律法团体		
		*450	罗马十二铜表法
441	波斯帝国采用琐罗亚斯德教历法		
		431	伯罗奔尼撒战争爆发（公元前431年—前404年）
*420	早期犹太教形成		
404	阿尔塔薛西斯二世即位		
401	小居鲁士叛乱		
		338	喀罗尼亚之战
336	大流士三世即位		
334	亚历山大大帝征服地中海－亚细亚地区（　—公元前332）		
333	伊苏斯之战		
323	亚历山大大帝在巴比伦去世		
		*317	印度孔雀王朝（Maurya Dynasty）建立
312	亚历山大大帝的部将塞琉古（一世）开创塞琉古王朝		

(续表)

公元前	东方地区		世界其他地区
301	伊普苏斯之战（塞琉古一世获胜）		
281	库鲁佩狄安之战（塞琉古一世征服安纳托利亚）		
		264	第一次布匿战争
*256	巴克特里亚总督狄奥多托斯从塞琉古王朝治下独立		
*250	亚历山大里亚的法罗斯灯塔建成		
248/247	帕提亚总督安德拉戈拉斯从塞琉古王朝治下独立		
238	阿尔萨克斯击败安德拉戈拉斯，实现帕提亚的独立		
		221	秦始皇统一中国
217	拉菲亚之战，埃及的托勒密四世击败塞琉古的安条克三世		
		202	刘邦（汉高祖）登上帝位，定都长安
198	帕尼翁战役，安条克三世击败托勒密五世，夺回巴勒斯坦地区的控制权		
196	安条克三世征服色雷斯		
190	马格尼西亚之战（罗马军队击败安条克三世）		
*190	罗塞塔石碑建成		
188	阿帕美亚议和（叙利亚的塞琉古王朝势力撤出小亚细亚）		
*169	纳巴泰王国成立		
166	马加比战争		
165	犹大·马加比攻入耶路撒冷。次年，马加比与塞琉古军队议和		
149	贝希斯敦岩壁上赫拉克勒斯像建成		

(续表)

公元前	东方地区	世界其他地区
148/147	帕提亚阿尔萨克斯王朝的米特拉达梯一世攻陷埃克巴坦那	
142	哈斯摩王朝建立	
141	米特拉达梯一世占领塞琉西亚	
		133 罗马的格拉古兄弟改革
*130	库姆兰宗团成立	
*120	法利赛派和撒都该派出现	
		100 司马迁所著《史记》记述终结之年
96/95	帕提亚的米特拉达梯二世与罗马的苏拉交涉，双方划定幼发拉底河为国境	
		73 斯巴达克斯起义
63	庞培征服耶路撒冷	
		60 罗马前三头政治
54	克拉苏掠夺耶路撒冷神殿	
53	卡莱之战（克拉苏兵败身死）	
51	帕提亚人入侵叙利亚（公元前40—前38年）	
1世纪中叶	帕提亚人放弃赫卡通皮洛斯	
47	恺撒与克利奥帕特拉	
		44 恺撒遇刺身亡
41	安东尼与克利奥帕特拉	
40	希律从罗马获得犹太王位	
		31 亚克兴海战
		27 罗马帝制开始
20	大希律王重建耶路撒冷神殿	
*6	基督（耶稣）降生	

（续表）

公元	东方地区		世界其他地区
		25	刘秀（东汉光武帝）登基称帝，定都洛阳
*33	保罗皈依基督教		
39—40	亚历山大里亚的斐洛担任使节前往罗马		
*51	沃洛加西斯一世成为帕提亚之主，即位后开始推行伊朗化政策		
		64	尼禄迫害基督教徒
66	亚美尼亚王提利达特斯一世前往罗马；第一次犹太战争		
73	马萨达陷落		
		96	罗马五贤帝时代开始
		*100	印度西北部归入贵霜帝国统治之下
106	纳巴泰王国附属罗马		
115	罗马皇帝图拉真占领泰西封		
123—124	罗马皇帝哈德良巡视东方地区		
129	沃洛加西斯三世实现帕提亚的再度统一		
132	第二次犹太战争（—135年）		
*135—145	基督教内部诺斯替主义盛行		
208	帕帕克掌握法尔斯的统治权		
		212	卡拉卡拉皇帝给予全部自由民罗马公民权（市民化）
		220	东汉灭亡
*226	帕帕克之子阿尔达希尔一世掌握米底统治权，萨珊波斯王朝崛起		
		235	罗马帝国进入军人皇帝时代

（续表）

公元	东方地区		世界其他地区
230	阿尔达希尔一世统治整个美索不达米亚		
260	埃德萨之战，萨珊波斯之主沙普尔一世击败并俘虏罗马皇帝瓦莱里安		
274	罗马皇帝奥勒良征服帕尔米拉		
*274	摩尼教创始人摩尼遭到处刑		
286—293	罗马皇帝戴克里先推行分割统治体制（"四帝共治"）		
298	《尼西比斯条约》		
303	戴克里先迫害基督教徒		
309	萨珊王朝沙普尔二世即位		
		313	《米兰敕令》承认基督教合法地位
*318	修道院在埃及的塔本尼斯建立		
		320	印度笈多王朝建立
325	尼西亚大公会议（阿里乌斯派问题）		
330	罗马皇帝君士坦丁大帝迁都拜占庭（君士坦丁堡建成）		
363	罗马皇帝朱利安远征美索不达米亚，兵败身死		
		380	狄奥多西皇帝将基督教国教化
395	罗马皇帝狄奥多西去世，罗马帝国分裂		
399	伊嗣俟一世即位		
		400	《摩诃婆罗多》与《罗摩衍那》成书
409	萨珊波斯与东罗马帝国缔结和平协议，伊嗣俟一世担任狄奥多西二世的监护人		

（续表）

公元	东方地区	公元	世界其他地区
410	塞琉西亚大公会议		
		430	圣奥古斯丁（Augustuine of Hippo）去世
431	以弗所大公会议（聂斯脱利派问题）		
		*449	盎格鲁-撒克逊人入侵不列颠地区
451	卡尔西登大公会议（一性论问题）	451	沙隆会战（Chalons War）
		453	阿提拉（Attila）死去
469	萨珊王朝之主卑路斯和嚈哒人交战，兵败被俘		
		476	奥多亚克（Odoacer）灭亡西罗马帝国
		493	东哥特王国在意大利建立
		496	法兰克国王克洛维（Clovis）改宗天主教
528	马兹达克及其信奉者被残忍杀害		
		529	雅典学院关闭
531	库思老一世即位，萨珊王朝进入最鼎盛时期		
534	《查士丁尼法典》颁布		
540	库思老一世攻击安条克		
		554	东哥特王国灭亡
		590	格里高利一世（Gregory Ⅰ）出任教皇
		610	穆罕默德以先知身份开始活动
614—616	库思老二世攻陷大马士革、耶路撒冷、埃及		
		618	李渊（唐高祖）登基称帝，定都长安

(续表)

公元	东方地区	世界其他地区
627	希拉克略入侵美索不达米亚	
628	泰西封发生叛乱，库思老二世被杀死	
635	阿拉伯军队占领大马士革	
636	雅尔穆克河谷战役，阿拉伯军击败罗马军（拜占庭军） 卡迪西亚战役，阿拉伯军击败萨珊波斯军	
642	纳哈万德战役，阿拉伯军击败萨珊波斯军	
651	伊嗣俟三世遭到暗杀，萨珊波斯王朝灭亡	

文库版后记其一

作者：小川英雄

山本由美子教授与我共同执笔的《世界历史4 古代东方世界的发展》已于1997年7月刊行。此次，本书将作为中公文库版之一重新刊行。距离本书初版刊行已过去十年以上的岁月，我借此机会重新翻阅了自己负责撰写的部分，对文本内容和参考文献部分多多少少进行了增补和修订。此前，我的友人真下英信在阅读过1997年初版内容以后，曾指出几点问题。值此再版之际，请允许我表示衷心的感谢。

1997年本书刊行之际，涉及古代东方和古代地中海世界的其他各卷尚未出版。即大贯良夫、前川和也、渡边和子、屋形祯亮四位教授执笔的第一卷《人类的起源与古代东方》（1998年11月刊行）；樱井万里子、本村凌二两位教授执笔的第五卷《希腊与罗马》（1997年10月刊行）。第一卷所述内容为古代东方文明的两大中心，即美索不达米亚和埃及的历史和文化。第五卷所述内容为构筑了古代西洋文化的希腊和罗马的历史。

相对于上述两卷的内容，我负责执笔撰写了第四卷的古代地中海－亚细亚的历史与文化部分，即地中海东岸邻近地方的情况，若对照现在的国家，相当于土耳其、叙利亚、黎巴嫩、以色列、约旦等地（后期则包含了埃及的尼罗河口部分）。

地中海－亚细亚位于东方世界的西部，地中海世界的东端，尤为值得一提的是塞浦路斯岛的情况。（参照：澁泽幸子，《塞浦路斯岛历史散步》，新潮选书，2005）塞浦路斯岛的发掘调查显示，从先史时代开始地中海－亚细亚便与此地保持着密切的接触，时至今日塞浦路斯岛都是交流和对立的舞台。

无论如何，山本教授与我执笔的第四卷先于第一卷和第五卷出版，我曾一度为自己撰写的有关古代世界结合地带的历史与文化部分是否能够与"埃及－美索不达米亚""希腊－罗马"等内容良好地协调而担心。后来，我拜读过第一卷和第五卷以后，发现自己此前的顾虑是毫无必要的。谨在此向第一卷和第五卷的诸位作者表示由衷的敬意。

我的思绪不禁回到了年轻的时代，在已故的大畠清先生的指挥下参加以色列沿海地带遗迹泰尔·泽洛尔的发掘调查时的情景。我首次亲眼看到了地中海的样貌，并且能够站在海岸边，用手碰触海水。随着发掘工作的进行，我目击了数个地层里发现的由塞浦路斯岛和希腊迈锡尼输入的各种陶器碎片。这些才是货真价实的古代地中海－亚细亚文化的产物。（参考文献中列举的拙著：《以色列考古学研究》和《发掘圣经的历史

巴勒斯坦考古学入门》）

我自撰写毕业论文以来，致力于研究以约旦南部岩石山中的佩特拉为根据地构筑了古代国家的阿拉伯系游牧民族纳巴泰人的历史和文化。他们从事的商队贸易将地中海世界和东方世界的其他地方以及更加遥远的东方地区连接在一起。（《史学》第三十三卷三、四号，1962；《史学》第三十五卷二、三号，1963；《东方》第五卷一号，1962）此后，我将古代地中海－亚细亚的遗迹和宗教文化也列为自己的研究对象。

本卷关于地中海－亚细亚的记述，以我一贯关心的事件作为出发点。在地中海－亚细亚漫长的历史中值得留意的问题，大致可归纳为以下五点。

（一）回溯古代东方历史的起源，我们会发现地中海－亚细亚实际上属于先进地带。以色列的杰里科和安纳托利亚（土耳其）的恰塔尔休于取得的发掘结果充分地印证了这一点。地中海－亚细亚拥有比美索不达米亚和尼罗河流域更早，或者说是地球上最早的新石器时代大型聚落，当时的居民已经开始制作陶器，并且懂得如何经营农耕畜牧生活。不过，根据三内丸山遗迹等最近的发掘成果显示，在遥远的日本已经有与地中海－亚细亚相当的文化开花结果。

（二）地中海－亚细亚是现今世界中使用最为广泛的文字——字母文字的发源地。从现在已知的情况来看，字母文字首先在公元前13世纪时叙利亚沿海城市乌加里特以楔形文字的代用品出现。与现代字母文字更加接近的，则是腓尼基人对埃及圣刻文字（象形文字）进行开发后衍生出的希伯来语和阿拉姆语文字，以及后来的希腊人和罗马人的文字。

（三）传承至今日的犹太教和基督教形成于古代以色列地区，继而在地中海－亚细亚各地广泛传播。换言之，该地区与琐罗亚斯德教的发源地伊朗高原一样都是一神教的故乡。而在更古老的埃及新王朝时代，埃赫那吞倡导的一神教却没能得到广泛传播。

另一方面，罗马帝国时代的地中海－亚细亚民众当中流行着各自母国（传统）的男女诸神信仰。诸如，埃及传入的伊西斯和塞拉匹斯，叙利亚及其南方都市的阿施塔特和巴尔，安纳托利亚本土的库柏勒和阿提斯，等等。另外，从伊朗传来的密特拉神崇拜不仅保留着原始风貌，还在公元前1世纪的安纳托利亚南岸吕基亚地区重新形成了一股新的宗教，在罗马帝国内传播。

（四）地中海－亚细亚地区没有大江大河流经，不可能形成美索不达米亚和埃及那样的大规模灌溉农业文明。这一地区在起源于伊朗高原的波斯帝国时代才最初成为大国治下安定的一隅。而作为巴比伦之囚的犹太人回归故土也正是在这一时期。值得一提的是，波斯帝国并没有涉足地中海－亚细亚世界的其他地区。希腊与波斯之间的对立，以前者在公元前490年的马拉松战役和公元前480年的萨拉米斯海战的胜利而告终，从此波斯帝国的西部边疆止步于地中海－亚细亚地区。

（五）亚历山大大帝灭亡波斯帝国以后（约公元前330年），从地中海－亚细亚至印度的广大东方地域和希腊一道被纳入一个巨大的帝国当中，同时也出现了亚历山大里亚和安条克这样的大城市。以地中海－亚细亚地区作为媒介，地中海世界和丝绸之路被连接在一起。特别是在罗马帝国成立之际，地中海－亚细亚在沟通从罗马帝国到中国和日本的广大世界中扮演着重要角色。中国文献中的"条支"即叙利亚，"且兰"即帕尔米拉，"积石"即佩特拉，这些内容充分展示了地中海-亚细亚与中国之间透过丝绸之路交流的情况。

罗马帝国治下的地中海-亚细亚大致处于和平之中。例外的是以色列地区的一部分犹太人对罗马帝国的反抗，他们以耶路撒冷为中心掀起叛乱却最终败亡。

中世以降，新的一神教——伊斯兰教——在地中海-亚细亚地区广泛传播。伊斯兰教与发源于当地的古老宗教犹太教、基督教并立，创造出独特的宗教风土人情。现如今，当我们穿梭于耶路撒冷旧城的街道之中时，依然可以清晰地感触到这些宗教风土人情。

此后，地中海-亚细亚地区又经历了十字军远征、沦为欧洲列强的殖民地的历史。19世纪欧洲兴起了犹太复国主义运动（Zionism），直到第二次世界大战结束后，犹太人国家在巴勒斯坦地区复兴。

自从我将地中海-亚细亚世界作为研究对象以来，至今已过去了半个世纪的时间，当初的几个年轻的独立国家也存续至今日。不过，战乱、抗争、游击队、政变等始终伴随着这一地区，近年来围绕加沙地带发生的一连串事件即是证明。我的研究活动和发掘调查不得不在这一系列的悲剧事件的夹缝中展开。早日实现和平是当地人一直以来的夙愿。至此停笔。

2009年5月12日

文库版后记其二

作者：山本由美子

现在的伊朗是西亚人口最多的国家。作为国家名称的"伊朗"是 20 世纪时由该国自主提出的，此前该地区多数情况下被称为"波斯"。不过，作为地名的"波斯（法尔斯）"只是指代伊朗高原的一部分，即中央至西南的一片区域，而不包含整个伊朗高原。作为统治东方大部分区域的大帝国发祥之地，这片土地的中心在将近 3000 年的岁月里屡屡迁移，当地的居民多数属于印度 – 伊朗语族，与属于闪米特语族的其他西亚诸国截然不同。

公元 7 世纪伊斯兰教出现以来，西亚诸国（古代东方诸国）在信仰上发生转变，同时也逐渐阿拉伯语化。不过，相较于其余诸国丧失了延续数千年之久的文化独立性，伊朗却在阿拉伯语无法抹拭的影响下继续维持了其母语波斯语。宗教方面的情况同样如此，伊朗的七千万人口中有百分之九十以上信奉伊斯兰教中的少数派什叶派。换言之，伊朗在伊斯兰化的过程中并没有丧失语言和文化的独创性，可以说其独创性一直延续至今日。

在伊朗，古代伊朗文化的影响对伊斯兰教帝国尤为显著，众所周知这一影响甚至波及了遥远的日本。正仓院收藏的宝物之中不乏波斯影响的痕迹，这也是很多人对古代波斯文物保持着浓厚兴趣的原因。尽管如此，日本的通史对伊朗历史的关注并不多。其原因大抵可以归结为：伊朗的历史在被伊斯兰教分割后尚未唤起人们对其历史统一整体价值的认识；现在伊朗的局势决定了该地无法引起一般人的兴趣；伊朗政府自身并不关心改善自己在他国心目中的形象，等等。况且，对伊斯兰教化以前，特别是大帝国时代的伊朗充满憧憬之人未必会关注伊斯兰教化以后的伊朗，而语言方面的问题也造成了研究者对其一贯的"漠视"。因此，对古代伊朗史的描述更是罕见。

从世界范围来看，研究者将伊朗历史分割的状况是不约而同的。东方的历史以亚述学为中心日益精进，古代伊朗史的研究者虽不在少数，但是其研究绝对谈不上盛况。参照19世纪以来的考古学、语言学以及宗教研究上的发现和成果，A. T. 奥姆斯特德（A. T. Olmstead）在第二次世界大战以后撰写了阿契美尼德王朝不朽的历史。罗曼·葛什曼（Roman Ghirshman）基于考古学发现撰写了充满浪漫色彩和浓厚魅力的古代伊朗史。理查德·N. 弗莱（Richard N. Frye）则基于坚实的语言学成果，其撰写的伊朗历史一直延续至近代时期。近年来，继这些伟人之后，约翰＆维斯塔·S. 柯蒂斯（John & Vesta S. Curtis）与约瑟夫·维赛霍夫（Josef Wiesehofer）等研究者着手编纂新的历史概说，从 1982 年开始刊行的《伊朗百科》(*Encyclopaedia Iranica*) 已达到十五卷（目前已编辑到 J 字母开头的词条）。此外，荷兰的格罗宁根大学从 1981 年开始组织的对阿契美尼德王朝的研究已经发表了大量切实的成果。

革命后的伊朗致力于培育年轻世代的研究者。尽管这些研究者依然坚持伊斯兰教化以前和伊斯兰教化以后的二分法，但他们也确定了坚实的方向，即伊朗史不再是孤立的完结，而是在与古代诸多其他文明相互影响下的流动性产物。此外，受伊朗国情的限制，外国研究者很难参与伊朗国内的考古学调查与发掘，这方面的工作主要由伊朗人主导。

在日本，以第二次世界大战以后山川出版社的"世界历史"系列为开端刊行了大量关于世界各国历史的著作，这些著作通常浅显有趣，但真正属于学术类型的世界史系列应当是中央公论社在 20 世纪 60 年代开始出版的系列著作。不过，当时的系列中并没有涉及古代伊朗帝国历史的通史类作品。现如今本系列丛书在企划时加入了古代伊朗通史部分，并决定交由本人执笔，这个消息使我喜出望外。学识浅薄的我能够与东方史学研究的泰斗之一小川英雄先生合作，共同撰写公元前后东方世界的历史，我感到万分荣幸。本书虽已写完，但对我而言却是一次难得的机会。

在此次世界历史系列文库化之际，我也结合手头的诸多资料，尽可能进行基本的最低限度的修订。鉴于时间有限，未能对全书重新审校。尽管对原稿并不十分满意，但就此成书应该也能发挥其相应的作用。本系列出版以后，希望本书内容能对古代伊朗史领域新的研究者们有所帮助，能够成为他们研究成果中的参考文献书目之一。

图书在版编目（CIP）数据

早期帝国的更迭：从地中海-亚细亚到伊朗高原/（日）小川英雄,（日）山本由美子著；刘路译. ——北京：九州出版社,2023.9

ISBN 978-7-5225-2054-4

Ⅰ.①早… Ⅱ.①小… ②山… ③刘… Ⅲ.①世界史—通俗读物 Ⅳ.①K109

中国国家版本馆CIP数据核字(2023)第164789号

SEKAI NO REKISHI 4 - ORIENT SEKAI NO HATTEN
BY Hideo OGAWA and Yumiko YAMAMOTO
Copyright © 1997 Hideo OGAWA and Yumiko YAMAMOTO
Original Japanese edition published by CHUOKORON-SHINSHA, INC.
All rights reserved.
Chinese (in Simplified character only) translation rights arranged with
CHUOKORON-SHINSHA, INC. through Bardon-Chinese Media Agency, Taipei.

著作权合同登记号：01-2023-3602
审图号：GS（2023）1082号

早期帝国的更迭：从地中海-亚细亚到伊朗高原

作　　者	［日］小川英雄　［日］山本由美子 著　刘路 译
责任编辑	陈丹青
出版发行	九州出版社
地　　址	北京市西城区阜外大街甲35号(100037)
发行电话	（010）68992190/3/5/6
网　　址	www.jiuzhoupress.com
电子邮箱	jiuzhou@jiuzhoupress.com
印　　刷	嘉业印刷（天津）有限公司
开　　本	880mm×1194mm 32开
印　　张	11.25
字　　数	230千字
版　　次	2023年9月第1版
印　　次	2024年9月第1次印刷
书　　号	ISBN 978-7-5225-2054-4
定　　价	55.00元

★ 版权所有　侵权必究 ★